Expertes en genre
et connaissances féministes
sur le développement
Qui sait ?

Genre et Développement. Rencontres

Direction scientifique : Christine Verschuur

La collection « Genre et Développement. Rencontres » constitue un espace où les idées se croisent, sont débattues, s'enrichissent mutuellement sans déserter les lieux où se développent les initiatives, les luttes et les actions. Ces ouvrages font suite à des rencontres organisées autour d'une thématique par le Pôle genre et développement de l'Institut de hautes études internationales et de développement. Les textes, écrits par des chercheur-es ou personnes actives dans ces initiatives, de diverses provenances, sont publiés dans leur langue originale, en français, anglais ou espagnol.

La collection « Genre et Développement. Rencontres » renforce la constitution d'un champ de connaissances en genre et développement débuté avec la collection « Les Cahiers Genre et Développement », qui paraissent depuis 2000 chez L'Harmattan, dirigée par Christine Verschuur, avec l'assistance d'Emmanuelle Chauvet.

Déjà paru

Christine VERSCHUUR, Isabelle GUÉRIN, Isabelle HILLENKAMP (dir.), *Une économie solidaire peut-elle être féministe ?*, Homo œconomicus, mulier solidaria, 2015.

© L'Harmattan, 2017
5-7, rue de l'École-Polytechnique, 75005 Paris
http://www.editions-harmattan.fr
ISBN : 978-2-343-13104-7
EAN : 9782343131047

Dirigé par Christine VERSCHUUR

Expertes en genre et connaissances féministes sur le développement Qui sait ?

Genre et développement
RENCONTRES

N°2 2017

Responsable de la publication
Christine Verschuur
Institut de hautes études internationales et du développement (IHEID), Centre genre

Coordination éditoriale
Emmanuelle Chauvet
Institut de hautes études internationales et du développement, Centre genre

Relecture
Aurélie Cailleaud, Emmanuelle Chauvet, Yira Lazala, Laís Meneguello Bressan, Kristen Noto

Mise en pages
Atelier Françoise Ujhazi, Genève

Couverture
Tableau de Malangatana

Collaboration
Espace Femmes International (EFI) : 2 rue de la Tannerie, 1227 Carouge (Suisse)

Financement
Direction du développement et de la coopération suisse (DDC)
Institut de hautes études internationales et du développement

Contact
Institut de hautes études internationales et du développement/Centre genre
Chemin Eugène-Rigot, 2 ; Case postale 1672
1211 Genève 1 (Suisse)
http://graduateinstitute.ch/genre

Cet ouvrage est disponible en ligne sur OpenEdition Books :
http://books.openedition.org/iheid/5192

Cet ouvrage prolonge le colloque international « Qui sait ? Circulation des savoirs féministes en développement et expert-es genre » qui s'est tenu les 19 et 20 novembre 2015 à l'Institut de hautes études internationales et du développement (IHEID) à Genève grâce au soutien logistique et financier de la Direction pour le développement et la coopération du Département fédéral des affaires étrangères (DDC) et de l'Institut de hautes études internationales et du développement (IHEID). Qu'ils soient ici remerciés ainsi que toutes les personnes qui ont participé à la réussite de ce colloque.

Ce colloque a également été l'occasion de présenter les résultats d'un projet de recherche mené à l'IHEID de 2013 à 2016 sur le thème « Gender Experts and Gender Expertise » avec le soutien du Fonds national de la recherche scientifique suisse (FNS, projet 100017_143174). L'équipe du projet se composait de : Elisabeth Prügl (IHEID), Françoise Grange Omokaro (IHEID), Rahel Kunz (université de Lausanne), Hayley Thompson (IHEID), Christine Verschuur (IHEID).

Comité scientifique du colloque :

- Blandine Destremau, Centre national de la recherche scientifique, France
- Ursula Keller, Direction pour le développement et la coopération suisse
- Suzanne Lerch, Espace Femmes International, Suisse
- Maitrayee Mukhopadhyay, Royal Tropival Institute, Pays-Bas
- Elisabeth Prügl, Institut de hautes études internationales et du développement (IHEID), Centre genre, Suisse
- Fenneke Reysoo, Institut de hautes études internationales et du développement (IHEID), Centre genre, Suisse
- Christine Verschuur, Institut de hautes études internationales et du développement (IHEID), Centre genre, Suisse.

Autres ouvrages de la collection (publiés sous le titre *Actes des colloques genre* puis *Genre et développement. Rencontres*) :

Une économie solidaire peut-elle être féministe ? « Homo œconomicus, mulier solidaria ». Dirigé par Christine Verschuur, Isabelle Guérin et Isabelle Hillenkamp. Collection « Genre et développement. Rencontres ». Paris : L'Harmattan. 2015.

Chic, chèque, choc. Transactions autour des corps et stratégies amoureuses contemporaines. Dirigé par Françoise Grange Omokaro et Fenneke Reysoo. Coll. Yvonne Preiswerk. Genève : IHEID/DDC/UNESCO. 2013.

Du grain à moudre. Genre, développement rural et alimentation. Dirigé par Christine Verschuur. Coll. Yvonne Preiswerk. Genève : IHEID/DDC/UNESCO. 2011.

Vents d'Est, vents d'Ouest. Mouvements de femmes et féminismes anticoloniaux. Dirigé par Christine Verschuur. Coll. Yvonne Preiswerk. Genève : IHEID/DDC/UNESCO. 2009.

Des brèches dans la ville. Organisations urbaines, environnement et transformation des rapports de genre. Dirigé par Christine Verschuur et François Hainard. Coll. Yvonne Preiswerk. Genève : IUED/DDC/UNESCO. 2006.

Femmes en mouvement. Genre, migrations et nouvelle division internationale du travail. Dirigé par Fenneke Reysoo et Christine Verschuur. Coll. Yvonne Preiswerk. Genève : IUED/DDC/UNESCO. 2004.

On m'appelle à régner. Mondialisation, pouvoirs et rapports de genre. Dirigé par Fenneke Reysoo et Christine Verschuur. Coll. Yvonne Preiswerk. Genève : IUED/DDC/UNESCO. 2003.

Économie mondialisée et identités de genre. Dirigé par Fenneke Reysoo. Coll. Yvonne Preiswerk. Genève : IUED/DDC/UNESCO. 2002.

Hommes armés, femmes aguerries. Rapports de genre en situations de conflit armé. Dirigé par Fenneke Reysoo. Coll. Yvonne Preiswerk. Genève : IUED/DDC/UNESCO. 2001.

Quel genre d'homme ? Construction sociale de la masculinité, relations de genre et développement. Dirigé par Christine Verschuur, coll. Yvonne Preiswerk, Genève : iued/ddc/unesco. 2000.

Tant qu'on a la santé. Les déterminants socio-économiques et culturels de la santé dans les relations sociales entre les femmes et les hommes. Dirigé par Yvonne Preiswerk, avec la collaboration de Mary-Josée Burnier. Genève : IUED/DDC/UNESCO. 1999.

Les silences pudiques de l'économie. Economie et rapports sociaux entre hommes et femmes. Dirigé par Yvonne Preiswerk, avec la collaboration de Anne Zwahlen. Genève : IUED/DDC/UNESCO. 1998

Créativité, femmes et développement. Dirigé par Yvonne Preiswerk, avec la collaboration de Marie Thorndahl. Genève : IUED/DDC/UNESCO. 1997.

Femmes, villes et environnement. Dirigé par Yvonne Preiswerk et Isabelle Milbert. Genève : IUED/DDC/UNESCO. 1995.

Ces ouvrages sont peuvent être consultés et téléchargés gratuitement sur le plateforme OpenEdition Books à l'adresse : http://books.openedition.org/iheid/5192

Présentation des auteures/*List of contributors*

Angeloff, Tania

Tania Angeloff est professeure en sociologie à l'Institut d'études économiques et de développement social (IEDES) à l'Université Paris 1 – Panthéon-Sorbonne, et chercheure associée en sociologie à l'École normale supérieure (Centre de recherche ETT – Enquêtes, terrains, théories et Centre Maurice Halbwachs, CMH, UMR 8097). Elle est co-rédactrice en chef de la *Revue Tiers Monde*, membre du réseau MAGE (Marché du travail et genre) et du comité de rédaction de son journal, *Travail, genre et sociétés*, depuis 2000. Ses thèmes de recherche sont : le travail et le genre, les questions de genre et développement en Chine, le marché du travail chinois, la sexualité et le genre en Chine, le genre et le *care* en France et en Argentine.

Tania Angeloff is Professor of Sociology at the Institute of Economic and Social Development Studies (IEDES) at the University Paris 1 – Panthéon-Sorbonne and research associate in sociology at École Normale Supérieure (Research centre : ETT, Enquêtes, Terrains, Théories at Maurice Halbwachs Research Centre, CMH, UMR 8097). She has been co-editor of the journal Revue Tiers Monde, a member of the MAGE (Marché du travail et genre) network and of the editorial board of its journal, Travail, genre et sociétés, *since 2000. Her current research topics are : gender and labour, gender and development issues in China, Chinese labour market, sexuality and gender in China, gender and care in France and Argentina.*

Dasgupta, Jashodhara

Jashodhara Dasgupta travaille en faveur des droits des femmes dans l'Uttar Pradesh, en Inde, depuis près de 30 ans et elle est actuellement une militante et chercheure en politiques publiques pour le droit à la santé, avec un accent particulier sur la santé et les droits sexuels et reproductifs. En 1992, Jashodhara Dasgupta a co-fondé l'ONG indienne Sahayog dont elle dirige, depuis 12 ans, les activités en faveur de la santé des femmes et de l'égalité de genre en utilisant des cadres relatifs aux droits humains.

Jashodhara Dasgupta a siégé dans diverses commissions universitaires et gouvernementales sur la santé, y compris, récemment, la Commission Lancet-Université d'Oslo sur la gouvernance mondiale pour la santé. Depuis les cinq dernières années, elle dirige l'International Initiative on Maternal Mortality and Human Rights, un programme de la société civile.

Jashodhara Dasgupta has been working with issues of women's rights in Uttar Pradesh, India for almost 30 years and is currently a policy advocate and researcher on the right to health, with a specific focus on sexual and reproductive health and rights. She was one of the founders of the Indian NGO SAHAYOG in 1992, and for the last 12 years has been heading its work with women's health and gender equality using human rights frameworks.

Jashodhara Dasgupta has served on various academic and government committees on health including most recently the Lancet-University of Oslo Commission on Global Governance for Health. She has been anchoring the civil society platform, International Initiative on Maternal Mortality and Human Rights for the last five years.

Destremau, Blandine

Blandine Destremau est sociologue, directrice de recherche au CNRS, membre de l'Institut de recherche interdisciplinaire sur les enjeux sociaux (IRIS/EHESS). Ses recherches portent sur les configurations entre politiques sociales, solidarités, famille et genre, et leurs adaptations et transformations. Ses terrains sont le Yémen, la Palestine, et plus largement le monde arabe, et Cuba.

Blandine Destremau is a sociologist and director of research at CNRS, a member of the interdisciplinary research institute on social issues (IRIS/EHESS). Her research interests focus on the configurations between social policies, solidarity, family and gender, and their adaptations and transformations. Her territories are Yemen, Palestine, and the wider Arab world; and Cuba.

Harcourt, Wendy

Wendy Harcourt est professeure associée en études critiques du développement et études féministes à l'International Institute of Social Studies, Erasmus University (ISS/EUR) de la Haye. Wendy Harcourt a rejoint l'ISS en novembre 2011 après avoir travaillé pendant 20 ans à la Société de Développement Internationale (SID) à Rome comme directrice de la revue *Development* et directrice des programmes. À l'ISS, elle est membre de l'équipe de gestion de la Civic in innovation research initiative et coordonne le projet de recherche sur la sexualité. Elle a édité 10 livres et sa monographie *Body Politics in Development: Critical Debates in Gender and Development*, publiée par Zed Books en 2009, a reçu en 2010 le prix de la Feminist Women Studies Association. Elle est la directrice scientifique de la série de Palgrave « Gender, Development and Social Change » et participe à plusieurs comités de journaux et réseaux de développement.

Wendy Harcourt is Associate Professor in Critical Development and Feminist Studies at the International Institute of Social Studies, Erasmus University (ISS/ EUR) in The Hague, The Netherlands. She joined ISS in November 2011 after 20 years at the Society for International Development, Rome as editor of the journal Development *and Director of programmes. At ISS she is a member of the Civic in innovation research initiative management team and co-coordinates the Sexuality Research Initiative. She has edited 10 books and her monograph* Body Politics in Development: Critical Debates in Gender and Development *published by Zed Books in 2009, received the 2010 Feminist Women Studies Association Book Prize. She is series editor of the Palgrave "Gender, Development and Social Change" book series and is actively involved in several journal boards and gender and development networks.*

Keller, Ursula

Ursula Keller est conseillère en politique de genre à la Direction pour le développement et la coopération suisse (DDC) du Département fédéral des affaires étrangères. Dans sa fonction, elle apporte des conseils et un soutien au siège et aux bureaux sur le terrain pour la mise en œuvre de la politique de genre de la DDC et dirige le réseau mondial de points focaux genre de la DDC. Ursula Keller est une experte en genre et droits des femmes dans les contextes de développement et de construction de la paix et a une grande expérience de travail au Proche-Orient et en Afrique. Dans ses missions précédentes, Ursula Keller a dirigé le projet de Centre de consolidation de la paix à Swisspeace et a travaillé pour le cfd, une organisation féministe pour la paix travaillant pour la coopération au développement et la paix et les politiques migratoires. Elle est titulaire d'un Master en anthropologie sociale de l'Université de Zurich.

Ursula Keller is the Senior Gender Policy Advisor of the Swiss Agency for Development and Cooperation (SDC)/ Swiss Federal Department of Foreign Affairs. In her function, she provides guidance and support to headquarter and field offices for the implementation of SDC's gender policy and leads the global network of SDC's gender focal points. Ursula Keller is an expert in gender and women's rights in development and peacebuilding contexts and has extensive working experiences in the Middle East and Africa. In her prior assignments Ursula Keller was project director of the Center for Peacebuilding at Swisspeace and worked for cfd, a feminist peace organization working in development cooperation and peace and migration policies. She holds a Masters degree in Social Anthropology from the University of Zurich.

Kunz, Rahel

Rahel Kunz est maîtresse d'enseignement à l'Institut d'études politiques et internationales de l'Université de Lausanne (Suisse). Ses recherches portent sur la production de connaissances dans les relations internationales, les questions de genre dans le cadre de la migration et du développement, les études féministes sur la sécurité et les théories féministes poststructuralistes et postcoloniales. Elle travaille actuellement sur un projet de recherche portant sur les expert-es genre, plus spécifiquement dans les contextes du Népal et du Libéria. Rahel Kunz a publié dans les revues suivantes: *International Political Sociology*, le *Journal of European Integration*, *Migration Studies*, la *Review of International Political Economy* et *Third World Quarterly*. Elle est l'auteure de The Political Economy of Global Remittances: Gender, Governmentality and Neoliberalism (Routledge 2011).

Rahel Kunz is a lecturer at the Institute of Political and International Studies of the University of Lausanne, Switzerland. Her research interests are knowledge production in international relations, gender issues in migration and development, feminist security studies, and feminist, poststructuralist and postcolonial theories. She is currently working on a research project on gender experts, focusing on the context of Nepal and Liberia. Rahel Kunz has published in International Political Sociology, the *Journal of European Integration, Migration Studies,* the *Review of International Political Economy and* Third World Quarterly. *She is the author of* The Political Economy of Global Remittances: Gender, Governmentality and Neoliberalism *(Routledge 2011).*

Prügl, Elisabeth

Elisabeth Prügl est professeure de relations internationales à l'Institut de hautes études internationales et du développement à Genève, où elle dirige le Centre genre. Ses recherches portent sur la politique du genre dans la gouvernance internationale, en particulier dans les domaines de l'agriculture, du développement et des conflits. Elle est l'auteure de deux monographies et d'articles multiples et a codirigé quatre livres. Elle dirige actuellement des projets de recherche sur le genre et les conflits armés et le genre et la commercialisation des terres.

Elisabeth Prügl is Professor of International Relations at the Graduate Institute of International and Development Studies in Geneva where she directs the Gender Centre. Her research focuses on gender politics in international governance, in particular in the areas of agriculture, development, and conflict. In addition to authoring two monographs and numerous articles, she has co-edited four books. She currently directs research projects on gender and armed conflict, and gender and land commercialization.

Puechguirbal, Nadine

Nadine Puechguirbal est actuellement la coordinatrice pour l'Action des Nations Unies contre la violence sexuelle dans les conflits, basée au Bureau du Représentant spécial du Secrétaire général des Nations Unies sur la violence sexuelle dans les conflits, à New York. Elle était auparavant conseillère sur les questions de genre pour le Département des opérations de maintien de la paix à New York. Elle a également travaillé en tant que conseillère sur les femmes et la guerre pour le Comité international de la Croix-Rouge (CICR) à Genève. De juin 2004 à juin 2008, elle a été conseillère sur les questions de genre pour la Mission de stabilisation des Nations Unies en Haïti (MINUSTAH). Nadine Puechguirbal est Senior Fellow et professeure invitée à l'Université pour la paix au Costa Rica (UPEACE), affiliée aux Nations Unies, où elle enseigne dans le département des études sur la paix et les conflits.

Nadine Puechguirbal is currently the Coordinator for the UN Action Against Sexual Violence in Conflict, based in the Office of the Special Representative of the UN Secretary General on Sexual Violence in Conflict, in New York. She was formerly the Senior Gender Advisor for the UN Department of Peacekeeping Operations (DPKO) in New York. She also worked as the Women and War Advisor for the International Committee of the Red Cross (ICRC) in Geneva. From June 2004 to June 2008, she was the Senior Gender Advisor for the UN Stabilization Mission in Haiti (MINUSTAH). Nadine Puechguirbal is a Senior Fellow and Visiting Professor at the UN-affiliated University for Peace in Costa Rica (UPEACE) where she teaches for the Department of Peace and Conflict Studies.

Razavi, Shahra

Shahra Razavi dirige la section recherche et données à ONU Femmes. Ses recherches et ses publications portent sur les dimensions de genre du développement, avec un accent sur les questions agraires, la politique sociale et l'économie du *care*. Depuis qu'elle a rejoint ONU Femmes en janvier 2013, Shahra Razavi a supervisé la recherche sur deux des rapports phares de l'organisation: *Progress of the World's Women 2015-2016. Transforming the Economy, Realizing Rights* et le *World Survey on the Role of Women in Development 2014. Gender Equality and Sustainable Development*. Avant de rejoindre l'ONU Femmes, Shahra Razavi était chercheure à l'Institut de recherche des Nations Unies pour le développement social (UNRISD) à Genève. Elle a grandi en Iran, et a obtenu son Bachelor à la London School of Economics (LSE), et son master et son doctorat (D. Phil.) de l'Université d'Oxford.

Shahra Razavi is the Chief of the Research and Data Section at UN Women. Her research and publications have been on gender dimensions of development, with a focus on agrarian issues, social policy and the care economy. Since January 2013 when she joined UN Women, Shahra Razavi has overseen the research on UN Women's flagship reports, Progress of the World's Women 2015-2016 (Transforming the Economy, Realizing Rights) *and the* World Survey on the Role of Women in Development 2014 (Gender Equality and Sustainable Development). *Before joining UN Women, Shahra Razavi was a senior researcher at the United Nations Research Institute for Social Development (UNRISD) in Geneva. She grew up in Iran, and obtained her Bachelors from the London School of Economics and Political Science (LSE), and her Masters and PhD (D.Phil.) from Oxford University.*

Thompson, Hayley

Hayley Thompson écrit actuellement sa thèse de doctorat en sciences politiques et relations internationales à l'Institut universitaire de hautes études internationales et du développement, à Genève. Hayley a obtenu son Master à la Florida International University à Miami et son Bachelor à Armstrong Atlantic State University à Savannah. Son enseignement et ses recherches ont couvert des sujets multiples liés au genre dans les relations internationales. Ses recherches actuelles s'intéressent à la gouvernance mondiale, le genre, le féminisme, la justice sociale et la politique contestataire.

Hayley Thompson is writing her doctoral thesis in Political Science and International Relations for the Graduate Institute of International and Development Studies, Geneva. She completed her other graduate work at Florida International University, Miami, and her Bachelor's degree at Armstrong Atlantic State University, Savannah. She has taught and researched on different topics in gender and international relations. Her current research interests are in global governance, gender, feminism, social justice, and contentious politics.

Valongueiro Alves, Sueli

Sueli Valongueiro Alves est une éducatrice sociale et technicienne en soins infirmiers licenciée en pédagogie. Elle est membre de la coordination collégiale de Grupo Curumim, une ONG féministe et anti-raciste basée à Récife dans l'État de Pernambouc, au nord-est du Brésil. Elle coordonne le Programme Cunhatã, qui travaille dans les domaines de l'éducation à la santé et diffuse les connaissances sur la santé et les droits sexuels et reproductifs chez les adolescent-es, les femmes ainsi que les professionnels de la santé et de l'éducation. Elle est l'auteure de la recherche "Contracepção de Emergência na Rede Municipal de Saúde de Recife" (Contraception d'urgence sur le réseau de santé publique de Récife) et de la publication *Do Cunhatã para a América Latina, uma experiência em metodologias para o trabalho com adolescentes e jovens (De Cunhatã à l'Amérique latine, une expérience méthodologique pour travailler avec les adolescent-es)*. Sueli Valongueiro est aussi membre du comité de gestion du centre de santé Amaury de Medeiros de l'université de Pernambouc, un centre de référence pour les adolescentes et femmes ayant subi des violences et étant de ce fait éligible à l'avortement selon la juridiction du pays. Le centre apporte de l'aide à ces femmes pendant leur grossesse, leur accouchement, leur avortement et post-partum. Élue durant le mandat 2011-2014, elle est la représentante de la société civile du conseil d'État de Pernambouc pour les droits des femmes et elle est engagée politiquement dans le Forum des femmes de Pernambouc et à l'Alliance brésilienne des femmes.

Sueli Valongueiro Alves is a Brazilian social educator and nursing technician with a pedagogy degree. She is a member of the collegiate coordination of Grupo Curumim, a non-governmental, feminist and anti-racism organisation based in Recife (State of Pernambuco), in the northeast of Brazil. She coordinates the Cunhatã Program, which promotes health education and the dissemination of knowledge on sexual and reproductive rights among adolescents, women, as well as among health and education professionals. She is the author of the research "Contracepção de Emergência na Rede Municipal de Saúde de Recife" (Emergency Contraception on the Public Health Network of Recife) and of the publication Do Cunhatã para a América Latina, uma experiência em metodologias para o trabalho com adolescentes e jovens (From Cunhatã to Latin America, a Methodological Experience for Working with Adolescents). *Sueli Valongueiro is also a member of the managing council of the Amaury de Medeiros Health Center from the State-owned University of Pernambuco, a reference centre which assists adolescents and women who have been abused – and, therefore, are legally eligible for abortion as per the country's jurisdiction – during their pregnancy, child-birth, abortion and postpartum. She is the civil society representative, elected during the 2011/2014 mandate, of the Pernambuco State Council for Women's Rights and she is politically active in the Women's Forum of Pernambuco, as well as in the Brazilian Women's Alliance.*

Verschuur, Christine

Christine Verschuur est Senior lecturer à l'Institut de hautes études internationales et du développement à Genève. Elle fait partie du corps enseignant de l'Institut depuis 1996. Elle est directrice du Pôle Genre et développement de l'IHEID. Elle dirige la collection des *Cahiers genre et développement*, publiée chez L'Harmattan à Paris depuis 2000. Anthropologue de formation, elle a obtenu son doctorat à Université de Paris I – Panthéon-Sorbonne. Ses recherches actuelles portent sur les analyses féministes de l'économie solidaire en Amérique Latine et en Inde. Ses recherches portent essentiellement sur genre et développement, les migrations et l'organisation de la reproduction sociale, les organisations populaires urbaines, le développement rural, les théories féministes décoloniales.

Christine Verschuur is a Senior Lecturer at the Graduate Institute of International and Development Studies (Geneva), where she has taught and conducted research since 1996. She is the Director of the Gender and Development programme of the Gender Centre at the Graduate Institute. She is the book series Cahiers genre et développement *which has been published by L'Harmattan (Paris) since 2000. Christine Verschuur is an anthropologist by training and earned her PhD at University of Paris I – Panthéon-Sorbonne. Her current research focuses on "Feminist analysis of social and solidarity economy practices in Latin America and India". Her general research interests are: gender and development, migration and organisation of social reproduction, urban popular organisations, rural development, decolonial feminist theories.*

Viveros Vigoya, Mara

Mara Viveros Vigoya a obtenu son doctorat en anthropologie à l'École des hautes études en sciences sociales (EHESS) à Paris. Elle est professeure associée au Département d'anthropologie et à l'École des études genre à l'Université nationale de Colombie, où elle enseigne et mène des recherches depuis 1998, et co-directrice du groupe de recherche «Groupe interdisciplinaire d'études de genre». Elle a été membre de l'École des sciences sociales de l'Institute for Advanced Studies de Princeton, et professeure invitée à l'Institut des hautes études de l'Amérique latine (IHEAL) et à l'EHESS de Paris, à l'Université fédérale de Bahia au Brésil, au Centro de Estudios de Género de l'Université de Guadalajara et à l'UAM-Xochimilco au Mexique. Ses recherches s'intéressent à la relation entre différences et inégalités sociales, et aux intersections entre genre, sexualité, classe, race et ethnicité dans la dynamique sociale des sociétés latino-américaines.

Mara Viveros Vigoya holds a PhD in Anthropology from the École des hautes études en sciences sociales (EHESS) in Paris. She is Associate Professor at the Department of Anthropology and the School of Gender Studies at the National University of Colombia where she has taught and conducted research since 1998, and co-director of the research group "Interdisciplinary Group for Gender Studies". She has participated as a member of the School of Social Science at the Institute for Advanced Studies in Princeton and has been invited at the Institut des hautes études sur l'Amérique latine (IHEAL) and EHESS of Paris, the Federal University of Bahia in Brazil and the Centre for Gender Studies at the University of Guadalajara and UAM-Xochimilco (Mexico). Her research interests include issues related to the relationship between social differences and inequalities, and intersections of gender, sexuality, class, race and ethnicity in the social dynamics of Latin American societies.

Vouhé, Claudy

Après avoir travaillé sur le chômage des femmes en Europe à la fin des années 1980, Claudy Vouhé a collaboré avec l'UNICEF en Namibie de 1992 à 1997 sur l'*empowerment* économique des femmes et l'intégration du genre dans les politiques sectorielles. Puis elle a enseigné pendant 5 ans au sein du Gender Policy and Planning Programme du Development Planning Unit (University College London). En 2003, elle a co-fondé le réseau francophone Genre en Action. Elle collabore en tant que consultante avec des centres de recherche, des agences internationales et nationales ainsi que des ONG sur différentes dimensions du *gender mainstreaming*. Elle participe depuis 2007 au projet de formation en ligne en genre et développement du Pôle genre et développement de l'IHEID.

Having worked on female unemployment in Europe in the late 1980s, Claudy Vouhé worked with UNICEF Namibia from 1992 to 1997 on the economic empowerment of women and gender mainstreaming in sectorial policies. Then she taught for five years in the Gender Policy and Planning Programme Development Planning Unit (University College London). In 2003, she co-founded the francophone network Genre en Action. She works as a consultant with research centres, international and national agencies and NGOs on various aspects of gender mainstreaming. Since 2007 she has contributed to the e-learning programme on gender and development run by the Gender and Development programme of the Gender Centre.

Sommaire

Présentation des auteures/List of contributors ... 7

Sous le développement, le genre à l'Institut ... 17
Christine Verschuur

Expertes et expertise en genre.
Pouvoir et savoirs

« Je ne suis pas une experte en genre. » Colonialité des savoirs et troubles dans les rapports entre féminismes et « expertes en genre » en Colombie ... 25
Christine Verschuur

Beyond depoliticisation: the multiple politics of gender expertise ... 73
Rahel Kunz

Gender experts in international governance:
mapping the contours of a field ... 89
Hayley Thompson and Elisabeth Prügl

Le genre: une expertise comme une autre ? ... 113
Tania Angeloff

La production de connaissances féministes:
où est le centre ?

Educação feminista em área de desenvolvimento: uma experiência em Goiana, cidade do Nordeste do Brasil ... 129
Sueli Valongueiro Alves

The Emperor's new clothes: feminist contests with global
health knowledge 143
Jashodhara Dasgupta

La institucionalización de los estudios de género en América Latina:
entre desafíos y desconfianzas 159
Mara Viveros Vigoya

Circulation des connaissances féministes et institutions de développement : *lost in translation?*

A feminist approach to gender equality mainstreaming?
The case of SDC, Swiss Agency for Development and Cooperation 175
Ursula Keller

Mythes et limites du bénévolat dans la construction des savoirs
féministes : Genre en Action, réseau francophone pour l'égalité de genre 185
Claudy Vouhé

"I speak fluent patriarchy, but it's not my mother tongue."
Perspectives of a feminist insider within international institutions 201
Nadine Puechguirbal

From feminist knowledge to public action 221
Shahra Razavi

Les connaissances féministes peuvent-elles être codifiées ? Pouvoir interprétatif et conflits de sens

Feminist co-optation and body politics in development 231
Wendy Harcourt

Quels savoirs pour quelles luttes ? Constructions et légitimation
des savoirs féministes dans les espaces transnationaux d'engagement 253
Blandine Destremau

Sous le développement,
le genre à l'Institut

Christine Verschuur

Il y a 20 ans, une étudiante brésilienne de l'Institut universitaire d'études du développement (IUED)[1] écrivait son mémoire sur le genre à l'Institut sous le titre «Questions de genre». Avec d'autres étudiantes de pays du Sud, elle interpelait le regard masculin sur les études de développement et le biais masculin de l'institution, et insistait pour que la problématique de genre soit intégrée dans les enseignements et les recherches, en écho au développement des mouvements féministes dans les pays du Sud. Son mémoire faisait suite aux discussions et à l'autoréflexion critique menées durant une journée ouverte organisée en 1993. C'est à partir de cette époque que, grâce à la pression conjuguée des étudiant-es et d'enseignantes féministes de l'Institut, grâce à l'appui d'organisations féministes romandes et de personnes défendant cette cause dans la coopération suisse, **le genre s'est introduit dans l'Institut, sous l'Institut**.

Une analyse critique des discours sur le développement permet de les entendre comme un système de croyance qui impose des lectures du devenir des sociétés (Rist 1996). Le genre a pu apparaître comme une «injonction», faisant partie de ce système de croyance, où transformation sociale et «modernité» irait de pair avec égalité de genre, et où l'Occident serait le donneur de leçons. L'étude des féminimes décoloniaux (Destremau et

---

[1] L'IUED a fusionné en 2008 avec l'Institut universitaire de hautes études internationales et est devenu l'Institut de hautes études internationales et du développement (IHEID).

Verschuur, C. 2017. Sous le développement, le genre à l'Institut. In *Qui sait? Expertes en genre et connaissances féministes sur le développement*. (Dir.) C. Verschuur. 17-22. Paris: L'Harmattan. Collection Genre et développement. Rencontres.

Verschuur 2012) montre pourtant que « la conscience féministe de nombreuses féministes du tiers-monde n'a pas grandi sous serre dans le terreau étranger d'idées "venues d'ailleurs" mais a des racines bien plus proches, qui plongent dans l'observation des vécus et expériences propres, et partent d'un regard critique de certaines dimensions de sa propre culture » (Narayan 2003, 473).

Donner un nom académique à un champ de recherche né antérieurement dans les mouvements sociaux lui donne de la légitimité. Mais que reste-t-il de certaines idées, qui ont navigué entre mouvements sociaux et académie, lorsqu'elles s'intègrent dans ce dernier ? Dans le monde académique, œuvrer à un avancement individuel, à promouvoir une carrière, n'est pas toujours facile lorsque l'on défend des positions militantes (Hill Collins 2012). Mais l'absence d'ancrage des idées dans les mouvements sociaux leur fait perdre la légitimité politique, si le problème de justice sociale n'est plus le fondement du projet de production du savoir (Fals Borda 1985). Il se pose un problème lorsqu'il y a distanciation du monde académique d'avec les mouvements sociaux, et il peut parfois être difficile de rendre compréhensible le savoir académique au monde non-académique. Dans la mesure où les courants qui animent la pensée féministe sont vigilants à ne pas rompre ce lien, celle-ci, acculée à déconstruire et reconstruire sans cesse, reste d'un apport heuristique incontestable pour les études de développement, pour repenser le système néo-libéral globalisé dominant et les crises qui l'accompagnent.

Cela fait maintenant 20 ans que nous construisons des connaissances en études féministes et de genre à l'Institut, sur les problématiques de développement. Quinze colloques ont à ce jour été organisés, avec le soutien financier de la Direction pour le développement et la coopération suisse (DDC), où sont invitées à débattre des chercheures mais également des personnes travaillant dans des organisations internationales ou non gouvernementales, notamment à Genève, et des personnes actives au sein de mouvements sociaux. Ces dialogues ont permis de construire et de faire circuler des connaissances sur des problématiques diverses comme les questions urbaines, les questions agraires, les migrations, les masculinités ou encore les droits sexuels et reproductifs ou l'économie solidaire.

Dès 1995, un programme de recherche a été entrepris, dans la foulée du premier colloque international organisé sur le genre à l'Institut, et a été mené durant dix ans. Ces liens entre colloques, incubation de projets de recherche et présentation de résultats de recherche ont toujours été entretenus. Un nombre grandissant de projets de recherche ont depuis vingt ans été menés dans le cadre du Centre genre, dont les descriptifs sont accessibles sur le site Internet du Centre.

Les résultats de recherche et de nombreux ouvrages ont été publiés : à partir de 1994, les *Actes des colloques genre* (15 livres) et des *Working Papers* ; à partir de 2000, les ouvrages de la collection *Cahiers genre et déve-*

loppement (10 livres à ce jour). Depuis 2015 sont également publiés de brefs ouvrages, dans les collections *Genre et développement. Rencontres* et *Genre et développement. Éclairages*. Toutes ces publications sont accessibles en ligne sur la plateforme OpenEdition Books, hébergée par le CNRS.

L'équipe d'enseignantes et de chercheures engagées par l'Institut pour travailler sur le genre a été renforcée, tout comme s'est accru le nombre d'étudiant-es suivant des enseignements genre et le nombre de mémoires et de thèses de doctorat entrepris sur cette problématique. Outre les séminaires (actuellement au nombre d'une dizaine sur des thématiques différentes) et une école doctorale en genre, des programmes de formation continue sont proposés depuis 2008.

Le processus d'institutionnalisation du genre dans l'Institut semble irréversible, avec la constitution d'un réseau de personnes partageant cette conviction sur la puissance qu'a le genre pour «structurer la perception et l'organisation concrète et symbolique de toute la vie sociale» (Scott 2000, 58).

Les liens tissés avec des organisations internationales ou non gouvernementales basées à Genève et avec des universités suisses, européennes ou d'autres régions du monde ont été multipliés et renforcés, constituant un réseau dont de nombreuses membres assistent régulièrement aux colloques, permettant ce dialogue de connaissances.

En 2003, un **Pôle genre et développement** s'est mis en place avec un financement de la DDC. Le Pôle genre et développement a permis de poursuivre les projets de recherche, l'organisation de colloques internationaux en genre et développement, les publications, l'enrichissement du fonds documentaire, la création d'un site Internet, la construction d'une banque de données des personnes ressources et d'un large réseau de personnes intéressées par cette problématique. Il réunit une petite équipe de personnes pour mener ces diverses activités. Il propose depuis maintenant 8 ans un programme de formation en genre et développement par e-learning, pour des personnes basées en Afrique de l'Ouest. Ce programme est né pour répondre aux insuffisances qu'avait révélées une étude sur les formations d'expertes genre. Il a permis de poursuivre les réflexions sur la constitution des personnes considérées comme expertes genre et a donné lieu à une étude sur les *alumni* :

> Qu'est ce qui fait [de nous] des expertes en genre ? [...] Finalement, pour moi c'est plus une disposition d'esprit et une faculté d'analyse critique, [...] la faculté de se décentrer, et analyser les rapports de force. C'est peut-être l'essentiel de ce que m'a appris la formation. Et c'est jamais donné ! C'est pas une qualité qu'on acquiert et qu'on a pour toujours. (Alumna, 2012)

Un changement qualitatif s'est produit avec la création à l'Institut du **Programme genre, globalisation et changements**, en 2010, devenu le **Centre genre** en 2016. Les programmes de recherche se sont multipliés, couvrant ou approfondissant de nouvelles thématiques, et notamment les conflits et la sécurité, les questions agraires, et la recherche sur les experts et l'expertise genre dont cet ouvrage est l'occasion de proposer des premiers résultats.

La production de connaissances implique leur circulation, qui prend de multiples formes : colloques, enseignements, mais également des publications. Celles-ci ont été rendues possibles grâce au soutien de la DDC, aux échanges durant les colloques, aux contributions de nombreuses personnes qui font partie de ce vaste réseau de personnes collaborant à ce travail. Le fait d'avoir pu inviter des personnes de différents systèmes de pensée et mondes linguistiques, de publier des ouvrages en plusieurs langues (comme dans la collection d'ouvrages *Genre et développement. Rencontres*), d'avoir obtenu la possibilité de traduire des textes de l'anglais, de l'espagnol et parfois du portugais vers le français a ainsi facilité la circulation de la pensée féministe entre les diverses sphères linguistiques et de pensée.

Afin de montrer la valeur heuristique du genre pour les diverses disciplines mobilisées par les études de développement, un colloque a été organisé en 2010. Un ouvrage a fait suite à ce colloque et a été publié par les éditions de l'IRD dans la collection Objectifs Sud en français (Verschuur, Guérin et Guétat 2015) et par Palgrave Macmillan en anglais (Verschuur, Guérin et Guétat 2014). Il a montré en quoi les études féministes ont contribué de manière essentielle à revisiter les études et pratiques de développement. Il est clair que, pour comprendre et changer, il faut introduire, **sous le développement, le genre**. Ce livre témoigne et reflète d'une certaine manière le travail que nous faisons depuis des années dans notre Institut, comme le font d'autres dans d'autres instituts similaires, pour insister sur le fait que **le genre n'est pas une catégorie uniquement utile mais aussi nécessaire** d'analyse en sciences sociales.

Le projet de recherche sur les expertes genre et l'expertise genre a démarré en 2013 pour une durée de trois ans, menée par une équipe de chercheures affiliée au Programme genre globalisation et changements de l'IHEID, avec le soutien financier du Fonds national suisse de la recherche scientifique (FNS). La recherche a été menée auprès des sièges d'un certain nombre d'organisations internationales et dans trois pays : la Colombie, le Mali et le Népal.

Cette recherche a cherché à comprendre qui sont les personnes expertes genre, les rapports de pouvoir et les tensions qui parcourent ce champ social. Elle s'est intéressée à la circulation des expertes et de la pensée, des idées et normes sur les concepts de genre, de féminismes, les façons de « faire du genre », et aux différentes manières de travailler dans ce domaine. Enfin, elle s'est intéressée à comprendre ce qui contribue à donner une légitimité, de l'influence, aux différentes personnes considérées comme expertes. La présentation des résultats de cette recherche et diverses présentations pour débattre de ces questions ont eu lieu durant un colloque qui s'est tenu les 19 et 20 novembre 2015 à l'IHEID à Genève.

Cet ouvrage fait suite à ce colloque intitulé *Qui sait? Circulation des savoirs féministes en développement et expertes genre*. Il contribue à ce dialogue des savoirs sur les féminismes, le genre et le développement. Les diverses contributions ici publiées – que ce soient celles des chercheures impliquées dans le projet de recherche ou celles de professeures de centres d'études de genre en Colombie ou à Dubaï/Palestine, d'expertes d'ONU-Femmes ou de la DDC, de membres d'une organisation féministe brésilienne, d'une ONG en Inde ou au Sénégal, d'un réseau transnational de féministes, ou d'autres encore – participent depuis différents points de vue à la réflexion sur cette question : *Qui sait?*

Nous sommes conscientes de l'importance de continuer de documenter et faire (re)connaître les différents savoirs pour influencer. Nous poursuivons ainsi les recherches, encourageons les dialogues, construisons des alliances et des ponts entre les chercheures universitaires, les organisations féministes et de recherche, les ONG, les organisations internationales et bilatérales de coopération, les expertes, aux Nords et aux Suds. Nous cherchons à mieux faire circuler les connaissances produites dans différents sites, depuis différentes perspectives, ayant plus ou moins de légitimité, mais complémentaires et nécessaires. Nous nous efforçons ainsi de consolider **à l'Institut, sous le développement, le genre.**

Références bibliographiques

Destremau, B. et C. Verschuur (Dir.). 2012. *Féminismes décoloniaux, genre et développement. Revue Tiers Monde.* 209.

Fals-Borda, O. 1985. *El problema de cómo investigar la realidad para transformarla por la praxis.* Santafé de Bogotà : Tercer Mundo.

Hill Collins P. 2012. Lost in Translation? Black Feminism, Intersectionality and Social Justice. Conférence au Congrès international féministe de Lausanne. 29 août.

Narayan, U. 2003. Les cultures mises en question. «Occidentalisation», respect des cultures et féministes du tiers-monde. In *Genre, postcolonialisme et diversité des mouvements de femmes. Cahiers genre et développement. N° 7.* (Dir.) C. Verschuur. 469-500. Paris : L'Harmattan.

Rist, G. 1996. *Le développement : histoire d'une croyance occidentale.* Paris : Presses de la Fondation nationale des sciences politiques.

Scott, J. W. 2000. Genre : une catégorie utile d'analyse historique. In *Le genre : un outil nécessaire. Introduction à une problématique. Cahiers genre et développement. N° 1.* (Dir.) J. Bisilliat et C. Verschuur. 41-67. Paris : L'Harmattan.

Verschuur, C., I. Guérin et H. Guétat (Eds.). 2014. *Under Development : Gender.* Londres : Palgrave Macmillan.

Verschuur, C., I. Guérin et H. Guétat (Dir.). 2015. *Sous le développement, le genre*. Marseille : Éditions de l'IRD, collection Objectifs Suds.

Expertes et expertise en genre.
Pouvoir et savoirs

« Je ne suis pas une experte en genre. » Colonialité des savoirs et troubles dans les rapports entre féminismes et « expertes en genre » en Colombie

Christine Verschuur

Colonialité du pouvoir et des savoirs

L'actuel système-monde capitaliste est traversé par une forme spécifique de pouvoir que Quijano (1994) appelle « la matrice de pouvoir colonial » *(patrón de poder colonial)*. Dans cette perspective, le capitalisme n'est ni un simple système économique ni un simple système culturel ; il se définit comme un *réseau global de pouvoir* intégré par des processus économiques, politiques et culturels qui constituent un ensemble (Castro-Gomez et Grosfoguel 2007).

La notion de *colonialité du pouvoir* (Quijano 1994 ; 1998) permet d'interroger l'hégémonie et l'autorité universelles des discours et des savoirs occidentaux – des savoirs universels énoncés depuis un seul lieu. Les savoirs des « autres » sont considérés comme ayant moins de légitimité, moins de valeur et ont tendance à être ignorés. La décolonisation reste inachevée dans la mesure où la colonialité demeure encore dans les formes dominantes du savoir et dans les imaginaires.

Verschuur, C. 2017. « Je ne suis pas une experte en genre ». Colonialité des savoirs et troubles dans les rapports entre féminismes et « expertes en genre » en Colombie. In *Qui sait ? Expertes en genre et connaissances féministes sur le développement*. (Dir.) C. Verschuur. 25-72. Paris : L'Harmattan. Collection Genre et développement. Rencontres.

En Amérique latine, la perspective décoloniale (Quijano 1998) s'inscrit dans des espaces et des temporalités de contestation de l'ordre mondial portés par ces «autres» nourris de la prise de conscience des multiples rapports de domination et de l'émergence de nouveaux mouvements sociaux. Ceux-ci participent d'un processus de décolonisation de la pensée.

La colonialité du pouvoir et des savoirs imprègne également le processus de production des connaissances et théorisations féministes, et demande d'analyser «les inégalités dans les voyages et traductions des pratiques, théories et textes féministes, et dans leur réception» (Costa et Alvarez 2014, 558). Il est nécessaire d'analyser les processus d'élaboration des connaissances féministes et leur circulation, de leurs contextes de production à leurs contextes de réception.

Cela est d'autant plus pertinent dans un contexte marqué par la prévalence inéluctable de l'anglais comme langue de communication scientifique et de la globalisation des études féministes (Sanchez 2014). «Comment, peut-on se demander, pourrons-nous échapper à l'économie épistémologique qui a institutionnalisé les centres académiques anglophones comme grilles d'intelligibilité des théories et, plus précisément, des théories féministes?» (Costa et Alvarez 2014, 560)[1].

La traduction des idées, de leur source à leur destination, de la personne qui effectue l'interprétation du message à celle qui reçoit le message interprété, suppose toujours une certaine transformation des idées originales, car toute interprétation est liée à la compréhension du monde de celui-celle qui interprète et s'insère dans un nouvel ensemble de signifiants. «Traduire signifie que l'on énonce depuis une autre situation, et suppose donc de se resituer, de procéder à une réélaboration dans un autre contexte. En traduisant, on perd les liens directs avec le contexte qui a donné naissance au texte, avec les connexions avec d'autres théorisations et contextes qui lui donnent sens» (Sanchez 2014, 570).

«Le langage de genre» ne peut être codifié (Scott 2010), ses significations ne sont pas facilement traduisibles; si l'on veut que le genre continue à être une catégorie d'analyse utile – car critique –, il est nécessaire qu'il reste une question ouverte sur la manière dont ces significations sont constituées, ce qu'elles signifient et dans quel contexte (Scott 2010, 13).

Par ailleurs, comme le disent Costa et Alvarez:

> Les textes ne se déplacent pas à travers les contextes linguistiques sans un «visa». Leur délocalisation ne peut avoir lieu que s'il existe également un appareil matériel organisant leur traduction, leur publication et leur circulation. Cet appareil […] influence de manière significative quelles théories et quels textes sont traduits et sont resignifiés pour s'ajuster aux

---

[1] Ma traduction, comme pour toutes les citations extraites d'ouvrages parus en anglais et en espagnol.

> programmes intellectuels locaux. Parmi les institutions qui contrôlent la circulation des textes dans les réseaux symboliques se trouvent les magazines culturels et les revues académiques qui, selon Nelly Richard (2002), jouent le rôle de médiateurs culturels entre les théories métropolitaines et leurs traductions périphériques. (Costa et Alvarez 2014, 558)

La colonialité du pouvoir complexifie de même l'incorporation des connaissances subalternes dans l'appareil des institutions internationales – documents, résolutions, experts – et la possibilité de constituer des espaces d'où les utopies peuvent être imaginées.

Comment le champ social constitué par les « expertes en genre » est-il structuré par des rapports de pouvoir et traversé par la *colonialité du pouvoir*? Comment analyser la difficulté d'incorporer les savoirs subalternes? En quoi cela contribue-t-il aux mésinterprétations du concept de genre ou à présenter de manière tendancieuse les théories de genre comme si elles étaient au service d'une idéologie – comme les récentes oppositions à la soi-disant « idéologie de genre » en Colombie l'ont illustré? Cette opposition s'apparente à la création d'un « nouvel ennemi » (Viveros 2016a). La fronde contre l'« idéologie de genre » s'inscrit dans une tentative de délégitimation du travail de longue haleine mené par les mouvements de femmes et les études féministes dans le pays, lesquels ont contribué à documenter les expériences des femmes et les savoirs subalternes et à dénoncer les inégalités de genre, de classe et de race à l'origine du conflit armé de forte intensité depuis 70 ans.

La constitution d'un groupe d'expertes en genre et développement[2]

Après la Seconde Guerre mondiale, avec l'avènement de ce que l'on a appelé « développement », un vaste champ de connaissances sur les femmes dans le développement s'est progressivement construit. Il s'est appuyé sur les connaissances féministes ainsi que les organisations de femmes et mouvements féministes qui se sont mobilisés depuis la fin du XIXe siècle, dans tous les pays du monde, pour faire reconnaître les droits des femmes et dénoncer, comprendre et combattre les inégalités. Les études critiques et féministes du développement se sont rapprochées pour rompre avec les analyses et pratiques aveugles aux expériences et points de vue des femmes

---

[2] Un projet de recherche intitulé *Gender experts and gender expertise* (projet 100017_143174) a été mené de 2013 à 2016 grâce au financement du FNS (Fonds national suisse de la recherche scientifique) et a permis de réaliser le travail de recherche qui inspire ce texte. Je voudrais remercier tout particulièrement Blandine Destremau pour ses commentaires critiques ainsi que Maria Clara van der Hammen et Carlos Rodriguez pour leur appui constant et les échanges intellectuels toujours stimulants.

marginalisées. En préparation des conférences des Nations unies, de multiples études et recherches ont été menées, parfois en réponse aux demandes des organisations internationales ou des agences de coopération (Postel et Schrijvers 1980; Bisilliat et Verschuur 2000), ce qui a permis de documenter les conséquences négatives des orientations du processus de mondialisation pour les femmes marginalisées (Boserup 1970; Benería et Sen 1981). Le concept de genre, produit dans les années 1970 par les études féministes (Oakley 1972), a démontré qu'il était non seulement utile mais nécessaire en tant que catégorie d'analyse dans les études de développement (Scott 1986; Verschuur 2009; Verschuur, Guérin et Guétat 2015).

Les réseaux transnationaux d'organisations de femmes et mouvements féministes ainsi que les chercheur-es féministes, au Nord et au Sud, ont obtenu que les questions relatives aux droits des femmes et aux inégalités de genre soient inscrites dans les agendas des organisations internationales multilatérales et bilatérales, des ONG et des gouvernements. Le champ de connaissances en genre et développement s'est également institutionnalisé dans le monde académique, avec notamment des programmes de recherche et d'action, des rencontres, des réseaux, des publications, des enseignements universitaires et des formations. La production et la circulation des connaissances dans ce domaine ont été favorisées par cette institutionnalisation. En 1995, la quatrième Conférence des Nations unies sur les femmes, qui s'est tenue à Beijing, a préconisé le *gender mainstreaming*, c'est-à-dire l'intégration transversale systématique du genre dans toutes les politiques et programmes. Le genre est devenu un thème prioritaire dans la coopération et, de ce fait, le nombre des «expertes en genre» – destinées à définir, mettre en œuvre, accompagner et évaluer ces politiques et programmes de genre – s'est considérablement accru.

Le terme «genre» a ainsi été largement repris tant dans les agences de coopération que dans les espaces académiques. Il a souvent suscité incompréhension et ennui (Molyneux 2004; Cornwall 2007; Verschuur 2009). En s'institutionnalisant, le concept de genre a glissé vers une dépolitisation de ces perspectives et vers la «technicisation» des manières de travailler des «expertes en genre», entraînant ce que certaines ont analysé de façon très critique comme un processus d'ONG-isation des mouvements de femmes (Alvarez 2009; Jad 2010). Ce concept a ainsi été réfuté par de nombreux mouvements de femmes et organisations féministes qui considéraient qu'il s'éloignait trop de ce pour quoi elles avaient lutté.

L'institutionnalisation élargie du genre a-t-elle permis de dépasser ces tensions liées à l'adoption d'une vision dépolitisée, de constituer des espaces épistémiques de connaissances et de personnes et de créer des ponts entre les mouvements sociaux de femmes, les chercheures féministes et les responsables politiques, dans le but de promouvoir des changements sociaux conformes aux revendications féministes de justice sociale? Qui sont les

« expertes en genre »[3] dans ce paysage mouvant et caractérisé par une intense circulation ?

Si de nombreuses études critiques se sont penchées sur l'intégration transversale du genre dans les politiques, programmes et institutions – le *gender mainstreaming* –, les formations en genre ont été peu analysées, et les « expertes en genre » encore moins. Pourtant, dans le monde du développement, de nombreuses personnes se présentent comme des « expertes en genre ». Certaines agences de coopération ont élaboré des listes d'« expertes en genre » et des postes d'« experte en genre » ont été créés. Le terme laisse cependant quelque peu perplexe. Qu'entend-on par « experte en genre » ? Imaginerait-on de parler d'une « experte en classe » ? Existerait-il un « métier » d'« experte en genre », comme il existerait des experts comptables, des experts en sûreté nucléaire ou en nutrition ? S'agirait-il plutôt de personnes expertes dans un domaine spécifique et qui intègrent une perspective de genre à leur expertise ? Plus que d'un métier, s'agit-il d'une mission ? Parle-t-on plutôt de personnes dont l'expertise consisterait à défendre spécifiquement les droits des femmes ou des personnes LGBTI ? Qui sont donc les personnes que l'on appelle « expertes en genre » ?

Ce texte présente les résultats d'une recherche menée en Colombie entre 2013 et 2016 sur les personnes qui travaillent dans le domaine du genre et/ou des droits des femmes en lien avec la coopération internationale. Ces femmes affirment majoritairement que *« yo no soy una experta en género »*, je ne suis pas une experte en genre. Je ne parlerai donc pas ici d'« expertes en genre » mais de personnes travaillant dans le domaine du genre et/ou en droits des femmes.

En m'appuyant sur le cadre théorique évoqué en introduction, je présenterai ici les réflexions issues de cette étude. Je commencerai par situer la recherche, en préciser la méthodologie suivie ainsi que le contexte. Je présenterai ensuite quelques résultats sur les « expertes en genre », un champ social structuré par des rapports de pouvoir, et les féminismes, définis comme des champs discursifs d'action. Je conclurai par quelques réflexions sur les troubles dans les rapports entre féminismes et personnes travaillant dans le domaine du genre ainsi que sur les tensions dans la constitution, dans le cadre de la coopération internationale, du champ des « expertes en genre » traversé par la colonialité du pouvoir.

---

[3] Dans la mesure où la grande majorité des personnes expertes en genre sont des femmes, j'utiliserai le mot expertes plutôt qu'expert-es pour alléger l'écriture.

Situer cette recherche

Les recherches et activités dans le domaine du genre à l'Institut[4], auxquelles j'ai été associée dès 1994, ont contribué à la construction du champ de savoirs en genre et développement. Diverses activités ont visé à faire reconnaître la contribution des pratiques et théories féministes du Sud global – féminismes locaux, décoloniaux, multiples – à la construction de la pensée féministe. Le travail sur le genre accompli à l'IHEID a contribué à ce que cette institution reconnaisse ce concept comme une catégorie d'analyse nécessaire. Il a également permis d'encourager son utilisation avertie et croissante par un nombre grandissant de personnes – étudiant-es, chercheur-es, professeur-es mais aussi chargé-es de programmes dans les institutions de coopération genevoises bilatérales, internationales et non gouvernementales.

Dès 2003, des études ont été menées par le Pôle genre et développement de l'IHEID sur les « expertes en genre » actives dans les organisations internationales à Genève, mais aussi sur les formations en genre destinées à renforcer leurs compétences. L'étude sur les organisations internationales à Genève a permis de constater que les « expertes en genre » autoproclamées étaient légion, que la plupart n'avait aucune formation théorique et que beaucoup n'avaient aucune expérience de la recherche ni de pratiques de travail relatives aux positions et théories féministes. Elle a également montré que les personnes en charge du *gender mainstreaming* ne disposaient souvent pas d'une grande autorité. Elle a enfin permis d'identifier une demande pour une plus grande offre de formations qui soient de meilleure qualité.

L'étude menée sur les formations en genre a permis de constater l'existence d'une multitude de formations en genre souvent caractérisées par leur superficialité, leur brièveté et leur piètre qualité. La plupart étaient dispensées en anglais et, souvent, par les organisations elles-mêmes. La question de la difficile intégration d'une approche critique à ces formations s'est donc posée d'emblée. Cette étude a notamment montré que ces formations étaient pour la plupart très éloignées des épistémologies féministes et qu'elles pouvaient le plus souvent être qualifiées de « formations McDo », brèves et vite consommées. Elles véhiculaient généralement une vision homogénéisante et victimisante des femmes (Mohanty 1988) et prenaient peu ou pas en compte les savoirs locaux ainsi que les organisations de femmes ou féministes locales. Le genre y faisait figure de *mantra* – « le genre est une construction sociale » – et était rarement employé comme une catégorie d'analyse. Ces formations « déformantes » ont pu s'apparenter à des injonctions à adopter les manières occidentales de penser et de faire et à renforcer une représenta-

---

[4] L'Institut universitaire d'études du développement (IUED) jusqu'en 2007, qui a fusionné avec l'Institut universitaire de hautes études internationales (IUHEI) pour devenir l'Institut de hautes études internationales et du développement (IHEID).

tion « coloniale » des rapports Nord-Sud. Elles ont eu des effets négatifs, provoqué des résistances, voire un sentiment diffus d'ennui, suscité l'amusement ou l'agacement et, souvent, abouti à une absence de compréhension de l'utilité de ce concept.

En 2012, une autre étude a été menée sur les personnes qui avaient suivi des formations en genre à l'IHEID, soit dans le cadre de programmes de formation continue mis en place pour pallier les insuffisances constatées, soit dans le cadre des enseignements de master en études de développement. Cette étude a fourni un premier éclairage sur les trajectoires, les expériences et le pouvoir différencié de ces « expertes en genre » (Verschuur 2016).

Ma recherche sur les « expertes en genre » en Colombie s'inscrit dans la suite de ces réflexions et a été menée entre 2013 et 2016 dans le cadre d'un projet de recherche sur le thème « Gender experts and gender expertise » par une équipe de chercheures affiliées au Centre genre de l'IHEID à Genève[5], avec le soutien financier du FNS. La recherche a été menée dans les sièges d'un certain nombre d'organisations internationales ainsi que dans trois pays, la Colombie, le Mali et le Népal.

Cette recherche avait pour objet de comprendre qui sont les personnes dites « expertes en genre », d'analyser les rapports de pouvoir qui traversent ce champ social. L'étude en Colombie visait en particulier à analyser en quoi la colonialité des savoirs imprègne ce champ et à comprendre ce qui permet à certaines de ces personnes de gagner de la légitimité, de l'influence, du pouvoir.

Experts, pouvoir et savoirs féministes

Bourdieu a rappelé combien le décalage entre la vision vulgaire d'une personne quelconque et la vision savante de l'expert est « constitutif d'un rapport de pouvoir, qui fonde deux systèmes différents de présupposés, d'intentions expressives, en un mot, deux visions du monde » (Bourdieu 1986, 9). Max Weber a de son côté montré que le fondement de l'expertise tient à l'autorité légale qui lui est déléguée (cité par Angeloff, dans cet ouvrage). Michel de Certeau a dit de l'expert qu'il peut

> sur des questions étrangères à sa compétence technique mais non pas au pouvoir qu'il s'est acquis par elle, tenir avec autorité un discours qui n'est plus celui du savoir, mais celui de l'ordre socio-économique. Il parle en homme ordinaire, qui peut « toucher » de l'autorité avec du savoir comme on touche sa paie pour du travail […]. Mais lorsqu'il continue à croire

---

5   Les membres du groupe qui ont mené cette recherche sont Elisabeth Prügl, Françoise Grange Omokaro, Rahel Kunz, Hayley Thompson et Christine Verschuur. Le projet a également bénéficié de la contribution de Katarzyna Grabska lors de sa formulation.

ou à faire croire qu'il agit en scientifique, il confond la *place* sociale et le *discours* technique. Il prend l'un pour l'autre : c'est un quiproquo. […] Certains seulement, après avoir longtemps cru parler comme experts un langage scientifique, se réveillent de leur sommeil et s'aperçoivent soudain que, depuis un moment, tel Félix le Chat dans le film d'antan, ils marchent en l'air, loin du sol scientifique. Accrédité par une science, leur discours n'était que le langage ordinaire des jeux tactiques entre pouvoirs économiques et autorités symboliques. (Certeau 1980, 44-45)[6]

Le champ de savoirs en « genre et développement » s'est construit en interaction entre les organisations de femmes et mouvements féministes, les institutions universitaires et les organisations internationales. De ce fait, il a longtemps été – et est parfois encore – jugé peu scientifique. Les « expertes en genre » se meuvent dans un espace transnational, différent de celui des mouvements féministes et de celui des études féministes tout en y étant rattaché, quoique de manière lâche. Elles naviguent entre différentes positions – en « touchant de l'autorité » par le savoir (Certeau 1980). Elles constituent un champ social au sein duquel les personnes disposent de ressources et de positions inégales, structuré par des rapports de pouvoir.

Les tensions multiples au sein du champ social constitué par les « expertes en genre » témoignent des problèmes de légitimité différentielle auxquels elles sont confrontées. Qui sont celles qui savent le mieux ce qui est mieux pour les autres (Kapur 2016) ? Souffrent-elles d'un syndrome similaire à celui des « hommes blancs qui sauvent les femmes de couleur des hommes de couleur » (Spivak 1988) ?

Si l'expertise suppose de construire des connaissances permettant de prendre les décisions nécessaires au changement, et si l'expert traduit des connaissances pour faciliter les prises de décision, quelles sont les connaissances considérées comme légitimes ? Qu'en est-il de la place des savoirs locaux, « vulgaires » (Bourdieu 1986), de leur reconnaissance en tant que savoirs et du statut des personnes qui les élaborent et les détiennent ? Quels sont les contextes de production et de réception des savoirs ? Comment voyagent ces savoirs ? Quel est le langage utilisé pour en rendre compte, pour l'interpréter et pour en faire le récit ? Qui a le pouvoir d'énoncer le problème ? Qui serait *in fine* « expert » ?

La figure de l'« experte en genre » suscite en soi également une certaine résistance. Encore maintenant, le travail de genre est souvent perçu comme illégitime (Laufer, Marry et Maruani 2003). Son « objet » d'études – souvent réduit aux « femmes » – a longtemps été considéré comme « mineur » ou « particulier » (Devreux 1995). Il a souvent été limité à des domaines considérés comme moins fondamentaux – par exemple le social – que la guerre, la

---

[6] Je remercie Jean-François Bayart pour cette référence de Michel de Certeau à Félix le Chat.

diplomatie ou l'économie. De plus, la majorité des expertes en genre sont des femmes, perçues comme moins légitimes dans l'espace intellectuel, social et politique.

Le scepticisme tient aussi au fait que la figure de l'experte en genre a longtemps été associée à un terme considéré comme un *buzzword*, voire un *fuzzword*[7], employé par les bureaucraties onusiennes (Cornwall 2007). Alors même qu'il avait été forgé par des chercheures féministes, ce concept a perdu sa portée analytique dès lors qu'il a été récupéré par ces institutions. Le concept de genre a par ailleurs suscité des résistances puisqu'il était perçu comme un concept anglo-saxon et occidentalo-centré imposé, majoritairement utilisé au sein de la coopération ou dans le milieu académique par des expertes formées ou originaires du monde anglo-saxon.

Cependant, la résistance que rencontrent les « expertes en genre » tient également fortement au fait que ces espaces restent dominés par des normes patriarcales et que l'opposition à la réduction des inégalités de genre reste tenace, notamment parmi les groupes défendant des idées conservatrices hostiles à l'émancipation économique, politique et sociale des femmes et à leur volonté d'exercer un contrôle sur leur corps, leur sexualité et leur fertilité. Si des expertes en genre reconnaissent la filiation avec les chercheures féministes et dénoncent la culture patriarcale de leurs institutions, elles font l'objet d'une défiance ou sont marginalisées (voir Puechguirbal dans ce volume).

De fait, les travaux des chercheures féministes sont souvent considérés comme des travaux dont le point de vue serait particulier, sexué, voire militant et non scientifique, par opposition à ceux d'une catégorie de chercheures dont le point de vue serait objectif et neutre (Devreux 1995). Leur capacité de décentrement serait limitée et leurs analyses trop politiques. De nombreuses chercheures féministes revendiquent précisément l'importance de mettre en avant leur position située, leur subjectivité. Elles montrent les liens entre le vécu personnel et la prise de conscience féministe (Narayan 2010) et affirment que « le personnel est politique ». Certaines chercheures anthropologues s'inscrivent dans une démarche critique de recherche, afin de « se défaire du programme culturel et social qui a fait de [l'anthropologie] celle qui sait à propos de l'autre qui ne sait pas qu'il sait, avec tout ce que cela implique de violence et de mépris » (Saillant 2011, 546).

Le fait que le champ de savoir « genre et développement » se soit constitué en s'appuyant en partie sur des méthodes de recherche féministes de nature collaborative, réflexive et transformative, et, plus récemment, dans une démarche dénonçant la colonialité du pouvoir, a encore contribué à le cantonner à un domaine considéré comme particulier, voire marginal et à nourrir des tensions en son sein.

---

[7] *Buzz* : bourdonnement en anglais ; *fuzz* : duvet ou *fuzzy* : confus.

Un autre soupçon d'illégitimité pèse sur les expertes en genre à cause des liens entre savoirs professionnels et savoirs politiques. Elles doivent contribuer à la gouvernementalité du genre et ne pas laisser transparaître leur démarche militante ou leurs convictions.

Les mouvements sociaux rendent visibles certains problèmes vécus, font part de la vie réelle et expriment des revendications dans des instances nationales mais aussi internationales. Il est difficile de les récupérer et les difficultés de communication peuvent être grandes. Les expertes des organisations internationales se constituent alors comme des « intermédiaires », des *brokers* susceptibles de transformer les revendications politiques en questions techniques et des citoyen-nes en expertes responsables engagées non comme organisations mais comme personnes (Müller 2015). Les organisations internationales construisent ces acteurs qui circulent dans le dispositif et leur permettent de produire des documents consensuels vidés des opinions considérées comme radicales. Ce dispositif nommé « dialogue » est un formidable levier de gouvernementalité qui pose un vernis d'harmonie sur le présent politique et social en représentant la réalité d'une certaine manière. Toute la question est celle de la représentation de la réalité, par qui et comment. La vie sociale des documents produits est fascinante. Le fait d'avoir la faculté de produire un document, c'est-à-dire de mettre en mots écrits les paroles des organisations de femmes, est un véritable dispositif de pouvoir. Le fait que les expertes soient associé-es à des institutions internationales dans le but de produire des connaissances visant à proposer des solutions et à produire des normes qui sont le reflet de rapports de pouvoir internationaux inégaux leur donne une dimension instrumentale et limite leur légitimité scientifique.

Comme l'a dit Angela Davis dans un entretien en 2013, le féminisme signifie tellement plus que l'égalité de genre… Une experte en genre peut-elle ne pas se revendiquer féministe ? Quelles différentes manières d'être féministe observe-t-on ? Le lien entre théories scientifiques et action politique est au fondement des questions de genre (Davis 1982).

Les réticences à reconnaître l'utilité des théories – comme si celles-ci étaient déconnectées des pratiques – traduisent les tensions qui peuvent exister entre universitaires et praticien-nes, mais aussi entre savoirs d'expertise et savoirs politiques. Ces tensions s'expliquent par des raisons autres que la seule opposition supposée entre théories et pratiques. Les savoirs élaborés dans des lieux d'institution du savoir jouissent en effet d'une reconnaissance et d'un pouvoir importants. Alors que l'existence d'un champ de recherche dans les mouvements sociaux est parfois bien antérieure à sa dénomination, lui donner un nom académique, le « genre » ou l'« intersectionnalité », lui confère ironiquement de la légitimité et mène à ce que certaines ont appelé la « marchandisation académique » (Hill Collins 2012). Certaines idées font le « voyage » entre les mouvements sociaux et le monde académique. Mais qu'en reste-t-il lorsqu'elles s'intègrent dans ce dernier ? Cet univers exige l'accomplissement individuel et les promotions, et les personnes qui défendent des positions militantes éprouvent souvent de grandes difficultés à y trouver leur place (Hill Collins 2012). Mais, sans ancrage dans les mouvements sociaux, les idées perdent leur légitimité politique, notamment quand la justice sociale n'est plus le fondement du projet de production du savoir. L'éloignement entre l'univers académique et les mouvements sociaux pose problème, et il peut être parfois difficile de rendre le savoir académique compréhensible dans le monde non académique.

Les contextes et les processus de construction des connaissances sont traversés par des rapports de pouvoir; l'interprétation, la transmission et la réception des connaissances sont des modes d'expression du pouvoir (Mukhopadhyay 2013). Dans quelle mesure les priorités de la production et de la transmission des connaissances sont-elles fondées sur les aspirations politiques des mouvements de femmes et sur leurs visées transformatrices? Reposent-elles sur les épistémologies féministes dans les pratiques de recherche?

Les méthodes de recherche-action qui ont été privilégiées dans les recherches féministes à visée transformatrice (Mies 1979) défendent l'idée que le *processus* même de construction des connaissances est partie prenante du processus de transformation sociale : ces démarches de production et de discussion des connaissances visent à prendre conscience des causes des problèmes, à susciter la volonté de changer et à construire la capacité à mettre en œuvre le changement (Rauber 2003). Certaines études ont souligné la difficile conciliation du temps long de la recherche participative et réflexive et le temps court de l'action lié aux « projets » des agences de coopération (programmation, délais, financements, évaluations, résultats) ou aux « programmes » politiques (Hainard et Verschuur 2005). Les personnes qui adoptent ces méthodes de recherche-action avec les sujets de la recherche sont en mesure de rendre des comptes aux organisations féministes, ce qui leur confère une certaine légitimité.

La recherche-action reconnaît la théorisation sociale élaborée par la base et insiste en permanence sur les liens obligés entre théories et pratiques. Prenant la suite des approches de recherche-action participative, le dialogue des savoirs fait écho à cette reconnaissance des savoirs des « autres », à commencer par celui que détiennent celles et ceux qui sont marginalisés par leur appartenance, et rompt avec la vision victimisante de sujets qui ne seraient pas actrices et acteurs de leur destin. Ce regard cherche à rendre visibles ces personnes dont l'existence, les actions, les pensées et les influences sont considérées comme « insignifiantes », quelle que soit la forme de résistance qu'elles opposent, organisée ou latente. En tant que catégorie d'analyse critique, le genre a ainsi engendré des résistances puisqu'il a été élaboré à partir d'un lieu différent et par des groupes minoritaires présumés inférieurs (Quijano 2007).

Une question particulièrement intéressante se pose alors. Les processus visant à produire, par la recherche-action, des connaissances inclusives, collectives, réflexives et transformatives qui seraient fondées sur des rapports de pouvoir non hiérarchiques, la prise en compte du point de vue des personnes subalternisées, la mise en perspective de points de vue différents, voire contradictoires, ainsi que sur les méthodes de prédilection des études féministes sont-ils compatibles avec un exercice du pouvoir susceptible de conférer le statut d'experte?

La recherche en Colombie sur les personnes travaillant dans le domaine du genre

> Le savoir est un processus politique. Il faut valoriser et transformer le savoir. Il faut s'opposer au concept de genre, qui ne questionne pas le pouvoir (e40, org fém)

S'appuyant sur le cadre théorique de la colonialité des savoirs, cette recherche s'est intéressée en Colombie aux contextes de production des savoirs, s'est demandé comment le concept est utilisé, transformé, resignifié, interprété au cours de ses trajets; s'est intéressée aux trajectoires des personnes travaillant dans ce domaine en se demandant comment elles voyagent dans des espaces transnationaux entre la sphère des bureaucrates, le monde politique, le milieu universitaire et celui des mouvements et organisations de femmes ou féministes. Je me suis interrogée pour savoir quelles sont les tensions qui traversent le champ social constitué par ces personnes, dans lequel elles ont des ressources et des positions inégales, structurées par la colonialité du pouvoir.

Je me suis ainsi intéressée à comprendre comment les personnes travaillant dans le domaine genre gagnent de l'autorité. Quels sont les éléments qui expliquent que certaines d'entre elles bénéficient d'une plus grande légitimité et influence? Comment expliquer la division sociale du travail et les inégalités de pouvoir, de ressources et de positions entre les personnes qui constituent ce champ? Dans quelle mesure les rapports de pouvoir au sein du groupe des expertes en genre sont-ils structurés en fonction de leur position située – appartenances de classe, de race et pays d'origine, institutions de rattachement ou de formation –, et de la distribution des ressources matérielles et du capital social qui en découle? Se définir comme une «experte en genre» n'est-il pas une *contradictio in terminis*?

Cette recherche apporte des éléments pour penser que la situation des personnes travaillant dans le domaine du genre en Colombie est particulière. Cela résulte de l'intense conflit armé qui déchire le pays, des vigoureux mouvements féministes et de femmes qui s'y sont développés et de l'existence d'une recherche en sciences sociales engagée et des études féministes décoloniales.

Dans ce pays, où les personnes naviguent entre la recherche, les ONG de femmes ou féministes, les gouvernements locaux et les organisations de coopération, on observe une importante production de savoirs académiques, « populaires » ou « profanes », savoirs d'expertise mais bénéficiant d'une inégale reconnaissance et autorité. Quelles seraient les conditions pour brouiller les frontières entre ces savoirs, pour que se constituent des passe-murailles et pour contester la colonialité des savoirs ?

Questions méthodologiques

> Le terrain vous transforme. Cela veut dire que les autres vous transforment si vous savez les écouter et si vous réfléchissez de façon décentrée par rapport à vous-même sur ce que vous voyez et sur ce que vous entendez. (Godelier 2002, 207).

Je voudrais commencer par préciser ici ma position située, dans la mesure où elle a influencé cette recherche et les données qu'elle a permis de recueillir. Anthropologue, féministe, femme, blanche et socialement privilégiée, j'ai travaillé en Afrique dans une université, puis dans la recherche avec une organisation internationale. Je travaille maintenant depuis 20 ans dans l'académie à Genève, ville internationale. Par ailleurs, j'ai depuis toujours une relation particulière – personnelle et professionnelle – avec la Colombie. Ma position située m'a permis de naviguer entre différents lieux, groupes sociaux et institutions de ce pays et d'accéder à des espaces multiples, en en connaissant les codes et l'histoire mais sans en faire partie. Elle a également permis des échanges sereins avec les personnes situées dans des lieux d'énonciation différents et d'avoir la distance nécessaire à une écoute apaisée.

L'approche de la connaissance située incite à être consciente que ma subjectivité influence l'interprétation de la réalité. Je m'identifie comme une chercheure (une profession) et comme féministe (une démarche politique et une posture méthodologique et heuristique) partageant les approches décoloniales, et je n'ignore pas les émotions que les rencontres et les réalités évoquées suscitent. J'observe et je participe dans une certaine mesure, avec une vue du dedans et du dehors. Brouiller ces frontières permet de rompre avec l'idée qui veut que l'altérité soit au dehors alors qu'il y a du moi dans l'autre et de l'autre dans moi (Fainzang 2002, 144). Ainsi, cette recherche qui porte sur un objet proche de ma propre activité et a été menée dans une démarche de réflexivité partagée avec les personnes interrogées contribue, je l'espère, à ce que l'anthropologie se renouvelle et pense son « utilité dans le monde contemporain » (Ghasarian 2002, 22). « Être anthropologue pleinement, ce n'est pas se contenter de l'anthropologie » (Godelier 2002, 210), comme en témoignent les chercheures en sciences sociales latino-américaines et colombiennes qui m'ont inspirée.

Mon approche a donc consisté à suivre les trajectoires et la circulation d'une multiplicité de personnes travaillant dans le domaine du genre et/ou des droits des femmes – des personnes appelées expertes en genre –, ainsi que la circulation des idées sur le genre et les féminismes. Durant les divers entretiens, j'ai pris connaissance de la complexité des trajectoires des différentes catégories d'actrices, j'ai circulé entre les espaces notamment constitués par des mouvements de femmes, des organisations féministes, des universitaires féministes, des institutions gouvernementales ou politiques, des organisations non gouvernementales, des institutions de coopération bilatérale et des organisations internationales ainsi que des médias. J'ai pu relever les diverses conceptions du genre, des féminismes et des droits à différents points du circuit, et comprendre les interprétations, déplacements, reconfigurations et résistances des catégories et pratiques.

Je définis les personnes que j'ai interrogées ou rencontrées dans le cadre de cette recherche comme des personnes dont la profession consiste à mener des activités ou à réaliser des études dans le domaine du genre et/ou de la défense des droits des femmes, en lien avec la coopération internationale. Cela comprend des personnes ayant été engagées à titre individuel ou en tant que membres d'un collectif bénéficiaire d'un financement – un centre d'études, une organisation de femme, une ONG, etc. –, consultantes de court terme ou ayant des contrats de longue durée. Comme je l'ai indiqué, la grande majorité des personnes interrogées ne se reconnaissent pas dans la dénomination « experte en genre », bien qu'elles soient souvent appelées ainsi. Je parlerai donc de « personnes travaillant dans le domaine du genre » ou « travaillant dans le domaine du genre et/ou des droits des femmes ».

Dans une démarche anthropologique, j'ai réalisé des entretiens qualitatifs, recueilli des histoires de vie, participé à des discussions de groupe, observé des micro-espaces globaux et assisté à des évènements significatifs. J'ai mené des entretiens approfondis auprès de 55 personnes travaillant dans le domaine du genre, des membres de diverses institutions situées à Bogotá, Cali, Medellín ainsi que dans un village du Cauca. Ces entretiens ont été enregistrés et transcrits. J'ai observé les interactions et échanges dans divers micro-espaces globaux (Sassen 2003). J'ai réuni une documentation bibliographique constituée de livres et articles produits par des chercheures des différents centres universitaires en études genre en Colombie ; de rapports et brochures publiés par plusieurs des 26 agences des Nations unies présentes dans ce pays, par la Banque mondiale et par des agences de coopération bilatérales ; des rapports des nombreuses ONG internationales et nationales ; des rapports, documents et sites internet produits par certaines des très nombreuses organisations colombiennes de femmes situées à Bogotá ou à l'intérieur du pays ; et des thèses de doctorats et mémoires de maîtrise des diverses universités colombiennes. Cette recherche bibliographique a bénéficié de l'aide ponctuelle d'une étudiante du Centre en études genre de l'Universidad Nacional. Pour codifier les entretiens transcrits et pour la recherche bibliographique, j'ai pu compter sur l'aide de deux étudiantes colombiennes de l'IHEID[8], des anthropologues féministes elles aussi formées dans le Centre en études genre de l'Universidad Nacional. Près de 350 références ont été répertoriées, qui ne constituent qu'une partie de l'abondante production sur ce thème par des chercheures et institutions colombiennes.

Je tenterai ici de rendre compte de fragments du complexe tableau de la réalité que mes interlocutrices ont accepté de partager avec moi. Avant toute chose, je tiens à dire combien je suis reconnaissante aux personnes que j'ai pu interviewer, avec lesquelles j'ai échangé lors d'entretiens, évènements ou rencontres. J'espère ne pas trahir la pensée de toutes celles qui ont communiqué ce que je transmets ici, avec une remarquable générosité. Leur engagement force l'admiration, étant donné son coût social évoqué par les personnes interrogées dans le cadre de cette recherche. Beaucoup d'entre elles ont, à des degrés divers, vécu dans leur chair une violence qui dépasse l'imagination et sont confrontées à des paradoxes permanents. Les éléments que je vais présenter sont certainement en deçà des multiples et contradictoires réalités et points de vue qu'elles ont généreusement partagés, dans un effort de réflexivité et une volonté de dialogue. Malgré les douloureuses tensions entre groupes et entre courants d'idées, j'ai constaté l'existence d'une véritable volonté de détricoter et repenser son histoire et sa place dans les changements, de dépasser les clivages dans la construction des connaissances situées, multiples et pas toujours collaboratives, et, enfin, de comprendre pour changer.

J'ai présenté et discuté les résultats de cette recherche lors d'un colloque organisé à Genève, puis lors de deux rencontres de travail à Bogotá, l'une au Centre en études genre de l'Universidad Nacional, l'autre au CINEP (Centre de Investigación y Educación Popular). Ces comptes rendus des premiers résultats et éléments de réflexion visaient à discuter et revoir ces analyses. Les écueils de l'interprétation précédemment évoqués ont peut-être ainsi été en partie contournés, ou du moins reconnus. Les personnes interrogées lors de mes précédentes visites ainsi que de nombreuses autres personnes travaillant dans le domaine du genre ont contribué à affiner les analyses. J'ai également complété le recueil d'informations grâce à des entretiens, des observations complémentaires et des échanges informels avec certaines de mes répondantes, à Cali et Bogotá. Pour être en accord avec la démarche des personnes rencontrées et l'histoire de la pensée féministe engagée et décoloniale de ce pays, il était de mon point de vue important d'adopter une approche fondée sur le partage et le dialogue de connaissances, notamment dans le contexte du processus post-signature des accords.

---

8   Lina Muñoz, mémorante et Yira Lazala, doctorante à IHEID, que je remercie pour leurs contributions inspirées.

Le contexte

Certaines caractéristiques de la situation en Colombie expliquent la spécificité de la situation des personnes travaillant dans le domaine du genre et/ou des droits des femmes. D'une part la longue histoire de l'intense conflit armé qui déchire le pays, d'autre part la vigueur des mouvements féministes et de femmes depuis plus d'un siècle, enfin l'existence d'une recherche engagée en sciences sociales et le développement des études féministes décoloniales. Ce contexte permet de contribuer à comprendre la spécificité dans la production et la circulation des savoirs, et les rapports de pouvoir qui traversent le champ des « expertes en genre ».

Le conflit armé

Le conflit armé colombien est l'un des plus terribles que le monde ait récemment connu : en 30 ans, il a causé plus de 300 000 morts et de six millions de déplacés internes dans ce pays de 48 millions d'habitants (2016). Le nombre de morts se monte à 800 000 si l'on tient compte des victimes de la violence protéiforme – dont la simple délinquance – notamment associée directement ou indirectement au narcotrafic (Pécaut 2015). Le taux d'homicide en Colombie, de 34 pour 100 000 habitant-e-s (à comparer avec la moyenne mondiale de 7), est majoritairement le fait de criminalité organisée née de la fragmentation des groupes liés au paramilitarisme. La Colombie est classée parmi les dix pays du monde qui comptent le plus de femmes assassinées (Small Arms Survey 2014).

La Colombie affiche l'un des niveaux d'inégalités les plus élevés d'Amérique latine, en particulier dans le domaine agraire. Les silences sur les responsabilités des élites politiques et économiques dans le conflit colombien contribuent à ce que l'histoire du pays soit perçue comme par *essence* faite de violence. Des mouvements de guérillas essentiellement paysannes sont nés dans les années 1960, notamment en réaction à la question agraire. Ils ont joué un rôle important dans le conflit armé durant cette période, mais la violence s'est répandue avec le développement de multiples groupes armés qui, tous, ont tenté de contrôler la population civile et les ressources économiques par la terreur. Dans les années 1985-1995, les pratiques terroristes des narcotrafiquants ont fait chanceler les institutions : les dispositifs d'exception se sont multipliés ; les milices paramilitaires ont eu le champ libre pendant les deux mandats du Président Alvaro Uribe (de 2002 à 2008) ; et les instances politiques et économiques ont été gangrénées par la corruption. Mais paradoxalement, et malgré la récurrence de la violence depuis les années 1950, le régime a continué de se réclamer de l'État de droit et le pays a conservé sa stabilité institutionnelle et économique.

Avec le conflit armé, les inégalités se sont exacerbées et la concentration des terres s'est accentuée. Les mouvements revendicatifs ont été éliminés ; les guérillas ont tout fait pour les instrumentaliser, les paramilitaires et leurs alliés ont systématiquement massacré leurs *leaders*. Ainsi, «depuis plus de quarante ans, le conflit armé met les élites colombiennes à l'abri de toute contestation sociale» (Pécaut 2015). Paradoxalement, le conflit armé a favorisé la stabilité institutionnelle du pays.

Après plus de 50 ans de conflit armé, des accords de paix ont été signés à Bogotá en 2016. Une voie vers un règlement politique du conflit s'ouvre. L'accord prévoit notamment l'instauration d'un système de justice transitionnelle chargé de juger les auteurs d'actes criminels et la mise en place d'une commission de vérité historique. Il prévoit également la mise en œuvre d'une politique agraire et d'une politique d'inclusion sociale et politique. Le défi principal de la période qui suivra la signature de l'accord de paix sera de faire accepter l'expression des mouvements de revendication sociale, de transformer les représentations que les Colombien-nes se font de leur histoire et enfin de déconstruire et traiter les causes profondes de cette longue période de violence. Ce processus devra sans doute s'appuyer sur une reconnaissance et une analyse critique des profondes inégalités de classe, de race et de genre qui caractérisent les rapports sociaux.

La longue et vigoureuse histoire des mouvements de femmes et des féminismes

On peut situer le début de l'histoire des mouvements féministes/de femmes colombiens au début du XXe siècle (Lamus 2007). Comme le dit Uma Narayan, une chercheure féministe indienne, «la conscience féministe de nombreuses féministes du tiers-monde n'a pas grandi sous serre dans le terreau étranger d'idées "venues d'ailleurs" mais a des racines bien plus proches, qui plongent dans l'observation des vécus et expériences propres, et partent d'un regard critique de certaines dimensions de sa propre culture» (Narayan 1997, 473)

De nombreuses publications, articles, livres, témoignages et rapports attestent de la richesse de l'histoire des mouvements de femmes/féministes en Colombie. Comme dans d'autres pays, cette histoire est faite de discontinuités, de silences et de bruit.

Des années 1920 aux années 1940, diverses organisations de femmes se sont mobilisées. Le mouvement suffragiste était divisé entre les femmes qui réclamaient le droit de vote tout en défendant une vision maternaliste, et celles qui revendiquaient une citoyenneté plus complète, notamment le droit à l'éducation, le droit à exercer des fonctions publiques, les droits dans le cadre du travail salarié, et l'égalité des salaires. Les femmes ont conquis le droit de vote en 1954. L'absence d'unité entre les femmes s'est perpétuée après cette date du fait des différences de classe, des rattachements partisans et du clientélisme parfois lié à l'implication des femmes dans les processus électoraux (Wills Obregón 2004, 96).

> Pour moi, cela a été très dur d'être féministe, contre vents et maris (e36, org fém. 75 ans).

Après une période de relatif silence, les mouvements de femmes ont été très actifs dans les années 1970, dans l'élan régional et mondial de visibilisation des femmes et de reconnaissance de leurs droits au niveau international. De multiples collectifs de femmes se sont constitués, parmi lesquels l'Association des femmes paysannes, noires et indigènes de Colombie, le réseau d'éducation populaire entre femmes (Bogotá et Barrancabermeja), le Collectif des femmes de Barranquilla, (1970), l'Organisation féminine populaire à Barrancabermeja (1972). Des collectifs artistiques qui visaient au changement culturel ont également fait leur apparition, notamment le collectif théâtral La Máscara (1972) et Cinemujer (1960-1970). Pendant cette période, la vie des femmes a considérablement changé, en raison aussi de la baisse drastique du taux de fécondité depuis les années 1960 (de 6,8 en 1960 à 4,6 en 1975, puis à 2,3 en 2012). Le thème du droit à l'avortement est devenu un sujet de revendication des groupes féministes, en alliance avec certains réseaux régionaux. Certaines féministes colombiennes sont revenues en Colombie après avoir étudié à l'étranger et des féministes étrangères se sont installées dans le pays, permettant ainsi à des influences internationales de s'exprimer dans la circulation des idées Ces « voyages » ont favorisé les lectures d'auteurs françaises (comme Simone de Beauvoir) ou américaines (comme Angela Davis), citées de manière récurrente par les personnes interrogées durant ma recherche. Dès cette période, divers groupes de femmes ont revendiqué l'idée de « décoloniser » la pensée et les femmes (Wills Obregón 2004, 148-149). Cette période a été marquée par l'influence des mouvements du *black feminism* des États-Unis, des mouvements de libération des femmes en Europe et de la première Conférence internationale des Nations unies sur les femmes à Mexico – à l'occasion de laquelle les quelque 6000 militantes et chercheures latino-américaines présentes constituaient la majorité des participantes. La CEDEF (CEDAW en anglais) a été ratifiée par la Colombie en 1981.

En 1981, à Bogotá, la première Rencontre féministe latino-américaine a inauguré une période intense faite de ruptures et de considérables tensions entre les différents mouvements et courants féministes. Durant cette rencontre, et en particulier pendant sa préparation, les positions et expériences des groupes de femmes – différents par leur appartenance de classe, de race, d'orientation sexuelle, de lieu d'énonciation, d'affiliation politiques – ont été à l'origine de tensions considérables. Celles-ci se sont cristallisées autour des divisions entre les « autonomes » et les « institutionnelles ». Les unes considéraient que le projet féministe, transformateur et critique était incompatible avec l'organisation patriarcale et capitaliste de la société, et défendaient donc l'idée d'une séparation d'avec toutes les institutions – les partis, le monde académique et l'État – elles prônaient donc une autonomie vis-à-vis de celles-ci. Les autres défendaient l'idée que les féministes et la pensée féministe devaient s'introduire au sein des institutions pour les changer. Ce conflit, certes non exclusivement colombien, laisse à ce jour encore une forte marque. En Colombie, l'intensité de ces divisions a été renforcée par les affiliations et projets politiques et partisans des féministes qui avaient participé à la Rencontre et par l'intense violence politique qui traversait les rapports entre partis et pénétrait toutes les sphères de la société.

La Rencontre féministe latino-américaine a été organisée par les féministes autonomes et antipartis. Certaines personnalités féministes reconnues ont même été refoulées, au nom d'une certaine « obsession pour l'authenticité » des luttes féministes (Wills Obregon 2004, 160), notamment des membres de partis de gauche en lutte contre le gouvernement, des exilées, ou des universitaires qui menaient des recherches sur l'exploitation des paysannes grâce à des fonds étrangers. La critique de la professionnalisation, de la technicisation et de la dépolitisation du genre par les institutions, les ONG, les organisations gouvernementales ou internationales ou même les institutions universitaires s'est également développée à cette époque, durant la rencontre puis dans toute l'Amérique latine (Alvarez 1990 ; Forstenzer 2011).

Plus tard, les « jeunes » féministes ont exigé de faire valoir d'autres idées, fondées sur leurs propres expériences et de se détacher des féministes « historiques », parfois ressenties comme une génération « hégémonique » (Villareal 2013, 57), ou sont apparus des réseaux d'études des masculinités, qui ont également fait l'objet de réactions tendues.

Cette troisième vague féministe, axée sur une approche décoloniale de l'imbrication des identités, a aussi témoigné des tensions entre les organisations de femmes/féministes. D'autres clivages se sont ajoutés, entre les différentes organisations de femmes/féministes, de défense des indigènes et afro-descendantes, avec les syndicats, avec les mouvements de défense des droits humains. « Les séparations des intérêts de classe, ethnico-raciaux et de genre et sexualité a créé des œillères mutuelles et ont mis en évidence les limites de cette approche qui a empêché l'inclusion du genre et de la sexualité dans les mouvements ethnico-raciaux ; des thèmes de la race et de la discrimination raciale dans l'agenda des mouvements féministes et anti-hétérosexistes ; et du thème de l'homophobie et de la misogynie dans les mouvements syndicaux » (Viveros 2007, 180). Les entretiens ont également montré des accrochages entre les mouvements de défense des droits humains, aveugles au genre, et les mouvements de femmes qui luttent contre les violences faites aux femmes, peu disposées à traiter avec l'État. Cette période a donc été marquée par des clivages qui perdurent : des clivages idéologico-organisationnels, de classe, d'ethnicité, générationnels, et entre le centre et le reste du pays.

La nouvelle constitution de 1991 a représenté un moment de rupture dans le champ des droits constitutionnels et a contribué à l'intensification des tensions entre les organisations de femmes/féministes mais aussi à leur mobilisation à l'échelle globale. Celles-ci ont créé des réseaux de réseaux, comme la *Red Nacional de Mujeres* qui rassemble une centaine d'organisations de femmes qui s'étaient constituées et se sont activement mobilisées pour influencer le processus de révision de la Constitution de 1991. Cette nouvelle constitution consacre notamment les droits des communautés indigènes et les droits des femmes. Elle reconnaît la diversité ethnique ainsi que les diverses cultures indigènes, leur autonomie politique et le droit d'exploiter toutes les ressources situées sur leur territoire, à l'exception du sous-sol. Elle condamne la violence domestique, promeut les droits sexuels, ouvre le droit au divorce, accorde l'égalité de droits à tous les enfants, qu'ils soient ou non nés au sein d'un mariage. Elle accorde le droit de *tutela* à chaque individu, qui peut ainsi réclamer juridiquement ses droits constitutionnels, et instaure divers mécanismes de participation citoyenne (référendum, consultations populaires, etc.).

> La population victime de la guerre «s'accroche au Christ et s'accroche aux lois» dans une sorte «d'incantation du droit». (e7, org féministe)

Après 1995, les mouvements et collectifs de femmes se sont intensément mobilisés et, dans la foulée de la *Red Nacional de Mujeres*, un réseau d'environ 300 organisations de femmes a été créé, la *Ruta Pacífica de Mujeres*. Dans leur lutte pour leurs droits en tant que victimes, les membres de ces mouvements et collectifs se revendiquent comme des constructrices de la paix. Elle réclament que soit reconnu le fait que le conflit armé affecte différemment les hommes et les femmes, et que ses conséquences ne sont pas les mêmes pour toutes les femmes. De leur côté, les recherches académiques, qui portaient auparavant plutôt sur les paysannes et les droits à la terre, les droits des travailleuses domestiques ainsi que les droits économiques et sociaux, ont déplacé leurs axes de recherche et se sont concentrées de manière plus importante sur le thème de la violence. Comme il ressort des entretiens, l'histoire familiale de chaque personne a été marquée par le conflit armé, et de nombreuses chercheuses féministes ont ou avaient d'ailleurs pour mari ou compagnon un *violentólogo*. La centralité de ce thème a absorbé tous les espaces de mobilisation et de réflexion, au point de marginaliser les autres thèmes relatifs aux questions de développement et de droits économiques et sociaux. Les avancées législatives sur les droits des femmes concernent elles aussi ce thème prioritaire ressenti comme essentiel. Après la sentence C-355 de 2006 sur l'avortement[9], la loi 1257 sur la violence faite

---

[9] Elle autorise l'avortement dans trois cas : si la vie de la mère est en danger, si le fœtus n'est pas viable ou si la mère a été victime d'inceste ou de viol.

aux femmes et le décret 092 sur la protection des femmes déplacées en raison du conflit ont été promulgués en 2008, la loi 1448 dite « Loi des victimes et restitution des terres » en 2011 et enfin la loi 1761 sur le féminicide, dite « Loi Rosa Elvira Cely » en 2015.

La coopération internationale a considérablement influencé cette prise en considération des violences de genre. Un certain nombre d'organisations et de mouvements de femmes ont accepté de se plier à une certaine forme d'institutionnalisation pour obtenir les fonds nécessaires à leur travail d'organisation, de documentation, de dénonciation et de plaidoyer afin de conquérir des lois plus protectrices. Les tensions entre féministes autonomes et institutionnelles sont toujours présentes, les premières considérant qu'elles n'ont pas à interagir avec l'État et le système international, capitaliste/colonial et patriarcal qui (re)produit la violence et les conflits alors que les autres défendent l'idée de la nécessité d'un dialogue avec l'État. Cependant les groupes de femmes et organisations féministes multiplient les initiatives visant à documenter les violences de genre ainsi que l'impact différentiel de la guerre sur les femmes et à donner de la visibilité à la constitution de réseaux de femmes en tant que constructrices de paix et non seulement en tant que victimes. Cette mobilisation pour la paix, animée et dirigée de manière prépondérante par des groupes et fédérations de groupes de femmes, leur a donné une immense visibilité. Mais elle a également conduit à une « essentialisation » des femmes et du genre. Ainsi, les tensions inhérentes au conflit ont encore accru les distances et attisé les rapports troublés entre groupes de femmes, en particulier entre « autonomes » et « institutionnelles », académiques et populaires, urbaines et rurales, des tensions qui traduisent et sont traversées par des appartenances de classe et de race. Le clivage central porte sur l'approche visant à renforcer l'état de droit ainsi que sur l'approche qui refuse le dialogue avec l'État et s'emploie à renforcer les organisations autonomes.

L'organisation *Madres de la Candelaria* illustre les multiples tensions évoquées. Cette organisation basée à Medellin réclame que la vérité soit faite sur le sort des personnes disparues et que les familles des victimes soient soutenues. Elle est animée depuis 15 ans par des femmes rurales d'origine populaire qui ont dû fuir leur région d'origine pour s'établir en ville. Elle comprend actuellement environ 850 femmes. Cette organisation a connu une fracture, certaines des membres souhaitant réclamer l'aide de l'État – « faire alliance avec le diable » – et d'autres refusant toute collaboration avec une institution jugée responsable des disparitions. La présidente, Teresita Gaviria, a exprimé son amertume vis-à-vis des autres organisations de femmes avec lesquelles ne s'effectue aucun travail collectif, vis-à-vis des organisations qui viennent leur soutirer des informations et s'approprier leur travail, mais aussi vis-à-vis de l'Église qui impose son point de vue sans leur apporter aucune aide et enfin vis-à-vis des féministes : « *les féministes n'aident jamais...* » (e29). En revanche, elles ont bénéficié de multiples appuis de la coopération internationale (agences bilatérales, agences des Nations unies, fondations, etc.).

La sociologie engagée et les études féministes en Colombie. Une posture décoloniale

Dans l'incapacité de l'altérité, de reconnaissance de l'autre, nous avons très peur de reconnaître l'autre, parce que reconnaître l'autre, c'est reconnaître nos propres limites (e42, org féministe)

En Colombie, l'histoire des sciences sociales et celle des mouvements et de la pensée féministes sont riches et anciennes. Cette tradition a influencé la posture décoloniale et les méthodes de recherche des chercheures et intervenantes en genre.

La première faculté de sociologie d'Amérique latine a été créée en 1961 au sein de l'Universidad Nacional de Bogotá, trois ans après la création du département de sociologie, sous l'impulsion d'Orlando Fals Borda et du prêtre Camilo Torres Restrepo, deux figures très engagées dans la lutte contre les injustices sociales. Fals Borda a théorisé la méthode de la recherche-action participative qui a eu une très grande influence à l'échelle internationale. Des penseurs comme Fals Borda et beaucoup d'autres avaient déjà adopté une approche très critique du colonialisme intellectuel (Fals Borda 1971) et revendiquaient la production d'une pensée propre, latino-américaine.

Parmi les chercheures en études féministes, une autre personnalité, Magdalena León, a fortement marqué les différentes générations de chercheures. Elle a mené des recherches auprès des paysannes, sur les inégalités d'accès à la terre, auprès des travailleuses domestiques et sur leurs droits. Elle s'inscrit dans une approche matérialiste et dans la lignée des penseurs précédemment mentionnés et croise en particulier les catégories de genre et de classe.

Cette défense d'une pensée autonome, engagée et située dans le contexte des inégalités sociales, sexistes et racistes, a fortement marqué les intellectuel-les, chercheur-es et personnes engagées dans la lutte pour la justice sociale en Colombie, et ce jusqu'à maintenant. Les théories décoloniales (Quijano 1998; Castro-Gomez et Grosfoguel 2007) ont prolongé ce regard critique porté sur une pensée qui méconnaît les savoirs subalternes et sur la science eurocentrée en proposant de déplacer les points de vue et de puiser également dans l'expérience latino-américaine de la colonialité. Si les sociologues et anthropologues féministes regrettent l'absence de reconnaissance de leurs travaux en études de genre et féministes et sur l'intersectionnalité dans les disciplines des sciences sociales (Viveros et Arango 2011, 31), elles ont progressivement gagné une plus grande reconnaissance et participent du développement des théories décoloniales.

Intégrer ce regard décolonial signifie prendre en compte la multiplicité des points de vue et des expériences, analyser l'imbrication des rapports de pouvoir de classe, de race et de genre dans la production, la circulation et la réception des savoirs, tout en tenant compte de la difficulté à « interpréter » les expériences, les luttes et la signification qui leur est donnée.

> *Les femmes, nous n'avons pas réussi dans ce pays à obtenir suffisamment de reconnaissance, ni de légitimité, ni qu'on attribue suffisamment d'autorité à l'expérience des femmes... c'est la culture patriarcale* (e42, org fém)

La construction des connaissances féministes est redevable des apports provenant de différents sites de production de savoirs qui sont en interaction et en appui mutuel mais aussi en forte tension les uns avec les autres. Cette production de connaissances repose sur les contributions engagées des chercheures, notamment féministes, situées dans le monde académique mais également sur les apports des organisations de femmes, des mouvements féministes, des organisations politiques, populaires, de défense des droits humains ainsi que d'ONG qui luttent en faveur des droits des femmes, ou d'organisations de la coopération internationale. La considérable contribution des ONG à la production de savoirs est reconnue. Ces différents sites de production de connaissances sont traversés de rapports de pouvoir – selon les appartenances de classe, race, local/centre, rural/urbain, intellectuel/populaire, etc. – qui font que les connaissances émanant par exemple des organisations populaires paysannes, des collectifs de femmes indigènes, des organisations de femmes afro-descendantes, des collectifs de mères des personnes déplacées n'ont pas la même légitimité que celles des institutions reconnues, comme le monde académique ou les institutions internationales. On reconnaît aux collectifs de femmes le mérite de contribuer amplement à la diffusion des discours féministes et/ou de défense des droits des femmes – et plus spécifiquement des femmes affectées par le conflit armé – parfois bien plus efficacement que ne le font le monde académique, les médias ou les institutions internationales.

Les savoirs bénéficient néanmoins d'une reconnaissance différente en fonction de leur lieu d'énonciation. En Colombie, le conflit armé, la longue dynamique des mouvements de femmes et féministes ainsi que l'histoire intellectuelle et les méthodologies de recherche mobilisées ont contribué à ce que, d'une part, des liens étroits existent entre les intellectuel-les, l'activisme politique et la mobilisation sociale et que, d'autre part, les collectifs de femmes exercent une forte influence sur la politisation des discussions académiques et leur traduction dans l'espace public et les politiques publiques (Barreto Gama 2000).

L'épistémologie des études féministes se distingue des autres formes de production des savoirs par la démarche collaborative, inclusive et transformatrice qu'elle tend à adopter. Les tensions entre ces divers sites de production sont cependant manifestes. Ainsi, bien que de nombreuses chercheures universitaires se réclament et mettent en pratique des méthodes de recherches inspirées de la tradition intellectuelle colombienne décoloniale et inclusive, et qu'elles cherchent à être proches des organisations de femmes subalternisées, les dialogues de savoirs ne semblent pas toujours fluides, contrairement à ce que les méthodes de recherche-action participative dont elles s'inspirent pourraient laisser penser. Les connaissances des organisations féministes/de femmes ne semblent avoir été systématiquement incorporées ni le monde académique ni dans les instances gouvernementales. Et les savoirs produits par les universitaires ne circulent pas non plus.

Bien que les centres universitaires ne soient pas le seul lieu d'élaboration de connaissances féministes, il convient de souligner l'abondance et la qualité de la production scientifique des multiples centres colombiens de recherche et d'enseignement en genre (Rodríguez Pizarro et Ibarra Melo, 2013). De multiples domaines de recherche sont abordés, qui ne se limitent pas aux thèmes du conflit armé et des violences de genre. Ils couvrent bien évidemment le champ des droits des femmes et des droits humains, du conflit armé et des violences, mais ont depuis longtemps abordé les questions agraires et d'accès à la terre, la participation politique et les questions de citoyenneté, l'action collective et les mouvements sociaux, l'ethnicité, les sexualités, le corps, la santé, ou encore les masculinités, les migrations, le travail, les travailleuses domestiques. Les politiques d'intégration du genre dans l'enseignement et les politiques de genre sont encouragées dans les universités. Depuis 1994, le Centre en études genre de l'Universidad Nacional de Bogotá travaille à la constitution d'un fonds de documentation qui rassemble désormais quelque 9000 livres, articles, revues, thèses, mémoires et vidéos. Un projet de numérisation de ce fonds est actuellement en cours. Ces divers centres en études genre ou départements universitaires forment des étudiant-es à cet outil d'analyse en adoptant des approches critiques et engagées, diverses et dans des disciplines variées, et notamment dans le champ des sciences sociales et du droit.

Les chercheures de ces divers centres se réclament des épistémologies féministes. Elles considèrent que les connaissances sont situées et que le sujet est un individu constitué par son contexte historique concret. Beaucoup d'entre elles adoptent une approche intersectionnelle, localisée et contextualisée, dans une perspective décoloniale (Viveros 2016b). Elles suivent une démarche constructiviste et défendent une forme de recherche engagée pour le changement social, l'égalité de genre et la dénonciation des rapports de domination patriarcale. Elles se réclament de méthodes de recherche – méthodes qualitatives, entretiens, histoires de vie –, qui permettent de faire entendre la voix et la mémoire des femmes subalternisées.

En outre, elles s'intéressent particulièrement à l'influence des appartenances de classe, mais aussi de race et de genre, sur le processus de construction des connaissances; elles montrent à quel point il est important de reconnaître les apports des communautés dans la production de connaissances, de remettre en question leur homogénéité supposée et de considérer que ces connaissances reposent nécessairement sur leurs expériences différenciées, posant ainsi la question de la neutralité et de l'objectivité des connaissances. Elles s'intéressent ainsi à la manière dont les rapports de pouvoir inégaux de sexe, classe, race et ethnicité interfèrent avec la production de connaissances et œuvrent à la reconnaissance des savoirs des groupes afro-descendants, indigènes et subalternes dont les voix n'étaient auparavant jamais entendues. Elles se réclament ainsi des approches collectives, non-hiérarchiques, inclusives et transformatrices de la production des connaissances. Des tensions existent néanmoins entre les chercheures appartenant aux différents courants de pensée, mais aussi entre les centres qui se distinguent par leur rattachement à des universités mieux « classées » que d'autres, par leur situation géographique qui donne parfois une certaine prééminence au centre, ou par les ressources matérielles et symboliques dont ils disposent.

La posture d'une pensée décoloniale et propre, latino-américaine, est ainsi bien présente en Colombie, dans les études féministes et de genre, et les compétences dans ce domaine sont considérables.

Ces facteurs – le long et intense conflit armé, l'histoire du mouvement social des femmes, la recherche engagée et propre en sciences sociales et la solidité des études féministes – ont déterminé la spécificité de la constitution de ce groupe de personnes qui travaillent dans le domaine du genre. Ils ont contribué à troubler les rapports qui prévalent au sein de ce groupe, ce qui s'exprime par des tensions, des divisions et le brouillage des frontières, mais aussi à renforcer leur pouvoir de production et de diffusion d'un discours sur les droits des femmes et les féminismes.

Les personnes qui travaillent dans le domaine du genre et/ou droits des femmes

> Oui, je crois vraiment que, sans les organisations de femmes et sans le féminisme, on aurait très difficilement réussi ce qu'on a réussi dans ce pays. (e42, org fém)

Cette recherche a mis en évidence l'existence d'un nombre considérable de personnes actives dans le domaine du genre et une ample diffusion du discours féministe et des droits des femmes depuis vingt ans.

Le nombre de personnes qui travaillent dans le domaine du genre est en effet extrêmement important. Il suffit de répertorier les associations et ONG de femmes, les organisations féministes, les centres de recherches dans les universités et instituts, les entreprises de consultance, les points focaux genre des institutions gouvernementales nationales, régionales ou municipales, dans les ONG internationales, dans les 26 agences du système des Nations unies présentes dans le pays – dont le Bureau national de l'ONU Femmes – et dans les agences de coopération bilatérales. Une Table de genre a été créée dans le but de réunir les multiples personnes de la coopération internationale actives dans ce domaine, mais son fonctionnement est considéré comme médiocre. Il existe également des réseaux de réseaux d'organisations de femmes et/ou féministes. Il n'est pas difficile d'identifier les personnes travaillant dans le domaine du genre. L'immense majorité d'entre elles sont des Colombiennes, ce qui s'explique par le contexte particulier que nous avons évoqué.

L'augmentation du nombre de personnes travaillant dans le domaine du genre en Colombie a coïncidé avec l'intensification du conflit armé et la mobilisation des réseaux de réseaux de femmes et de diffusion du discours féministe. Elle a également coïncidé avec la Conférence des Nations unies sur les Femmes qui s'est tenue à Beijing en 1995 – qui proposait le *gender mainstreaming*, lié à l'accroissement du nombre d'«expertes en genre» dans le monde –, avec le processus de diffusion du discours sur les questions de genre, de violence et de paix au niveau international – notamment par le biais de la constitution de réseaux transnationaux –, puis avec l'adoption de la Résolution 1325 sur les femmes dans la prévention et le règlement des conflits et dans la consolidation de la paix par le Conseil de sécurité des Nations unies en 2000 ou encore avec la conférence de Londres sur les violences faites aux femmes en 2015.

«Yo no soy una experta en género». Je ne suis pas une experte en genre

> Je ne me définirais pas comme une experte en genre, mais plutôt comme une féministe. (e50, org fém)
>
> Être féministes, c'est avoir une vision du monde [...], le féminisme a une force éthique, transformatrice. Les experts en genre sont vides de passion et de vision, de convictions. (e40, org fém)

Une des particularités des la situation étudiée en Colombie est que la plupart des personnes travaillant en genre affirment: «Je ne suis pas une experte en genre».

Le fait que la grande majorité des personnes interrogées ne se reconnaissent pas, à titre individuel, dans l'appellation «experte en genre», s'explique par des raisons divergentes et traduit des visions du monde différentes. Les personnes actives dans le domaine du genre qui s'identifient au féminisme libéral ne se considèrent pas comme des expertes lorsqu'elles n'ont reçu de formation théorique, qu'elles sont peu expérimentées dans le travail sur les politiques publiques de genre ou qu'elles n'ont pas de spécialisation thématique. Elles mènent des carrières individuelles et considèrent surtout qu'elles n'ont pas l'autorité découlant de savoirs qui leur permettraient de revendiquer un statut d'experte.

Les personnes actives dans le domaine du genre qui se réclament de féminismes transformateurs ne se considèrent pas comme des expertes car elles récusent le fait d'être les seules dépositaires et productrices de savoirs et considèrent que les savoirs subalternes devraient être reconnus et bénéficier d'autorité. Elles s'inspirent généralement des épistémologies féministes collaboratives, réflexives et transformatrices et s'inscrivent dans une approche critique de la colonialité du pouvoir.

La maîtrise de l'anglais fait partie des conditions pour pouvoir être identifiée comme experte dans le monde des institutions internationales, tout comme d'autres caractéristiques comme avoir une formation théorique en genre, de l'expérience dans la coopération internationale et avec l'État. Une responsable d'une grande organisation internationale à Bogotá qui se heurtait à des difficultés pour recruter une « experte en genre » a ainsi affirmé :

> Elles ne réussissent pas à réunir les trois choses, coopération internationale, genre et anglais […] elles n'arrivent pas à accéder à un monde où l'anglais est central, elles viennent trop du mouvement des femmes, elles n'ont pas d'expérience non plus avec l'État. (e8, org int)

Les personnes travaillant dans le domaine du genre et/ou des droits des femmes dans des organisations internationales considèrent aussi que l'engagement pour une cause est également important :

> Oui, je crois qu'une experte en genre doit avoir de fortes connaissances théoriques mais aussi une forte conviction, disons, pas idéologique mais de motivation. C'est à dire, je ne crois pas que ce soit un travail neutre, c'est un travail qui demande un engagement pour la cause. (e3, org int)

Le fait que les expertes en genre soient censées être des personnes engagées dissuade alors certaines personnes d'entrer dans cette catégorie. Se définir comme experte en genre délégitimerait leur professionnalisme et les rangerait parmi les « politiques ». Ces personnes ne souhaitent donc pas être vues comme des expertes en genre parce qu'elles pensent manquer de formation théorique en genre mais aussi parce qu'elles risquent d'être taxées de « féministes ».

Malgré tout, la plupart des personnes interrogées – 80 % – se disent féministes, bien que ce terme recoupe des courants bien différents, comme nous l'avons vu. Les « féministes » qui se réclament d'une vision libérale du monde sont plus nombreuses dans les institutions de coopération internationale, celles qui se réclament d'une vision transformatrice sont plus nombreuses dans les autres institutions ou organisations – académiques, ONG, mouvements féministes.

Certaines personnes actives qui travaillent travaillant dans le domaine du genre en lien avec une organisation internationale le font en tant que membres d'un collectif – ONG, organisation de femmes, organisation féministe, organisation des droits humains – ou d'un centre universitaire. Pratiquement aucune d'entre elles ne se reconnaît non plus comme une «experte en genre». Elles mettent plutôt en avant la dimension de production collaborative de savoirs ainsi que la dimension politique et transformative de ces savoirs dont elles rechignent à se considérer comme seules dépositaires.

«Je ne suis pas une experte genre», renvoie donc, pour certaines, à la peur d'être associée à une cause – le féminisme – qui délégitimerait leur professionnalisme, et pour d'autres, à un sentiment d'inconfort à l'idée d'exercer une profession qui exigerait d'elles qu'elles proposent des solutions avant tout techniques pour résoudre certains problèmes, autrement dit des solutions dépolitisées, plutôt que des démarches collaboratives et transformatives.

Les représentations de soi dépendent des trajectoires de vie, des expériences vécues ainsi que des recherches menées et des épistémologies de construction de connaissances qui les ont informées et qui ont permis de rendre compte des réalités. Ces représentations ne sont pas étrangères au regard de l'autre, sachant que toute traduction est une réécriture qui transforme l'original, d'abord parce qu'elle est une interprétation à la lumière de la compréhension du monde de celui ou celle qui interprète.

En refusant d'être appelées «experte en genre», ces femmes donnent à voir l'écart existant entre la définition donnée d'une experte et leur perception d'elles-mêmes et de leur manière d'interpréter le monde et de travailler. Nombre des personnes interrogées associent ce terme d'experte à une dépolitisation du genre, à un éloignement de la dimension politique de ce concept, à une récupération. Le fait que ce terme soit associé à des politiques publiques est ressenti par certaines comme une contradiction, dans la mesure où elles considèrent l'État comme l'un des acteurs responsables du conflit armé. Ces personnes défendent l'importance d'avoir une autre une vision du monde, et de s'inspirer de l'épistémologie féministe. Celle-ci implique une autre manière de travailler favorisant l'inclusion, la collaboration, les rapports de travail non hiérarchiques, des objectifs de transformation sociale et enfin la reconnaissance du fait que les «autres» détiennent des savoirs – et pas seulement l'«experte». Tous ces éléments qui traduisent ce qu'elles sont et ce qu'elles font, qui ne leur semblent pas correspondre au profil d'une experte.

> Une experte en genre, c'est comme ces entraînements que les rendent techniques, la planification avec perspective de genre, la politique avec perspective de genre. Mais ça ne signifie en aucun cas une transformation de sa conception du monde. (e42, org fém)

> C'est une personne qui a la capacité, la compétence, la possibilité de lire et comprendre la réalité en clé de genre ou des droits des femmes [...], c'est pouvoir lire la réalité en clé de genre, surtout pouvoir lire une réalité, pouvoir trouver des sorties, des propositions alternatives à cette réalité des inégalités. (e7, org. fém)

« Je ne suis pas une experte genre », renvoie ainsi aux questionnements sur les manières d'exercer du pouvoir, en lien avec les épistémologies féministes. Les épistémologies féministes considèrent que les connaissances sont socialement situées et rejettent la prétendue objectivité qui serait à la base des savoirs experts. Cette affirmation reflète avant tout l'idée que le savoir est politique et non technique mais aussi celle qui veut qu'il y ait différentes formes de savoirs selon l'appartenance institutionnelle des personnes qui le détiennent – organisations féministes, politiques, internationales, universitaires.

Certaines des personnes qui travaillent en genre produisent des savoirs qui ne sont pas considérés comme des savoirs d'expertise. En ne se considérant pas comme des expertes, elles remettent en question les savoirs d'expertise, expriment leurs doutes quant aux capacités transformatrices de ces savoirs et de leur interprétation. Leur appartenance institutionnelle et géographique (siège ou bureau national), l'internationalisation plus ou moins marquée, leur appartenance de classe et de race, leur rattachement aux théories féministes ou à certaines personnes d'influence induisent des différences dans ce qui est considéré comme des savoirs, de l'expertise, et ont pour conséquences des inégalités dans la légitimité, l'influence et le pouvoir.

Le processus de construction des savoirs qui font autorité est lié aux institutions dans lesquelles il se réalise. Les luttes pour le pouvoir entre institutions conduisent à ce que certaines soient écartées et marginalisées par les rapports inégaux existant au niveau international. Les personnes qui sont engagées par ces institutions héritent de l'autorité dont ces dernières bénéficient, et peuvent, de ce simple fait, revendiquer une légitimité qui marque leur trajectoire, leur pouvoir. L'autorité ne découle pas d'un savoir scientifique, mais d'une position sociale.

Les trajectoires des femmes interrogées reflètent leur rattachement à des courants féministes différents, néo-libéral ou transformateur. La posture féministe transformatrice influencera leur manière de travailler, la reconnaissance de leurs savoirs ainsi que leur trajectoire. Celles qui adoptent cette posture ne bénéficieront pas des mêmes accès aux institutions de production de savoirs ayant une reconnaissance et une légitimité importante, comme les organisations internationales. Le champ des institutions qui produisent et font circuler les savoirs est traversé par la colonialité du pouvoir. Travailler pour une organisation internationale est le produit de certaines trajectoires déterminées notamment par des marqueurs de classe. Les personnes qui ont fait le choix d'être associées à des féminismes transformateurs, qui restent proches des épistémologies féministes ou font partie de collectifs féministes ou travaillent avec des militant-es ou des groupes subalternes, peuvent se considérer « expertes », mais elles agissent en tant que collectif et non en tant qu'individues. Ces différentes démarches ou trajectoires reflètent des parcours de reconnaissance inégaux, un inégal accès à des institutions ayant des positions de pouvoir différentes. Les savoirs féministes tendent à être dépolitisés, disciplinés, transformés lorsqu'ils sont repris par des organisations gouvernementales ou internationales et parfois dans le monde des ONG. Ce n'est pas un fait nouveau et c'est la raison pour laquelle les féministes « transformatrices » – ou autonomes – refusent de rejoindre ces organisations et institutions, considérées comme des entités hégémoniques qui imposent une manière de comprendre, d'interpréter et de travailler dans le domaine du genre et marginalisent certains savoirs et démarches.

Malgré tout, dans le contexte colombien, les savoirs féministes subalternes ont su se faire entendre grâce à la mobilisation de réseaux de réseaux d'organisations féministes, à des alliances entre des organisations internationales et des collectifs engagés comme « experts », à l'implication de Colombiennes jouissant d'une légitimité internationale et susceptibles de produire des analyses critiques, féministes et transformatrices. Ce processus s'est opéré dans le contexte particulier caractérisé par le conflit armé durable et violent qui a mobilisé la communauté internationale et l'influence croissante du discours international sur les femmes, la paix et la sécurité, qui ont de manière conjuguée contribué à influencer la législation nationale et les termes des accords de paix.

Une ample diffusion du discours global sur les droits des femmes et le genre mais une faible circulation et reconnaissance des savoirs locaux et féministes

Depuis 1995, la forte mobilisation des organisations de femmes pour les droits des victimes et la construction de la paix a encouragé la production par ces organisations, collectifs, ONG, d'une somme considérable de connaissances : ces sujets ont été documentés par le biais du recueil de données empiriques et de la production d'analyses. Les centres de recherches universitaires en genre ont aussi contribué à cette production de connaissances et d'analyses. Les organismes de coopération bilatéraux et multilatéraux ont commandé de multiples rapports portant sur ces thématiques dans le pays, encourageant ainsi l'augmentation du nombre de personnes actives dans le domaine du genre, que ce soit des individus, des collectifs, des chercheures ou des institutions locales. Il existe une profusion de documents, articles et travaux de recherche sur le conflit et les femmes/le genre. L'importance de la production et de la diffusion d'un discours féministe et sur les droits des femmes est le résultat de ces actions conjuguées des organisations de femmes/féministes et des centres de recherche, appuyés par la coopération, dans un contexte de conflit armé intense. Cette production de connaissances sur les femmes dans les conflits armés et les violences de genre a été encouragée par les discours, rencontres et résolutions sur ces thèmes au niveau international.

Certains médias ont ouvert leur espace à ces discours et leur ont offert une tribune dans les grands journaux ainsi que sur certaines chaînes de télévision et radios. Certains responsables politiques ont également repris ces discours, tout comme les organisations de défense des droits humains, les milieux judiciaires ou l'Église, bien qu'avec des visions parfois diamétralement opposées.

Malgré une indéniable profusion dans la production de connaissances et dans la diffusion du discours sur les droits des femmes, les savoirs produits par les organisations de femmes ou les savoirs locaux et féministes semblent souffrir d'un déficit de reconnaissance, ce qui témoigne des différences de légitimité selon les lieux de production des savoirs :

> Je ne crois pas qu'il y ait de circulation des savoirs […] je ne crois même pas qu'il y ait un intérêt pour savoir ce que font ces organisations. Il y a une sous-valorisation du savoir, des connaissances et de l'autorité que ce savoir et ces connaissances nous apportent à nous, femmes qui travaillons dans les organisations de femmes. Quand on a besoin d'une consultante… très peu de féministes sont appelées comme spécialistes, des femmes qui se présentent comme théoriciennes du genre, elles oui. (e42, org. féministe)

Ce manque de reconnaissance, qui conduit à un manque de légitimité des organisations qui produisent ces connaissances, est vécu avec amertume. De leur côté, les institutions internationales, qui reconnaissent la forte capacité nationale de production d'expertise, regrettent le manque de circulation des savoirs produits dans le pays :

> L'expertise produite dans l'académie n'est pas assez capitalisée pour avoir une incidence au niveau des politiques publiques. Je crois qu'il y a beaucoup de connaissances qui n'arrivent pas au niveau des politiques publiques et beaucoup de connaissances qui n'arrivent pas non plus au mouvement des femmes. […] Je crois qu'il y a là un capital perdu, qu'on pourrait faire progresser […]
> Si l'expertise reste dans le secteur académique, ou dans le secteur public ou dans le secteur de la coopération, il ne génère pas de transformations réelles. C'est là où je crois que nous, les Nations unies, pourrions jouer un rôle pour favoriser ce type de ponts. (e3, org internationale)

Des personnes engagées comme « expertes en genre » dans le système des Nations unies témoignent aussi de leur frustration de voir leurs compétences spécifiques ignorées, et par conséquent d'être marginalisées.

> C'est comme si tu disparaissais de la scène technique des questions thématiques, parce que maintenant tu es dans ce truc de femmes... C'est quelque chose d'impressionnant. [...] C'est comme être mis dans une case, la sous-valorisation de ce que signifie travailler dans le domaine du genre. Il ne s'agit pas de questions de développement, ni de paix, ni de démocratie. C'est juste un truc là, d'un groupe de folles qui font des choses [...]. (e8, org internationale)

En revanche, le fait de travailler sur une thématique spécifique, en y incluant une perspective de genre, confère une certaine légitimité et une certaine reconnaissance aux expertes concernées. Ces thématiques sont par exemple les personnes déplacées, les questions juridiques, l'accès à la terre, les questions urbaines, la parité en politique, l'économie du *care* ou encore les droits reproductifs. Une personne auparavant spécialiste reconnue des questions relatives à la jeunesse par exemple se désolait du fait que son expertise n'était plus reconnue depuis son affectation à l'ONU Femmes, perçue comme une institution généraliste.

Si les entretiens ont montré que certains des savoirs des militantes ou des expertes ne sont pas reconnus et sont source de tensions entre les personnes qui les produisent, les interprètent ou les utilisent, ils ont également attesté du fait que ces savoirs pratiques, d'expériences ou de recherche, se nourrissent malgré tout mutuellement. Les savoirs issus des pratiques militantes et des expériences des organisations de base de femmes ou féministes s'inscrivent ainsi dans les savoirs plus institutionnalisés, dans des programmes de recherche ainsi que dans des programmes d'action politique ou de coopération. Les savoirs qui ne bénéficient pas de cette reconnaissance institutionnelle et des ressources que celle-ci permet d'obtenir ne sont pas qualifiés de savoirs d'expertise. Ces savoirs subalternes ou certains savoirs féministes restent ainsi opposés, étrangers aux savoirs dits d'expertise. La tension est donc permanente entre les savoirs féministes et les savoirs d'expertise, entre les savoirs politiques et les savoirs techniques.

Une forte circulation des personnes travaillant en genre mais des ressources inégales

> J'ai parcouru le monde, je suis entrée dans la fonction publique, puis dans le monde des ONG, et je suis retournée dans le monde académique. (e51)

Les personnes travaillant dans le domaine du genre naviguent entre les organisations féministes ou de femmes, les ONG, le milieu académique, les institutions gouvernementales, les organisations internationales ou ONG internationales, mais circulent aussi dans de multiples réseaux d'envergure locale ou globale. Les influences sont multiples et sont véhiculées par le biais de conférences, de lectures, de réseaux et collectifs, de rencontres.

L'immense majorité des personnes travaillant dans le domaine du genre dans le pays sont des ressortissantes colombiennes. Si certaines sont d'origine étrangère, elles sont maintenant considérées comme des citoyennes colombiennes parce qu'elles se sont installées dans le pays ou y vivent depuis plusieurs dizaines d'années pour des raisons familiales. Des expertes étrangères, essentiellement latino-américaines, sont parfois engagées pour des missions de courte durée, mais rares sont celles qui proviennent du Nord global et n'ont aucune attache avec le pays ou la région. Cette particularité tient en partie au grand nombre de personnes compétentes dans le pays, mais elle s'explique également par la critique de la colonisation discursive propre à la tradition intellectuelle en Colombie.

> Le Colombien, il n'aime pas beaucoup que les gens de l'extérieur viennent lui dire ce qu'il doit faire, ça le dérange beaucoup. Il y a beaucoup de fierté colombienne. (e3, org internationale)

Cependant, pratiquement toutes les personnes travaillant dans le domaine du genre, bien qu'originaires du pays, sont marquées de « touches » internationales qui les *distinguent* et sont parfois un marqueur de classe : elles maîtrisent une langue étrangère, elles ont fait des études ou se sont spécialisées à l'étranger ou ont séjourné en dehors du pays, ont voyagé dans le monde. Le rattachement institutionnel, les « touches » internationales, et notamment la maîtrise de langues étrangères, la classe sociale ou l'origine raciale, donnent un accès inégal à des ressources, aux codes et aux cercles du pouvoir. Obtenir des fonds pour mener une activité, être recrutée dans une organisation, obtenir un contrat de consultante, être invitée dans des rencontres internationales ou de haut niveau dépend en partie de ces ressources et confère par conséquent un pouvoir différencié.

Le groupe des personnes travaillant dans le domaine du genre est aussi traversé par des différences d'affiliation politique et de rattachement institutionnel – local ou international – qui influencent également l'accès aux ressources, au capital social, à la reconnaissance et au pouvoir d'influence. On constate ainsi une certaine division sociale du travail de genre. Certaines organisations de femmes agissent en tant que groupe organisé de victimes qui revendique des droits, d'autres œuvrent dans le domaine de la définition des lois, du *lobbying* relatif aux politiques publiques ou encore de la diffusion des travaux analytiques. Cette division sociale du travail sème le trouble dans la valorisation des savoirs et dans la circulation de ces derniers entre les organisations de femmes/féministes, le milieu universitaire ou celui de l'expertise internationale.

Malgré leurs origines sociales et affiliations politiques différentes, les personnes interrogées ont connu des trajectoires qui présentent des traits communs, ces derniers facilitant leur possibilité de naviguer d'un espace à l'autre. La plupart des interlocutrices se sont montrées très intéressées par la démarche réflexive privilégiée lors des entretiens. Elles ont, pour la plupart, une histoire personnelle et familiale douloureuse, marquée par le conflit armé, qui témoigne d'un enchevêtrement entre leur propre vécu et l'histoire nationale. Leur histoire familiale le plus souvent *extra-ordinaire* a notamment marqué leur cheminement féministe et leur engagement. La dimension symbolique du message social de l'Église – servir, aider, se sacrifier, donner sans compter, etc. – est souvent présente. Malgré la diversité de leurs appartenances de classe, de race, ou géographiques, leurs trajectoires présentent des traits communs qui les ont amenées à des prises de conscience ou à un engagement pour les droits des femmes.

Très rares sont celles qui ont suivi des formations théoriques. Les personnes interrogées se sont formées par la recherche, souvent dans le cadre de démarches de recherche-action, par le travail de terrain et par le recueil de données, autant d'éléments considérés comme essentiels pour construire une argumentation. Leur formation s'appuie souvent aussi sur des lectures personnelles d'auteures féministes, sur leur participation à des groupes de réflexion, et sur leur proximité avec des organisations de femmes. Les auteures citées sont souvent des chercheures colombiennes – Magdalena León est un référence pour la plupart d'entre elles – mais aussi des féministes comme Simone de Beauvoir ou Angela Davis. Ce ne sont ni les auteures anglo-saxonnes ni les universitaires qui priment.

Être féministe : tensions et coûts

Les tensions identifiées sont multiples et ont laissé des blessures. Elles traversent aussi bien le champ des personnes travaillant dans le domaine du genre que les organisations de femmes et les organisations féministes. Elles sont présentes entre les féministes libérales et les féministes autonomes ou institutionnelles, entre les féministes et les organisations internationales, entre les organisations centrales et périphériques, urbaines et rurales, entre les universitaires féministes, entre les universitaires et les expertes en genre dans les OI, entre les personnes travaillant dans le domaine du genre au sein des ONG et celles qui travaillent dans les OI. Les tensions se manifestent encore avec le réseau d'études des masculinités, avec les instances politiques, entre les expertes en genre qui travaillent au sein de l'ONU Femmes et celles des autres agences du système des Nations unies, ou enfin avec les compagnies privées qui offrent les services de consultantes en genre.

Une experte en genre qui travaillait pour le compte d'une organisation internationale avait par exemple reçu une lettre anonyme injurieuse déposée à son domicile quinze jours après son entrée en fonction par un groupe de féministes radicales (les « féministes irrespectueuses »).

Selon une experte en genre qui travaillait au sein du système des Nations unies, plus précisément dans le Département des opérations de maintien de la paix, et se définissait comme une féministe anti-patriarcale, l'une des causes des difficultés rencontrées par les expertes en genre « se situe peut-être dans le système lui-même, qui place les conseiller-ères en genre en situation d'échec, en créant des tensions et de la concurrence entre ces personnes qui en arrivent à critiquer systématiquement le travail des autres, ne s'apportent aucun soutien mutuel et sont marginalisées » (Puechgirbal dans cet ouvrage)

Ces fortes tensions que toutes reconnaissent et vivent douloureusement font partie des difficultés que rencontrent dans leur travail les personnes actives dans le domaine du genre.

Ces clivages ont profondément marqué les femmes de la *Red Nacional de Mujeres* et de l'*Iniciativa de Mujeres por la Paz* (Initiative des femmes pour la paix) qui se sont violemment opposées à l'occasion de la préparation de la Loi Justice et Paix (2005).

> Jamais le syndicalisme ne m'a autant blessée que les féministes. Jamais les syndicalistes ne m'ont dit de manière si brutale ce que m'ont dit les femmes, que celles qui acceptaient d'être dans cette commission étaient des paramilitaires, des paracas. (propos tenus par la dirigeante d'une organisation de femmes, impliquée dans la discussion de la Loi des Victimes, citée par e7).

Ces tensions sont particulièrement décriées par les hommes, qui surexposent souvent ces conflits et contribuent ainsi à dévaloriser et à délégitimer le travail des organisations de femmes, alors que les conflits existent également au sein des organisations masculines.

> Nous [dans notre organisation de défense des droits humains], jamais, au grand jamais nous ne nous meurtrissons comme vous les féministes le faites entre vous. (un homme membre d'une organisation de droits humains, cité par e7)

Ces tensions réelles dissuadent certaines jeunes femmes de s'engager ou de s'affirmer comme féministes.

> Vous êtes si dures entre vous que je ne veux ni entrer dans le féminisme ni me former dans ce domaine. (une jeune femme citée par e7)

Parmi les féministes des générations précédentes, le coût social et émotionnel de l'engagement féministe a été lourd dans une société toujours machiste, raciste et classiste qui vivait un conflit armé depuis tant d'années.

> C'est très dur d'être féministe, (...), à cause de la famille, du mari (...) des enfants qui ont été poursuivis à cause de mon attitude (...) Quand nous essayons de faire quelque chose, nous, les femmes, il n'y a pas de limites contre nous. (e36, réseau fém.)

Conflit armé et tensions relatives aux ressources

> Nous devons travailler contre la guerre, n'est-ce pas ? Ou pour la paix ? Mais les grands thèmes des féministes sont la participation, la violence et les droits sexuels et reproductifs.
> (e50, org fém)

Dans le contexte du conflit armé, tant la forte mobilisation des organisations de femmes que la pression internationale poussent à ce que le genre soit central. Mais l'attention est surtout concentrée sur le genre dans le conflit.

Lors de la séance de discussion du rapport CEDEF (ou son acronyme CEDAW en anglais) de la Colombie (2 octobre 2013, Genève), le comité d'experts avait évoqué la faiblesse du récent Plan d'action pour l'équité de genre (ni budget ni responsabilités claires). Si le comité de la CEDEF a souligné le taux d'impunité des auteurs d'actes de violence contre les femmes (98 %), de la non application des mesures prônées par la Résolution 1325 du Conseil de sécurité des Nations unies, il a également mis en avant la très faible présence des femmes en politique (133e rang mondial) – 17 % de députées en 2014 et très peu de maires – alors même que le nombre de femmes dirigeantes et la participation citoyenne des femmes sont très importants. Selon une représentante du Secrétariat de la présidence pour l'équité de genre, les lois et décrets en faveur des droits des femmes sont nombreux, mais leur mise en application est défaillante, et l'État n'accorde que peu de moyens à la politique de genre. Les représentantes du gouvernement à la séance de la CEDEF ont elles-mêmes indiqué que le conflit est un élément tellement central que les autres thèmes de développement ne sont jamais abordés. Il a été reproché au rapport de la Colombie de ne pas fournir d'informations sur la situation des femmes et d'être purement descriptif et dépourvu de toute analyse. En outre, le Comité de la CEDEF a fortement mis en doute le fait que le genre soit un sujet de préoccupation central pour le gouvernement. Sans le conflit armé, la coopération internationale accorderait sans doute également un moindre intérêt au genre. Les projets, gouvernements et agences de coopération cherchent à financer des actions dont ils peuvent identifier le début et l'aboutissement, et les transformations et progrès de l'égalité de genre ne répondent pas à cette logique. Certes, des ressources importantes ont été accordées aux organisations de femmes, mais elles l'ont été dans le contexte du conflit et dans le but de rendre visible leur situation et d'appuyer le processus de construction de la paix auprès du gouvernement.

Les organisations internationales ont facilité l'établissement de liens entre les pays donateurs et le pays receveur. Les fonds de la coopération espagnole ou suédoise, les plus importants dans le domaine du genre, ont été transmis par le canal de l'ONU Femmes. Les ressources en provenance de la coopération ont parfois été perçues comme subordonnées à une traduction des visions du monde des bailleurs de fonds. Le pouvoir de la coopération internationale a ainsi été important, de par son rôle en tant qu'intermédiaire, *broker* entre les organisations de la société civile et un État vu comme responsable du conflit et avec lequel le dialogue était rompu. Mais ce faisant, cela a également facilité l'introduction d'objectifs internationaux qui ont pu être perçus comme surplombants.

> La coopération internationale ne peut pas venir remplacer notre agenda qui provient d'en bas. (e51, femme politique féministe)

Nous ne voulons plus de colonialismes, plus de colonialismes épistémologiques, plus de colonialismes de pratiques qui arrivent avec des ressources. Je travaille avec la coopération, bien sûr. Quand je dois prendre distance, je prends distance. Quand il faut s'entraider, on s'entraide. Par exemple, nous avons fait un très bon exercice de coopération avec le PNUD et l'ONU Femmes. (e51)
Malgré cela, la faiblesse et la réduction des ressources de la coopération internationale accordées au genre suscite des inquiétudes. Les ressources se tarissent, au prétexte que le pays est considéré comme un « pays à revenu intermédiaire », une évolution qui menace la survie de nombre d'organisations de femmes et d'ONG, et intensifie la concurrence entre les organisations de femmes et entre les ONG de façon plus générale.

> Le mouvement de femmes est très divisé, très fragmenté. Il y a beaucoup de rivalités. Le fait qu'elles doivent se bagarrer pour des projets et des ressources a été dévastateur. (e51)

Les discours prônant la paix et la sécurité ont envahi l'espace en Colombie. Si le pays subit effectivement les effets de la violence et du conflit depuis plusieurs décennies, cette omniprésence a entraîné une certaine marginalisation des autres thématiques ainsi qu'une concentration des fonds de la coopération internationale dans les domaines d'activités lié au conflit et d'expertes en construction de la paix. Comme l'énonce Ratna Kapur, « la rhétorique de la victimisation a renforcé la réponse impérialiste apportée aux femmes du monde en développement, et pousse à une représentation du sujet tiers-monde comme le véritable, ou le plus authentique sujet-victime. » (Kapur 2002)
On peut peut-être craindre que, dans la période qui suivra la signature des accords de paix, la marchandisation de l'expertise de genre ne renforce cette vision victimisante propre à l'« industrie de la paix » (Fontan 2012). Les personnes et organisations locales engagées dans la construction de la paix estiment de plus en plus fréquemment que leurs expériences sont mercantilisées : « Dans une démarche de résistance subalterne grandissante, elles réalisent que leurs idées, leur temps et leurs communautés sont utilisés pour entretenir une

industrie qui les infantilise à travers des récits *(narratives)* de "protection"» (Wallace et Fontan 2015, 71). Or, pour «décoloniser la paix», il faudrait «décoloniser la pensée» et ne pas devoir compter sur des experts extérieurs et sur leurs ressources (Cruz et Fontan 2014). Mais les multiples initiatives de base mises en œuvre par les communautés de jeunes ou les organisations de femmes en faveur de la construction de la paix et l'expression des voix subalternes sont un signe de résistance à cette marchandisation. «C'est plus que de la résistance au pouvoir. Ce sont des actes qui expriment la capacité d'action, les voix ainsi que la production de nouveaux savoirs et de pratiques émancipatrices à partir de la base» (Wallace et Fontan 2015, 72).

En Colombie, les organisations de femmes se sont pourtant constituées en sujet social par l'exercice de leur forte capacité d'action, leur présence dans les mouvements sociaux pour réclamer des droits, et la mise en œuvre de pratiques alternatives locales ou d'actes de résistance. Elles ont certes instrumentalisé la figure de la victime, mais de manière ambiguë. Elles ont en effet fait la preuve de leur mobilisation, rompant ainsi la dichotomie entre victimisation et capacité d'action, construisant un discours de revendication des droits des victimes.

Le fait que la coopération finance de plus en plus les organisations de défense des droits humains a créé des tensions entre organisations de femmes et organisations de défense des droits humains, les premières reprochant aux secondes leur perspective victimisante des «femmes», présentées comme groupe homogène et dénué de capacité d'action, mais aussi leur manière de concevoir les droits humains sans prendre en compte les droits économiques et sociaux et le fait de ne pas considérer que les violations des droits humains sont aussi un résultat de la déréglementation du système capitaliste mondialisé (Klein 2008).

Les tensions entre la défense des droits humains et les droits des femmes s'expliquent par une opposition entre deux visions: une vision libérale des droits humains fondée sur l'idée que les individus doivent revendiquer leurs propres droits, et une vision transformatrice qui met l'accent sur l'organisation collective ainsi que sur les voix et capacités d'action locales pour remettre en question les inégalités de pouvoir.

La concurrence entre organisations de défense des droits humains et organisations de femmes est forte, d'autant plus que les premières voient leur légitimité croître parce qu'elles s'inscrivent dans le discours international dominant et dans une logique plus consensuelle. Les discours sur les droits humains ont pu avoir tendance à être de nature libérale et individualiste, et ont pu servir de levier pour collecter des fonds (Cornwall 2015). La concurrence pour des ressources internationales de moins en moins abondantes amplifie les tensions entre ces organisations. Les organisations de défense des droits humains sont par ailleurs mixtes, la présence d'hommes dans cet espace étant perçue comme un gage de technicité, de neutralité et de «non radicalité », ce qui leur donne *ipso facto* plus de légitimité, même si leur expérience et leur expertise sont parfois bien moindres que celle dont disposent les organisations de défense des droits des femmes.

> De Justicia, n'importe qui va te dire dans le pays que c'est une organisation très technique, c'est-à-dire pas tellement politique, alors que nous, les organisations et les ONG de femmes et autres, sommes vues comme moins expertes et plus politiques. [...] Mais nous sommes nous aussi des expertes ! [...] Nous sommes un collectif de juristes et nous travaillons depuis 15 ans pour plaidoyer, écrire, les pavés que nous écrivons ! [...] Il y a un biais de genre dans la façon de considérer qui est un expert ou pas un expert. Nous ne sommes pas reconnues comme une source d'expertise mais je t'assure que nous sommes des expertes ! (e7, org féministe)

La concurrence entre organisations – de défense des droits humains et des droits des femmes – va de pair avec une *marchandisation* croissante de l'expertise en genre. Sur ce marché, des entreprises privées proposent des consultances en genre, notamment dans le domaine des violences de genre et de la construction de la paix. Des bases de données d'expertes se constituent aussi.

> C'est une liste, le bureau d'évaluation la gère. [...] C'est un domaine d'expertise en pleine croissance et un marché est en train de se créer dans ce domaine. (e3, org int)

Cette marchandisation de l'expertise en genre pourrait illustrer la capacité du système à intégrer, en les édulcorant, des éléments issus des discours amplement diffusés sur les droits des femmes et le genre, pour discipliner les pratiques et discours féministes. Il faudrait examiner les conséquences du fait de faire appel à l'expertise d'entreprises étrangères plutôt qu'à celles des organisations nationales compétentes, et se demander si cela ne contribue pas à essentialiser le genre, à le rendre abstrait, à aplanir les complexités, à neutraliser la discussion sur les causes du conflit armé, en somme, à éviter de définir le genre comme une question, comme le dit Joan Scott (2010). Dans la perspective critique de la colonialité des savoirs, ce processus pourrait renforcer les dichotomies entre savoirs subalternes et savoirs d'experts, étouffer les voix, résistances et pratiques locales.

Dans une analyse critique de l'évolution du discours de la Banque mondiale sur le développement, Pestre indique que le fait de nominaliser les termes dans les documents produits introduit une forme d'évidence qui ne laisse pas de place pour la discussion. Il définit cette nominalisation comme un chemin allant du concret vers l'abstrait, l'introduction de termes abstraits, comme l'égalité de genre, étant porteurs d'incertitude. Le fait de condenser des termes *(gender equality)* les rend moins spécifiques (réduction des inégalités de genre). En éliminant la temporalité, on déspécifie le discours : la progression temporelle disparaît et les verbes anglais se transforment en termes en *–ing*. On déspécifie davantage le discours en effaçant la localisation et avec l'usage d'une pléthore d'acronymes. On produit une langue pidgin... Le langage est devenu un moyen de domination hégémonique (Moretti et Pestre). Le langage devient également un moyen pour le système de coopter les personnes qui travaillent en son sein, «parce qu'une fois que l'on maîtrise une langue, on est envahi par un sentiment d'appartenance et on commence à se comporter comme les *"autochtones"*» (Puechgirbal, dans cet ouvrage).

La langue, notamment la maîtrise de l'anglais dans ce cas, confère non seulement du pouvoir mais aussi de l'autorité.

> Je suis plus académique, plus technique si j'utilise un langage plus sophistiqué. [...] C'est une manière d'exercer du pouvoir sur l'autre, de considérer qu'on sait plus si on utilise un langage plus sophistiqué. [...] Nous devons arrêter d'être aussi arrogants devant le savoir. (e42)

Les risques seraient de voir se confirmer la tendance à l'essentialisation du genre sans qu'il n'y ait de remise en cause les rapports de pouvoir et des institutions, en codifiant le genre (comme le craignait Joan Scott), en codifiant le genre dans les discours de la coopération internationale, cheminant d'un discours concret et spécifique à un discours abstrait. Comme le disait Andrea Cornwall (2007, 69), «l'égalité de genre a perdu sa capacité vigoureuse à donner du sens» *(sense of meaning)*. Or les organisations de femmes/féministes revendiquent précisément une autre raison d'être : la reconnaissance de l'«autre», des savoirs, des expériences et des voix, des capacités d'action et de résistances subalternes et locales, pour déplacer le pouvoir des récits dominants et eurocentriques.

Conclusion : colonialité du pouvoir, féminismes et «expertes en genre»

Dans ce texte, je me suis intéressée à comprendre les tensions dans le champ social constitué par les personnes travaillant en genre, qui ont des ressources et des positions inégales, structurées par la colonialité du pouvoir. J'ai cherché en quoi cela leur permettait de bénéficier d'une plus grande légitimité, selon leur position sociale – appartenances de classe, de race et pays d'origine, institutions de rattachement ou de formation –. J'ai montré que la situation des personnes travaillant dans le domaine du genre en Colombie est particulière, du fait de l'intense conflit armé, de la vigueur des mouvements féministes et de femmes, et de l'existence d'études féministes décoloniales et engagées. De ce fait, l'immense majorité sont ressortissantes du pays, se sont fortement mobilisées autour du conflit et ont des compétences importantes, enracinées dans leur propre histoire intellectuelle et sociale. Ces personnes naviguent entre différents types d'institutions, des organisations de coopération, des ONG de femmes ou féministes, des gouvernements locaux et les sphères de la recherche, au sein du pays, ancrées dans leur réalité.

Dans ce contexte, quelles seraient les conditions pour brouiller les frontières entre les savoirs académiques, les savoirs « populaires » ou « profanes » et les savoirs d'expertise liés à l'action publique ? Quelles seraient les conditions pour s'émanciper de la colonialité du pouvoir et des savoirs ?

Dans ce pays marqué par un long conflit armé, par de fortes inégalités de classe, de race et de genre et par des divisions historiques entre les féministes « institutionnelles » et « autonomes », il n'est pas étonnant que le champ constitué par les personnes travaillant dans le domaine du genre soit caractérisé par des tensions. Ce champ social est constitué de personnes qui défendent des visions du monde différentes, lesquelles reflètent les perspectives à partir desquelles elles énoncent leurs expériences, leurs récits et leurs savoirs.

Comme le disait Nancy Fraser, le néolibéralisme s'accommode fort bien des discours et interventions promues par le féminisme libéral et entretient avec lui des liaisons dangereuses. Comme en attestent certains programmes de micro-crédit ou les efforts personnels déployés par certaines femmes pour percer le plafond de verre, certains discours et pratiques sont des « perversions du féminisme visant à le convertir au néolibéralisme » (Fraser 2016). Cette vision du féminisme ne vise pas les causes structurelles et culturelles des inégalités en général – et des inégalités de genre, de classe et de race en particulier – et reproduit les rapports hiérarchiques ainsi qu'une vision surplombante sur les savoirs subalternes.

La grande majorité des personnes travaillant dans le domaine du genre ne se reconnaissent pas, à titre individuel, dans l'appellation « experte en genre », pour des raisons différentes selon leur identification au féminisme libéral ou transformateur et leurs visions du monde. Celles qui s'identifient au féminisme libéral considèrent surtout qu'elles n'ont pas l'autorité découlant de savoirs qui leur permettraient de revendiquer un statut d'experte. Celles qui se réclament de féminismes transformateurs récusent le fait d'être les seules dépositaires et productrices de savoirs et s'inscrivent dans une approche critique de la colonialité du pouvoir et des savoirs.

Les trajectoires des personnes travaillant dans le domaine du genre sont marquées de « touches » internationales, traversées par des marqueurs de classe, de race et d'appartenance institutionnelle. Ces personnes disposent d'un accès inégal aux ressources et au pouvoir, d'une place différente dans la division sociale du travail de production, de diffusion et de réception des savoirs. Ceux-ci jouissent d'une légitimité et d'une autorité différenciées selon la position des personnes. Ces inégalités de ressources illustrent la manière dont la colonialité du pouvoir traverse ce champ.

Les tensions entre organisations de femmes/féministes avaient contribué à une certaine fragmentation et à un certain affaiblissement du mouvement. Le conflit armé et la mobilisation des organisations de femmes pour la paix, soutenue par la coopération internationale, ont joué un rôle fédérateur. Le fait que les efforts conjoints du mouvement social des femmes et des institutions aient abouti à des changements législatifs et à l'introduction d'une composante de genre dans les accords de paix signés suite aux négociations de La Havane a en partie apaisé les tensions entre les organisations de femmes/féministes :

> Nous commençons à apprendre à avoir des rapports différents entre nous... en nous blessant moins. (e7)
>
> Je crois que le conflit a mené à ce que le mouvement social en général, de droits humains et des femmes, se radicalise énormément. Cela a changé ces deux ou trois dernières années, mais cela a été un processus avec beaucoup de tensions et très lent. (e8)

Malgré les tensions, les différences, la division inégale du travail de genre et de pouvoir, ces personnes ont constitué des alliances et contribué à des avancées. Le conflit, l'institutionnalisation élargie du genre et la diffusion du discours féministe/sur les droits des femmes défini comme un champ discursif d'action ont permis d'aller au-delà de la « dépolitisation » et de l'« *expertisation* » du genre. La coopération internationale a contribué à la gouvernementalité du genre, en posant un vernis d'harmonie, obtenu par l'établissement d'un certain dialogue entre l'État et les organisations de femmes. Mais le rôle charnière joué par la coopération internationale dans ce dialogue a également facilité une certaine reconnaissance des organisations de base représentant les femmes les plus affectées par le conflit en raison de leurs appartenances de classe, de race, d'ethnicité.

Les ONG de femmes et/ou féministes, enracinées dans l'histoire et les pratiques diverses des féminismes en Colombie, ont grandement contribué à la production de connaissances sur la situation des femmes marginalisées, et de savoirs féministes, tant empiriques que théoriques, comme en témoigne le foisonnement de documents, rapports, ouvrages, articles, sites. Elles ont contribué à la diffusion du discours féministe dans la société, auprès des autres ONG, aux différents niveaux des sphères gouvernementales et auprès des institutions de coopération. Elles sont interconnectées dans des réseaux transnationaux. Leur influence est importante non seulement par leur capacité à diffuser des idées mais aussi à mobiliser des personnes et à construire des réseaux de réseaux, *un enredo de redes* (León 1994), qui sont des repères pour connecter des actrices féministes dispersées (Alvarez 2009). Elles « gagnent » ainsi de l'autorité (Certeau 1980), non comme la « toucheraient » les « experts » (par analogie avec toucher un salaire), mais par la légitimité que leur apporte cette capacité de mobilisation, de connexion, de visibilisation des droits, de documentation ancrée dans les pratiques. Elles ne sont pas comme Félix le chat, qui marche en l'air, loin du sol scientifique (Certeau 1980, 45).

Les ONG féministes accomplissent un travail de déconstruction des représentations culturelles et animent des débats publics de grande ampleur plutôt que de se concentrer sur le travail d'expertise de genre, plus technique, d'orientation des politiques publiques, dans des programmes et des projets sociaux. Elles insistent sur la nécessité de se constituer en sujet de sa propre histoire. Comme le dit une responsable d'une organisation féministe :

> Nous avons commencé à voir un déplacement du sujet femme vers la catégorie genre, les femmes n'existaient plus comme sujets politiques. [...]. Quand tu parles de violence de genre, tu n'as pas un sujet défini disant qui est le sujet qui vit la violence et qui l'exerce. Quand tu parles de violence envers les femmes, tu as un sujet politique et social qui vit cette violence et un autre sujet qui l'exerce. (e42)

On peut cependant identifier certains risques liés aux avancées des accords de paix : dans la mesure où le conflit a été un facteur central de mobilisation, la signature des accords de paix va-t-elle entraîner la disparition du sujet social constitué par les organisations de femmes/féministes ? « L'industrie de la paix » (Wallace et Fontan 2015) imposera-t-elle ses propres vues et priorités ? Entraînera-t-elle la subordination des voix, des savoirs et des capacités d'action des groupes subalternes ? Le risque de *backlash* ne doit pas être exclus, comme on l'a vu en 2016 pendant les débats qui ont précédé le référendum pour la signature des accords de paix. La droite extrême et les « églises chrétiennes » ont alors fustigé la soi-disant « idéologie de genre » qu'ils accusent les accords d'intégrer. Cela est le signe d'une certaine *moral panic*, les négociations pour les accords de paix ayant justement été l'occasion de mettre en lumière les expériences et perspectives des femmes subalternes.

Dans un contexte caractérisé par la crise du néo-libéralisme et par le dépassement du conflit armé, il sera nécessaire de dépasser le phénomène *d'expertisation du genre*, d'organiser la fluidité de la circulation et la valorisation de tous les savoirs, de soutenir cet *enredo de redes* d'organisations de femmes, afin de continuer à construire des mouvements et soutenir des récits et des discours qui reconnaissent les voix et pratiques subalternisées.

Les avancées dans les accords de paix ont contribué à l'introduction d'une certaine « démocratisation » dans la circulation des savoirs, comme en attestent ces propos d'une femme politique féministe :

> Il y a un savoir d'expertes. Mais ce qui est magnifique en Colombie, c'est qu'aujourd'hui, cela se transforme en une pratique beaucoup plus horizontale. C'est pour ça que je parle de démocratie venue de la base. Et il y a cet entrelacement de savoirs, où nous nous donnons la main [...], avec ces savoirs plus populaires pour construire ensemble, par exemple sur la question des femmes. (e51, femme politique féministe)
> Nous avons réussi à maintenir l'élaboration participative de politiques publiques sur les femmes rurales. Je dirais que cela, c'est un exercice de rencontre de savoirs grâce auquel on change les rapports avec les expertes. (e51)

La signature des accords post-conflit inaugure une période où seront discutées les transformations du caractère sexiste/machiste, classiste et raciste persistant de la société, les causes à l'origine des violences, des discussions qui ne devront pas isoler le genre des questions structurelles et de la culture. Il reste à se demander dans quelle mesure les organisations de femmes/féministes pourront continuer, dans le contexte néo-libéral dominant, à se constituer en tant que mouvement social porteur de changements culturels, économiques, sociaux et politiques, dans une démarche critique de la colonialité des savoirs et du pouvoir.

> La première chose que nous voulons est raconter notre **propre histoire**. […]. Je crois beaucoup dans l'espace de la micro-politique. […] Les femmes, ce type de mouvements, nous avons la possibilité de changer le monde, n'est-ce pas ? (e51)

Références bibliographiques

Alvarez, S. 2009. Beyond NGO-ization? Reflections from Latin America. *Development*. 52 : 175-184.

Barreto Gama, J. M., F. Thomas, R. Turizo, L. Hernández, G. Castellanos Llanos, M. L. Londoño, C. Posada, I. Ortiz Pérez, I. Arana Sáenz, R. Vos Obeso, P. Restrepo, M. M. Peláez Mejía, F. Gómez de Pedraza, P. Alvear, D. I. Diaz Susa, M. Sánchez, B. Quintero G., M. E. Martínez, S. Jaramillo, E. Uribe, et J. Sarmiento. 2000. Grupos, organizaciones y redes de mujeres. *En otras palabras… Mujeres que escribieron el Siglo XX*. N° 7 : 136-191.

Beneria, L. et G. Sen. 1981. Accumulation, Reproduction, and Women's Role in Economic Development: Boserup Revisited. *Signs: Journal of Women in Culture and Society*. 7(2) : 279-298.

Bisilliat, J. et C. Verschuur (Dir.) 2000. *Le Genre, un outil nécessaire, introduction à une problématique. Cahiers Genre et Développement*. N° 1, Genève ; Paris : L'Harmattan.

Boserup, E. 1970. *Woman's Role in Economic Development*. Londres : George Allen & Unwin.

Bourdieu, P. 1986. La force du droit [Eléments pour une sociologie du champ juridique]. *Actes de la recherche en sciences sociales*. 64 : 3-19.

Castro-Gomez, S. et R. Grosfoguel. 2007. *El Giro decolonial. Reflexiones para una diversidad epistémica más allá des capitalismo global*. Bogotá : IESCO-Pensar-Siglo del Hombre Editores.

Centro de Memoria Histórica. *Basta Yá. Colombia. Memorias de Guerra y Dignidad*. 2013. Bogotá

Certeau, M. de. 1990. *L'invention du quotidien. 1. Arts de faire*. Paris : Gallimard.

Cornwall, A. 2007. Revisiting The « Gender Agenda ». *IDS Bulletin*. 38(2): 69-78.

——. 2015. Conférence à Birbeck University. Londres. Mars 2015.

Costa da Lima, C. et S. Alvarez. 2014. Dislocating the Sign: Toward a Translocal Feminist Politics of Translation. Symposium. Translation, Feminist Scholarship, and the Hegemony of English. *Signs: Journal of Women in Culture and Society*. 39(3): 557-563.

Cruz, D. et V. Fontan. 2014. Una mirada subalterna y desde abajo de la cultura de paz. Revista *Ra-Ximhai*. 10(2): 135-152.

Davis, A. 1982. *Women, Race and Class*. Londres: The Women's Press Ltd.

Devreux, A. M. 1995. Sociologie « généraliste » et sociologie féministe: les rapports sociaux de sexe dans le champ professionnel de la sociologie. *Nouvelles questions féministes*. 16(1): 83-110.

Forstenzer, N. 2011. Politiques de genre et féminisme dans le Chili de la post-dictature, 1990-2010. Thèse de doctorat. Paris: L'Harmattan.

Fainzang, S. 2002. De l'autre côté du miroir. Réflexions épistémologiques sur l'ethnographie des anciens alcooliques. In *De l'ethnographie à l'anthropologie réflexive. Nouveaux terrains, nouvelles pratiques, nouveaux enjeux*. (Dir.) C. Ghasarian. Paris: Armand Colin.

Fals Borda, O. 1971. *Ciencia propria y colonialismo intelectual: los nuevos rumbos*. Bogotá: Caríos Valencia editores.

Fontan, V. 2012. Replanteando la epistemología de la Paz: el caso de la descolonización de paz. *Perspectivas Internacionales*. 8(1): 41-71.

Fraser, N. 2016. Une femme à la Maison Blanche: « un symbole qui ne suffit pas ». *Le Monde*. 27 juillet.

Ghasarian, C. 2002. *De l'ethnographie à l'anthropologie réflexive*. Paris: Armand Colin.

Godelier, M. 2002. Briser le miroir du soi. In *De l'ethnographie à l'anthropologie réflexive*. C. Ghasarian. Paris: Armand Colin.

Hainard F. et C. Verschuur. 2005. *Mouvements de quartier et environnements urbains. La prise de pouvoir des femmes dans les pays du Sud et de l'Est*. Paris: Karthala.

Hill Collins, P. 2012. Conférence au congrès international féministe de Lausanne. 29 août.

Jad, I. 2010. L'ONGisation des associations de femmes arabes. In *Genre, postcolonialisme et diversité des mouvements de femmes. Cahiers Genre et Développement*. N° 7. (Dir.) C. Verschuur. Paris: L'Harmattan.

Kapur, R. 2002. The Tragedy of Victimization Rhetoric: Resurrecting the « Native » Subject in International/Post-Colonial Feminist Legal Politics. *Harvard Human Rights Journal*. Vol. 15: 1-39

——. 2016. Genre et droits humains – Succès, échec ou nouvel impérialisme? Conférence à l'université de Genève. 12 Mai.

Klein, N. 2008. *La stratégie du choc. La montée d'un capitalisme du désastre.* Montréal; Arles: Leméac; Actes Sud.

Laufer, J., C. Marry et M. Maruani. 2003. Introduction. In *Le travail du genre*. (Dir.) J. Laufer et C. Marry. Paris: La Découverte.

León, M. 1994. *Mujeres y participación política. Avances y desafíos en América Latina.* Bogotá: Tercer mundo editores.

Mies, M. 1979. Towards a Methodology of Women's Studies. *ISS Occasional Papers.* N° 77.

Mohanty, C. 1988. Under Western Eyes: Feminist Scholarship and Colonial Discourses. *Feminist Review.* N° 30: 61-88. Automne.

Molyneux, M. 2004. The Chimera of Success. *IDS Bulletin.* 35(4): 112-116.

Moretti, F. et D. Pestre. 2015. Bankspeak: The Language of World Bank Reports, 1946-2012. *Literary Lab. Pamphlets of the Stanford Literary Lab.* Pamphlet 9.

Mukhopadhyay, M. 2013. Mainstreaming Gender or Reconstitution the Mainstream? Gender Knowledge in Development. *Journal of International Development.* 26(3): 356-367.

Müller, B. 2015. Anthropologie des organisations internationales. Conférence à l'Université de Genève. Département d'Histoire. 2 Avril.

Narayan, U., 2010. Les cultures mises en question. «Occidentalisation», respect des cultures et féministes du tiers-monde. In *Genre, postcolonialisme et diversité des mouvements de femmes. Cahiers Genre et Développement.* N° 7. (Dir.) C. Verschuur. Paris: L'Harmattan.

Oakley, A. 1972. *Sex, Gender and Society.* Londres: Temple Smith.

Pécaut, D. 2015. Espoirs et défis de la paix en Colombie. *Le Monde.* 6 octobre.

Postel-Coster, E., J. Schrijvers. 1980. *A Woman's Mind Is Longer than a Kitchen Spoon. Report on Women in Sri Lanka.* Leiden: Research Project Women and Development.

Quijano, A. 1994. Colonialité du pouvoir, démocratie et citoyenneté en Amérique latine. In *Amérique latine: démocratie et exclusion.* Paris: L'Harmattan.

——. 1998. La colonialidad del poder y la experiencia cultural latinoamericana. In *Pueblo, época y desarrollo: la sociología de América Latina.* (Eds.) R. Briceño-León et H. R. Sonntag. Caracas: Nueva Sociedad.

Quijano A. 2000. *Colonialidad del poder, eurocentrismo y América Latina.* Buenos Aires: CLACSO.

Rauber, I. 2003. *América Latina, movimientos sociales y representación política.* La Habana-Mexico: Ed. Ciencias sociales.

Richard, N. 2002. Experiência e Representacão: O Feminino, O Latino-Americano. In *Intervenções Críticas: Arte, Cultura, Gênero e Política*, 142-55. Belo Horizonte: Editora da UFMG.

Rodríguez Pizarro, A.N., M.-E. Ibarra Melo. 2013. Los estudios de género en Colombia. Una discusión preliminar. *Sociedad y Economía*. N° 24 : 15-46.

Saillant, F. 2011. Savoir, éthique, postcolonialisme. Le savoir de l'autre en question. *Cahiers d'études africaines*. 2 : 529-548.

Sanchez, L. 2014. Translations That Matter : About a Foundational Text in Feminist Studies in Spain. *Signs : Journal of Women in Culture and Society*. 39(3) : 570-576.

Sassen, S. 2003. Restructuration économique mondiale et femmes migrantes : nouveaux espaces stratégiques de transformation des rapports et identités de genre. In *Genre, nouvelle division internationale du travail et migrations. Cahiers Genre et Développement*. N°5. (Dir.) C. Verschuur et F. Reysoo. Paris : L'Harmattan.

Scott, J. 1986. Gender : A Useful Category of Historical Analysis. *The American Historical Review* 91(5) : 1053-1075.

——. 2010. Gender : Still a Useful Category of Analysis ? *Diogenes*. 57 : 7-14.

Small Arms Survey. 2014. Violence, Women and Guns. The State of Female Homicide in the World. Genève : Small Arms Survey.

Spivak, G. C. 1988. Can the Subaltern Speak ? In *Marxism and the Interpretation of Culture* (Eds.) C. Nelson et L. Grossberg. Londres : Macmillan Education.

Verschuur, C. 2009. Quel genre ? Résistances et mésententes autour du mot genre dans le développement. *Revue Tiers Monde*. 200 : 785-803.

——. 2016. Formations, déformations, décentrement. Institutionnalisation et expertes en genre et développement. *Caderno Espaço Feminino*. 28(2) : 40-57.

Verschuur, C., I. Guérin et H. Guétat-Bernard (Dirs.). 2015. *Sous le développement, le genre*. Paris : IRD.

Villarreal González, H. 2013. La dimensión subjetiva de un sujeto colectivo : el movimiento feminista en Colombia. Análisis cualitativo de doce entrevistas a profundidad. Universidad Nacional de Colombia, 2013.

Viveros, M. 2007. De diferencia y diferencias. Algunos debates desde las teorías feministas y de género. In *Género, mujeres y saberes en América Latina. Entre el movimiento social, la academia y el Estado*. (Eds.) L. G. Arango et Y. Puyana. Bogotá : Universidad Nacional de Colombia.

——. 2016a. Los interrogantes que suscita la construcción de un nuevo enemigo : la ideología de género. *El Espectador*. 16 août.

——. 2016b. La interseccionalidad : una aproximación situada a la dominación. *Debate Feminista*. 52 : 1-17.

Viveros, M. et L.G. Arango (Eds.). 2011. *El género : una categoría útil para las ciencias sociales. Biblioteca abierta Colección general Estudios de género*. Bogotá D.C. : Universidad Nacional de Colombia.

Wallace, R. et V. Fontan. 2015. Reclamando el poder desde abajo : consolidación de la paz naciente en Canadá, Colombia e Irak. *Perspectivas Internacionales*. 10(1) : 71-94.

Wills Obregón, M. E. 2004. *Las trayectorias femeninas y feministas hacia lo público en Colombia (1970-2000) ¿Inclusión sin representación?* Austin : The U

Beyond depoliticisation: the multiple politics of gender expertise

Rahel Kunz

Introduction[1]

The adoption of gender mainstreaming, the broader professionalisation of international development practice and the move towards evidence-based and expert-led policy-making, have created an increasing demand for gender experts. These experts are employed by many (international) governmental and non-governmental organisations and work in multiple issue areas, including development, security, human rights, agriculture, refugees, migration and health. They are hired to implement gender mainstreaming, to generate new knowledge about gender, and to spread gender equality considerations through organisational structures and projects. The underlying idea is that the integration of gender experts and gender expert knowledge into existing institutions and programmes redresses gender inequalities and promotes women's empowerment.

---

[1] Research for this chapter was carried out in the context of a collaborative research project on gender experts and gender expertise, and I am grateful for stimulating discussions with my project colleagues Katarzyna Grabska, Françoise Grange Omokaro, Elisabeth Prügl, Hayley Thompson and Christine Verschuur at the Graduate Institute in Geneva. I would like to thank the editor Christine Verschuur for her patience, and Fenneke Reysoo for her very helpful comments on an earlier version of this chapter. Special thanks go to my conversation partners for taking time to talk. Funding by the Swiss National Science Foundation is gratefully acknowledged [PA00P1_145335 and 100017_143174].

Kunz, R. 2017. Beyond depoliticisation: the multiple politics of gender expertise. In *Qui sait? Expertes en genre et connaissances féministes sur le développement*. (Dir.) C. Verschuur. 73-87. Paris: L'Harmattan. Collection Genre et développement. Rencontres.

This endeavour is highly contested for various reasons, and the critics are well rehearsed in the feminist literature by now (for example Ferguson 2014; see also other contributions to this volume). Some critics argue that gender experts do not have the necessary authority to bring about change towards gender equality, and that the translation of the feminist agenda into policy-making through gender mainstreaming leads to the evaporation of gender concerns (Porter and Sweetman 2005). Others critique the lacking accountability of gender experts to feminist activist constituencies, co-opting feminist empowerment agendas (Baden and Goetz 1997; Makibaka 1995; Hemmings 2011). Worse still, gender expertise and experts are suspected of being complicit in entrenching neoliberal agendas detrimental to feminist goals (Fraser 2009). In this context, gender experts and gender expertise have been accused of contributing to technicalising and depoliticising feminist agendas (Desai 2007, 801). Critics fear that through approaching feminist concerns in apolitical and technical ways, gender expert knowledge no longer serves feminist goals. More broadly, these developments of expertisation and professionalisation beg the questions of what counts as authoritative knowledge on gender, who is (legitimately) involved in producing such knowledge, who speaks where and when, who gets heard and whose words count, and what forms of knowing otherwise exist.

This chapter argues that the concept of depoliticisation is helpful as a starting point for a critique of the bureaucratic co-optation and instrumentalisation of gender transformation agendas. Yet, framing the issue in terms of depoliticisation risks rendering silent and invisible the multiple politics of gender expert knowledge. There is also a risk that, in an attempt to repoliticise, we engage in recovering or repairing a feminist agenda that has supposedly been lost or damaged through the translation into gender expertise. This reproduces the imaginary of the existence of a single "pure" feminist agenda. I propose to shift the focus away from trying to recover such an agenda to explore the when and where of the existing politics of gender expert knowledge and activities. Rather than focusing on the depoliticisation of gender expertise, this chapter seeks to engage with existing political spaces as understood and practiced by gender experts. It invites us to use the opportunity of the debate around the expertisation of gender knowledge to ask questions about the politics and power relations within which all forms of knowledge (on gender issues) are embedded. This means starting with the assumption that all knowledge is inherently political and that all forms of knowing are linked to power relations, and redirecting our focus to analyse the politics and power linked to knowing and knowledge. Even in supposedly depoliticised activities the political is always present.

I present a number of vignettes, drawing on reflexive writings by gender experts, as well as my own interviews with gender experts. This chapter comes out of a broader research project on the various sites and networks of gender expert activities that includes a corpus of more than 100 interviews and focus group discussions with international and national gender experts working internationally and in Liberia and Nepal, representatives of various international governmental and non-governmental institutions, (women's) civil society organisations, and "beneficiaries" of gender mainstreaming programmes, as well as participant observation of gender training and awareness raising events.[2] This chapter does not focus on one particular geographical area or a particular type of gender expert, but rather draws on a variety of areas and types in order to illustrate the multiple politics of gender expertise.

In the next section, I situate my contribution within the debate regarding the depoliticisation of gender knowledge and shift the focus on the politics of knowledge and gender expert activities. Section three draws on reflexive writings of gender experts in order to analyse the sites of the political in their work and the ways in which they have dealt with the politics of gender expertise. In the fourth section, I explore the sites of the politics of expert activities in my interviews with gender experts.

Gender expertise and depoliticisation

The notion of depoliticisation refers to the process whereby an issue is removed from the political realm, from political debate, into the realm of expertise through which it becomes a technical question and an object of expertise (Baden and Goetz 1997; Mason 2013; Mukhopadhyay 2004; Mukhopadhyay 2014; Verloo 2001; Lombardo and Meier 2006). For example, feminist authors have argued that the issue of gender equality becomes depoliticised through reducing it to checklists, gender training toolkits or "gender washing" of policy documents (Mukhopadhyay 2004; Mason 2013). Thereby, the concern is that gender mainstreaming becomes part of an "add women and stir" approach (Ertürk 2004, 6-7) and that gender experts contribute to turning feminist insights "into managerial solutions" that do not address structural gender inequalities (Desai 2007, 801). Baden and Goetz warn that gender mainstreaming can operationalise gender in a way to ignore power and relationality: "Bureaucratic requirements for information tend to strip away the political content of information on women's interests and reduce it to a set of needs or gaps, amenable to administrative decisions about the allocation of resources" (Baden and Goetz 1997, 7). Finally, there

---

[2] Special thanks go to all my respondents for taking time to talk with me, and to my local research partners in Liberia and Nepal: Kou Gbaintor-Johnson and Lekh Nath Paudel for stimulating cooperation. This research would not have been possible without them. The interviews were carried out during 2012-2016. They have been anonymised to guarantee confidentiality.

is also concern about gender expert knowledge replacing other forms of knowledge about gender.

The concept of depoliticisation is helpful as a starting point for a critique of the increasing bureaucratic co-optation and instrumentalisation of feminist agendas. It also highlights the basis upon which certain gender experts draw their authority, and points to the implications of the ways in which gender expertise has become reduced to "technical" activities, such as revising documents to insert gender concerns and terminology or drafting gender checklists.[3] This might also contribute to encourage gender experts to pause their activities now and then to ask more fundamental questions about the forms and implications of their knowledge and practice.

Yet, framing the increasing number of gender experts and the professionalisation of gender expertise in terms of depoliticisation risks silencing and rendering invisible the politics of expert knowledge and practice. Somewhat paradoxically, framing the debate in terms of depoliticisation, (we analysts) can contribute to invisibilise the politics of gender expert knowledge by focusing all our attention on demonstrating to what extent and how depoliticisation happens. I experienced first-hand this risk of framing gender expertise work in terms of depoliticisation during my research in Nepal and Liberia. In an attempt of slight provocation, one of the questions I asked in my conversations with international and national gender experts was whether gender expertise was a purely technical and apolitical matter that led to marginalising activism around gender issues. For example, I was given the following answers:

> I think it depends on where you are. It really does. I agree that maybe for some positions and things, yes, that is the case. You may be a technocrat in the UN and that's the way you operate. For those who are on the ground and have to do the grass root work, it is not that at all. It's serious business. (Liberian gender expert, Monrovia, 2013)

> I think it is a mixture of both. There will always be the technical aspect; there will always be the political aspect. To effectively achieve the implementation or the adherence to gender principles, you need political work... So you need them both. It's not just having a technician. You will think and think and think, and write the books. You can write as many as you can, but if no one listens to you it will just remain your ideas. (Liberian gender expert, Monrovia, 2013)

Through their nuanced answers, my conversation partners gently opened my eyes to the various sites of politics in the context of their work and

---

[3] I would like to thank Fenneke Reysoo for reminding me that this trend started in the 1970s for instance with the gender impact assessment tools. Yet, the extent and scope of this phenomenon has increased significantly in recent years with the professionalisation of gender expertise.

beyond, and redirected my attention to issues and framings that they found more pertinent in order to narrate the complexity of their experiences as gender experts. They also (implicitly) challenged the dichotomy between technical and political dimensions of gender mainstreaming. Their answers illustrate the interlinking of various gender mainstreaming strategies and the messy reality of gender expertise work whereby even seemingly technical instruments can be deeply political. Focusing solely on depoliticisation processes and upholding the dichotomy prevents us from seeing these links and political spaces.

Second, framing the debate in terms of depoliticisation tends to direct our focus on attempts to recover or repair a feminist agenda that has supposedly been lost or damaged through the translation into gender expertise. Thus, there is a risk of reproducing the imaginary of the existence of a single, pure feminist agenda (Hemmings 2011, 432). Yet, do we need to explore which feminism/s is/are being recovered in this process? And how could this attempt contribute to further entrench existing hierarchies among different forms of knowledge on gender issues?

Third, underlying the concept of depoliticisation is the assumption that gender expertise is something relatively stable. Yet, it has been shown that expertise is inherently unstable and constantly needs to be reaffirmed. Thus, for example, in her analysis of the global governance of development finance, Best reveals the fragile, contingent and contested character of expertise (Best 2014). Her analysis "takes not just the experts but also the idea of expertise itself down from its pedestal and shows just how fragile and approximate it really is – examining how those who participate within the culture of expertise work pragmatically and imperfectly to maintain their authority" (Best 2014, 68). If this is true for development finance expertise, it most definitely holds for gender expertise, which is a much less professionalised and authority-imbued form of expertise. Some experts perceive this relative fragility of gender expertise to be a fundamental problem and weakness, which contributes to professionalisation attempts. Yet, this inherent fragility of expertise allows for spaces that can unsettle existing ways of knowing and defining issues and provoke renegotiation and transformation. Drawing on these insights allows us to identify multiple spaces of politics in the context of gender expert activity.

This chapter is an invitation to use the opportunity of the debate around the professionalisation and expertisation of gender knowledge in order to ask questions about the politics and power relations of gender expert knowledge and practice. If we start with the assumption that gender expert knowledge and practice is inherently fragile and political and involves power relations, we can redirect our focus towards analysing politics and power. This is in line with several decades of feminist theorising aimed at expanding the definition of "politics" and resonates with a multi-disciplinary literature on "everyday politics", "micropolitics" and the "mundane" (Elias and Roberts 2016; Enloe 2011; Enloe 2001; Davies 2003; Hobson and Seabrooke 2007; Lefebvre 2010; Scott 2008; Kerkvliet 2005; Chowdhry and Nair 2004; Certeau 1980). In various ways, this literature pays attention to multiple, small-scale, subtle, sometimes hidden or marginalised sites and forms of politics and highlights their relevance for transformation and their connection to global politics. In the next section, the analysis focuses on how politics is understood and practiced in reflexive writings of gender experts, whereas section four will focus on vignettes from my interviews with gender experts.

Beyond depoliticisation

A number of authors who have worked as gender experts themselves have called for taking seriously the experiences of gender experts in order to highlight the variety of gender expertise work and to tease out the tensions and complexities of this work (Ferguson 2014; Hertzog 2011; Mukhopadhyay 2014; Jauhola 2013; Harcourt 2015; Bustelo, Ferguson, and Forest 2016). Their reflexive writing helps to bring back into focus the politics of gender expert knowledge and practice. They show how the figure of the gender expert epitomises many dilemmas, such as the urgency of action paradox, the instrumentalisation trap, and the dilemma of imperialism versus anti-feminism. Yet, they also highlight how there is always a, albeit sometimes small, space for contestation, negotiation and alternative visions and practice, even in the process of gendering policy or project documents. Moreover, the work of gender experts takes place in many sites that provide the opportunity for encounters and entanglements that can be deeply political.

Ferguson draws on first-hand experience as a gender expert to explore what it means to work within the "business case for gender equality" framework and to bring the expert's voice to the centre of the analysis (Ferguson 2014). She illuminates the challenges of being a gender expert and the "fine details of compromise and negotiation involved in practising gender expertise". She also reflects on "the possibilities for gender expertise as a form of feminist political action in international organisations" (Ferguson 2014, 2-3). Ferguson emphasises the risk that gender expertise contributes to legitimise institutions that pay lip service to gender equality and to lend credibility to neoliberal development projects. Yet, she also identifies sites in which there is space for feminist politics in gender expertise activity: the daily practice of gender experts includes various possibilities to discuss feminist issues with various people and to influence agendas. In order to take advantage of these sites, one needs to pay attention to "microtransformations and unexpected consequences that result from our practices as gender experts" (Ferguson 2014, 15). Such microtransformations can include debates in the context of workshops, trainings or everyday conversations that push people to confront their assumptions and prejudices and change their attitudes or behaviour (Ferguson 2014, 15).

Based on her experience as a gender consultant for a women's empowerment programme focusing on literacy classes as part of a World Bank funded irrigation project in rural Nepal in 1997, Hertzog analyses the politics of development and gender interventions (Hertzog 2011). She highlights the dilemmas that (external) gender consultants face and the ways in which they shape – and are shaped by – neocolonial development bureaucracies, contributing to patronising, marginalising and controlling the supposed beneficiaries of women's projects instead of their empowerment. Hertzog provides an in-depth and self-reflexive analysis of the complex power relations involved in gender expert activities. Reflecting on her role as a gender expert in this programme, she analyses her own involvement in gendered and neocolonial encounters, both as a perpetrator and a victim. Importantly, she reveals the vulnerability of gender experts and the fragility of the basis of their expertise, and the ways in which women project beneficiaries use this for their own purpose. Recognising and zooming in on the fragility and vulnerability of gender experts and gender expertise opens possibilities to focus on spaces for contestation and negotiation as well as unintended consequences. This reveals how project beneficiaries of gender mainstreaming initiatives create spaces for contesting authority and power hierarchies. For example, the Nepali women "beneficiaries" of the project used the negotiations over literacy classes (which were not desired by the women in the first place and which did not materialise) as an opportunity to extract other resources from the women's project, resisting unwanted "empowerment from outside" and turning project "failure" to their own benefit.

In an effort to reconceptualise the meaning and identity of gender experts and expertise, Jauhola has coined the term of the "queered gender advisor", "who instead of 'knowing gender', would have the task of interrupting the processes of knowing and subverting the normalised understandings of gender" (Jauhola 2013, 174). This leads away from an understanding of feminist knowledge as expertise towards gender as a critical analysis for disruption and contestation. This challenges an understanding of gender expert knowledge as a form of "possessive" knowing, capturing, controlling and imposing. Instead, gender expertise becomes understood and practiced as an activity of deconstruction, disruption and permanent provocation (Jauhola 2013, 30). It opens up space to recognise the political potential for displacement, engagement and solidarity in encounters in the context of gender expert activity. Such a form of knowledge does not rely on expertise knowledge on feminist theory or gender issues, but can take a variety of actions or inactions. In this sense, "queered gender advisors" and researchers could play a potentially disruptive and contesting role. Yet, this requires resisting the colonial urge to "change the other" and a critical (self-)reflection on the position of advisors and researchers (Ahmed 2013). Jauhola also proposes to recognise the researcher's position as political and situated: "[S]eeing, listening, recording and interpreting the struggle over meanings is a conscious feminist process of making the negotiated gender-norm-making visible, yet remaining cautious of the western (feminist, academic) desire to be the one who knows and determines authenticity" (Jauhola 2013, 29). As feminist researchers, we also need to be more self-reflective of our own involvement in the circulation of feminist knowledges and their conceptualisation (Ferguson 2014; Jauhola 2013). Here, the politics lies in sites of contestation, self-reflexivity and accepting the challenge of displacement and encounters (Ahmed 2013).

These reflexive writings by gender experts show the dilemmas and paradoxes as well as the vulnerability and fragility of gender expertise. They also allow us to identify a number of ways in which to explore the politics of gender expertise. First, they emphasise the need to enact a "dual politics of possibilities – a pragmatic politics of what is possible within the current conjuncture and a visionary politics of what can be possible – even as we recognize the power and complicity of some of us" (Desai 2007, 801). This highlights the co-existence of complicity alongside various small and large, short- and long-term spaces for subversion and resistance. Second, they show the microtransformations, everyday politics and unexpected consequences resulting from gender expert practice. Third, the figure of the "queered gender advisor" makes clear that moments of problematisation and disruption are intensely political. Finally, they exemplify how self-critical reflection on our own practices as gender experts or researchers studying gender expertise can open up space to see the political. Inspired by these writings, I now present a number of vignettes of the ways in which my respondents conceptualise and practice the politics of gender expertise.

The politics of gender expertise

My interviews with gender experts illustrate the variety of sites and forms of politics associated with gender expert practice. This is not an exhaustive analysis of the politics of gender expertise, nor does it provide a detailed analysis of the particular contexts within which these experts work. Rather, the aim is to provide insights into the multiplicity of the when and where of the political in gender expert practice.

The first vignette is from an interview with a Nepali gender expert working with an international NGO that promotes radio programmes to transform gender relations and gendered social behaviour. I asked him how their programmes touch on issues such as gender and masculinity:

Respondent: What we do is we touch on this issue with utmost sensitivity. Masculinity is something that is discussed in hush-hush circles at times. A boy needs to act like a boy, a girl needs to act like a girl. What we do is we tend to challenge those notions through the program. For example, sometimes in the chat I tell my listeners that I cooked, I cleaned, I washed. I was late to come in the studio today because I was washing my clothes. In that way we're actually making a point saying that masculinity is something that's in your mind. For example, guys in Nepal would never admit that they are good cooks because that is a girl's work. Through radio dramas, through interviews, through hosts, and chat we do that. Recently, we had this sex change drama, which sparked a lot of debate. What we did was we made a radio program where a boy has menstruation. In that way we received a lot of hate SMS as well, like "that is ridiculous, how can you make a drama where a guy has menstruation!" Then we talked about it's not about masculinity, it's something that is fed on you. It's more like a socially-advised, socially-dictated behaviour that is trusted upon you.
Interviewer: What do you do with the hate SMS? Do you reply?
Respondent: Yeah, we do. We love it. In SMS, out of 100 nice SMS, if it's just one, it's like wow that's the thing because we actually made someone think. Then we'll enforce the SMS thing that okay we got this very strange reaction in the radio program saying this is stupid, but why is it stupid, how many people think it's stupid? We saw a streamlining of chat messages and we reply to the hate message, and then they'll send you "I love you's". For me, I would love to read one hate message because that is something that actually triggered someone, it poked someone, and then you reinforce that, and that is what behavioural change communication is. (Gender expert, Kathmandu, 2015)

In this context, gender expertise is used to spark debates, make people wonder and challenge gender stereotypes, for example regarding masculinity, in order to transform attitudes and behaviour. Performing the role of the "queered gender advisor", he asks questions, challenges and disrupts norms regarding gender and sexuality, and proposes forms of thinking and doing gender otherwise. There is also an interesting performative element to this example in the ways in which gender is being performed through real and imagined characters on the radio. On the one hand, he makes references to the ways in which he challenges and performs otherwise in his personal life. On the other hand, he uses imaginary characters and drama to prompt thinking differently about gender. In this sense, expertise is not about telling people what to do, but about prompting debate between the programme speakers and the listeners and among the listeners themselves. Expert knowledge then is not a controlling and imposing form of knowledge, but practiced as a way to disrupt and open space for debate, which is deeply political. In this space, it becomes possible to bring about microtransformations through the numerous and varied reactions by the audience, as illustrated by the hate SMS that transform into "I love you's". This example also shows that less conventional forms of gender mainstreaming activities might provide interesting spaces for politics and transform our understandings of gender expertise.

The second vignette is from an interview with a woman from West Africa who has worked as a "gender expert" for several years in various contexts, mostly in the field of security. During our conversation, she shared her thoughts about what gender expertise might be, and her transformative trajectory of working on gender mainstreaming:

> For me the way we do gender mainstreaming is completely wrong. […] We approach it as if we have the answers to the needs of women in the security sector, it's just about providing training and trying to advocate for gender equality, but we don't engage women in the security sector as if they were partners in the struggle. That is a huge fundamental gap and I'm also part of this problem because of my work… it's now, I sit back and think about it, I say hey, it's not enough to just go to a security sector institution and treat the women in that sector as you would treat the men in that sector, you should actually engage the women in the sector as allies, as people who share a common struggle, who share a common goal, but that is not what we do. […] I don't think I have the answers to how that can be done… I think what we need to put on the table is that this is about humanity and that is where I think that we need to completely change our approach. […] I have moved away from calling myself a gender expert. […] I will ponder a little bit more about your question whether there is gender expertise… and I am more and more convinced that no there is not. You know you can have the general idea and principle of what works and what should be the ideal for women and men, in terms of the question of gender mainstreaming, gender equality and all of that, but we cannot have expertise that is ideal and appropriate for every given context. We need to see ourselves as not necessarily gender experts but perhaps facilitating of a discussion or a subject. (Gender expert from West Africa, 2013)

Through her self-reflexive account, she engages in a critical evaluation of her own work as a "gender expert", as well as reflects on gender mainstreaming activities more generally. She challenges gender mainstreaming practice for excluding certain groups of women rather than working together with them as partners, and for imposing expert ideas rather than opening up space for debate. She asks fundamental questions about the why, how and who of gender mainstreaming: which methods should be used, who should be involved in bringing about gender transformation, what are the ultimate aims and what are the problematic implications of certain gender mainstreaming activities? She thus uses her experience of working as a "gender expert" as a space for contesting and renegotiating what gender expertise might be about and how we could go about achieving gender transformations in different ways.

This expert is acutely aware of her own involvement in some of the problematic ways and effects of gender mainstreaming. She also shows how her experience and self-reflection have pushed her to change her views and activities. No longer calling herself a "gender expert", she proposes a move towards conceptualising the role of "gender experts" in terms of facilitators of debate around gender transformations. This raises very fundamental questions about expertise. In many ways, she embodies the figure of the "queered gender expert" through questioning gender expertise knowledge and practice, pushing the boundaries of gender expert activity, transforming the contexts in which she works, and advocating for more "humane" gender transformation activities. In the end, admitting that she does not have all the answers, she advocates for a much more humble understanding of the role that "gender experts" could play in facilitating dialogue. Moreover, her proposal to move away in her work from a narrow focus on gender (and women) towards a broader focus on "humanity" is a radical proposal.

Thus, instead of "knowing gender" in a controlling and normalising way, she interrupts processes of knowing, subverts the normalised understandings of gender and suggests forms of knowing and practicing gender expertise otherwise. This allows for other voices – sometimes marginalised and silenced such as in the case of the women security sector personnel in her example – to be heard and to participate in the debate on gender issues. This understanding of gender expert practice creates space for multiple forms of authoritative knowledge on gender, challenging the sole authority of gender expert knowledge. It moves us away from seeking to recover a single and "pure" feminist agenda (i.e. that supposedly existed prior to depoliticisation) and to instead allow for multiple feminist agendas. Finally, her experience also illustrates the politics of self-transformation through gender expertise practice.

Self-transformation and unexpected consequences are also at the heart of the third vignette from a Liberian gender expert working in mainstreaming gender into the security sector institutions.

> At the time, I noticed, I was doing everything. I would come from work, at 4 o'clock, I would cook, clean up, wash, and my husband was just watching movies. So I started arguing with him in the house. I said, "No, you didn't marry me to be your slave. I'm your partner. You should help me, we should share the work in the house." [...] And he had a serious problem with it. [...] He said, "Oh, that gender office is poisoning your head." Well, after some years, he started to understand, now things are fine, he changed. (Liberian Gender expert, Monrovia, 2013)

This vignette illustrates the microtransformations and unexpected consequences that happen through gender expertise: transformations in the home, in everyday life – very personal transformations. Working as a gender expert motivated this woman to discuss and challenge gendered divisions of labour in her household and to push her husband to confront his assumptions and prejudices and to transform his attitude and behaviour. Her colleagues working in the same institution also reported similar experiences that sometimes transformed the gendered divisions of labour within the whole extended family. Gender experts working in other institutions and contexts also reported similar transformations of their personal and family lives. It thus created an incentive for debating and contesting gender discrimination in the personal realm, recalling the age-old feminist insight of the personal being political. This is an interesting story because the institution for which this gender expert is working has been continuously critiqued for unsuccessful gender mainstreaming. Hence, in this case, involvement in gender expertise work did not necessarily bring about the expected changes within the institution it meant to transform, but did transform gender relations and hierarchies in the personal and household spaces of the experts.

These vignettes show that gender experts can use or actively create political spaces in their activities. A last vignette of the multiple politics of gender expertise I would like to mention here is my own research and the collaborative research project within which this is situated. As has been noted by feminist and participatory action researchers, interview settings and research projects are a site of politics. For example, during my conversations with gender experts, there were many moments of questioning what gender expert knowledge and practice is about, and my conversation partners often used the interview as a space for reflecting critically about their activities and assumptions, and were grateful for that space. The conferences and workshops that we organised in the context of this collaborative research project also provided spaces of interaction between gender experts, academics and practitioners working on gender issues. This is also a contribution to highlighting and expanding the political spaces that academics can create and mobilise through their research. This can encourage us to continue reflecting on how these debates contribute to our understanding of the political and politics more broadly, and the possibilities for multiple understandings of the political.

Conclusion

Moving beyond a depoliticisation framing, this chapter has analysed the multiple politics of gender expertise, as understood and practiced by "gender experts". The analysis shows that in order to take seriously the multiple politics of gender expertise, we need to move beyond the technical-political dichotomy, consider the fragile and contingent character of gender expertise, adopt a broad understanding of the political and recall the age-old feminist insight that the personal is political, pay attention to microtransformations, and remain open to unexpected consequences. The experiences of gender experts documented in their own writings and in my interviews show how they implicitly or explicitly enact the "dual politics of possibilities" to acknowledge their involvement and complicity in certain problematic practices associated with their profession, but also to identify space for transformation and dialogue. These experiences also demonstrate that there are multiple sites of politics and that the political can take various meanings and forms in their work. Through performing the "queered gender advisor", gender expert work can question and disrupt existing gender relations, facilitate debate and open space for marginalised voices and forms of knowledge to participate in the debate. Thus, instead of "knowing gender" in a controlling and normalising way, processes of knowing can be disrupted and normalised, understandings of gender can be subverted, and forms of knowing and practicing gender expertise otherwise can be heard. This understanding of gender expert practice creates space for multiple forms of authoritative knowledge on gender, challenging the sole authority of gender expert knowledge. This moves us away from attempts to recover a single and "pure" feminist agenda (i.e. that existed prior to depoliticisation), which could contribute to further entrenching existing hierarchies among different forms of knowledge on gender issues. Instead, it provides space for multiple feminist agendas and for self-transformation.

Once we take seriously the politics of gender expertise and the political spaces that allow us to consider forms of knowing gender otherwise, we can engage with these on their own terms. This requires detailed and context-specific investigations with particular forms of knowing and practicing gender. What do they tell us about gender and social change? The following questions from a decolonial feminist project can become our guideline for such an endeavour: "How do we learn about each other? How do we do it without harming each other but with the courage to take up a weaving of the everyday that may reveal deep betrayals? How do we cross without taking over? With whom do we do this work?" (Lugones 2010, 755).

References

Ahmed, S. 2013. *Strange Encounters: Embodied Others in Post-Coloniality*. Abingdon and New York: Routledge.
Baden, S. and A.-M. Goetz. 1997. Who Needs Sex When You Can Have Gender? Conflicting Discourses on Gender at Beijing. *Feminist Review*. 56 (July): 3-25.
Best, J. 2014. *Governing Failure: Provisional Expertise and the Transformation of Global Development Finance*. Cambridge, New York: Cambridge University Press.
Bustelo, M., L. Ferguson and M. Forest (Eds.). 2016. *The Politics of Feminist Knowledge Transfer: Gender Training and Gender Expertise*. London: Palgrave Macmillan.
Certeau, M. de. 1980. *L'invention du quotidien. 2, Habiter, cuisiner*. Paris: Union générale d'éditions.

Chowdhry, G. and S. Nair. 2004. *Power, Postcolonialism and International Relations: Reading Race, Gender and Class.* London: Taylor & Francis.

Davies, M. 2003. Everyday Life in the Global Political Economy. In *International Political Economy and Poststructural Politics.* (Ed.) M. De Goede, 219-37. London: Palgrave Macmillan.

Desai, M. 2007. The Messy Relationship Between Feminisms and Globalizations. *Gender & Society.* 21(6): 797-803.

Elias, J. and A. Roberts. 2016. Feminist Global Political Economies of the Everyday: From Bananas to Bingo. *Globalizations.* 0(0): 1-14.

Enloe, C. 2001. *Bananas, Beaches and Bases: Making Feminist Sense of International Politics.* Berkeley: University of California Press. Second revised edition.

——. 2011. The Mundane Matters. *International Political Sociology.* 5(4): 447-450.

Ertürk, Y. 2004. Considering the Role of Men in Gender Agenda Setting: Conceptual and Policy Issues. *Feminist Review.* 78: 3-21.

Ferguson, L. 2014. "This Is Our Gender Person": The Messy Business of Working as a Gender Expert in International Development. *International Feminist Journal of Politics.* July. 1-18.

Fraser, N. 2009. Feminism, Capitalism and the Cunning of History. *New Left Review.* II, 56 (April): 97-117.

Harcourt, W. 2015. Revisiting Global Body Politics in Nepal: A Reflexive Analysis. *Global Public Health.* August, 1-16.

Hemmings, C. 2011. *Why Stories Matter: The Political Grammar of Feminist Theory.* Durham: Duke University Press.

Hertzog, E. 2011. *Patrons of Women: Literacy Projects and Gender Development in Rural Nepal.* Oxford: Berghahn Books.

Hobson, J. M. and L. Seabrooke. 2007. *Everyday Politics of the World Economy.* Cambridge: Cambridge University Press.

Jauhola, M. 2013. *Post-Tsunami Reconstruction in Indonesia: Negotiating Normativity Through Gender Mainstreaming Initiatives in Aceh.* Abingdon and New York: Routledge.

Kerkvliet, B. J. 2005. *The Power of Everyday Politics: How Vietnamese Peasants Transformed National Policy.* Ithaca: Cornell University Press.

Lefebvre, H. 2010. *Everyday Life in the Modern World: Second Revised Edition.* London: A&C Black.

Lombardo, E. and P. Meier. 2006. Gender Mainstreaming in the EU: Incorporating a Feminist Reading? *European Journal of Women's Studies.* 13(2): 151-66.

Lugones, M. 2010. Toward a Decolonial Feminism. *Hypatia.* 25(4): 742-59.

Makibaka. 1995. The Gender Trap: An Imperialist Scheme for Coopting the World's Women. A Critique by the Revolutionary Women of the Philippines on the UN Draft Platform for Action, Beijing 1995.

Mason, C. L. 2013. Global Violence Against Women as a National Security "Emergency". *Feminist Formations*. 25(2): 55-80.

Mukhopadhyay, M. 2004. Mainstreaming Gender or "streaming" Gender Away: Feminists Marooned in the Development Business. *IDS Bulletin*. 35(4): 95-103.

——. 2014. Mainstreaming Gender or Reconstituting the Mainstream? Gender Knowledge in Development. *Journal of International Development*. 26(3): 356-67.

Porter, F. and C. Sweetman. 2005. *Mainstreaming Gender in Development: A Critical Review*. Oxford: Oxfam.

Scott, J. C. 2008. *Weapons of the Weak: Everyday Forms of Peasant Resistance*. New haven: Yale University Press.

Verloo, M. 2001. *Another Velvet Revolution? Gender Mainstreaming and the Politics of Implementation*. Institut für die Wissenschaften vom Menschen Vienna. http://www.aletta.nu/epublications/2001/AnotherVelvetRevolution.pdf.

Gender experts in international governance: mapping the contours of a field

Hayley Thompson and Elisabeth Prügl

Twenty years of gender mainstreaming in international organisations (IOs) has produced an international network of gender experts and a distinctive body of expertise on gender relations. Gender experts have led the development of policies, built capacity through training, designed and implemented projects, pioneered new administrative techniques (such as gender budgeting), spearheaded innovative research, and evaluated interventions geared towards advancing gender equality and women's empowerment. In the process, they have introduced the term "gender" into international politics, built a body of knowledge about gender relations and women's subordination, and fostered the diffusion of such knowledge internationally and its translation into local contexts. They also have formed networks among each other, and they recognise each other's work. In other words, gender expertise has emerged as a professional field.

Gender experts were conceptualised by movement activists as the Trojan horses of the feminist movement within state bureaucracies. And indeed, early gender experts had to engage in savvy strategising in order to fulfil their mandates in often hostile environments. However, as intergovernmental and international non-governmental organisations have become more receptive to integrating gender, gender experts have become an asset and a

Thompson, H. and E. Prügl. 2017. Gender experts in international governance: mapping the contours of a field. In *Qui sait? Expertes en genre et connaissances féministes sur le développement*. (Dir.) C. Verschuur. 89-112. Paris: L'Harmattan. Collection Genre et développement. Rencontres.

source of epistemic authority. They provide these organisations the credibility to put forward interventions geared towards advancing gender equality and women's empowerment.

We suggest that it is useful to think of gender experts as occupying a transnational social field distinct from (though loosely connected to) the feminist movement. The making of this field has entailed the construction of a form of expertise that takes gender relations as its object and gender inequality as a policy problem to be solved. Following Bourdieu (1999; 2004), we suggest that this field is structured: it has boundaries with barriers to entry, there are different bodies of knowledge about gender relations that are valued differently according to the reputation of those who develop it, and this produces professional hierarchies. Following literature on the sociology of the professions, we suggest that the authority of gender experts depends on developing an ethic in which they become answerable to their professional community rather than to politics or the market (Freidson 2001).

In order to examine the contours of the emerging field of gender expertise, the Gender Centre at the Graduate Institute conducted a survey of international gender experts from May 2012 to January 2014. The survey was part of a multi-disciplinary, multi-method research project, funded by the Swiss National Science Foundation, which examined the construction of gender expertise in transnational spaces.[1]

In this chapter we provide a summary of the principal findings of the survey. After problematising the figure of the gender expert through the comments of our respondents, we draw the outlines of the field in three steps. First, we examine the various ways in which individuals have entered the field, asking how one becomes a gender expert. Second, we paint the broad features of the knowledge produced in the field, asking what exactly gender expertise is. Finally, we map the social structure of the field, identifying hierarchies and hegemonies among gender experts. Our purpose is to provide a snapshot of a field in the making, highlighting its struggle for autonomy from political agendas and its groping for an authoritative voice.

The sample

For the survey, we defined gender experts as individuals who were hired for gender-related work in inter-governmental and international non-governmental organisations (IOs and INGOs). We asked IOs and INGOs to provide us with

---

[1] The project (project 100017_143174) was directed by Elisabeth Prügl. Team members included in addition to Hayley Thompson (Graduate Institute), Rahel Kunz (University of Lausanne), Christine Verschuur and Françoise Grange Omokaro (both Graduate Institute). See project website at http://graduateinstitute.ch/

lists of relevant individuals in their organisations who were hired to work on gender during the previous two years. Some provided us such lists, some offered to forward our questionnaire to relevant staff, while others declined to participate or did not respond to our repeated email messages. We also scoured websites for lists of gender experts and gender focal points and included individuals who were publicly identified as such. Through these various methods we identified approximately 600 individuals with valid email addresses who received our questionnaire.[2] We sent two reminders in order to increase our response rate. In the end, a total of 118 responses were received – a rate of about 20 per cent. The vast majority of our respondents identified as female with only twelve respondents reporting as male, accounting for 10 per cent of the sample.

Our sample is fairly representative of the range of organisations and issue areas in international affairs. As shown in Table 1, 25 of our respondents worked in the non-profit sector and 85 in UN agencies. We sampled organisations active in very different issue areas, but paid particular attention to those working on development, human rights, and conflict – areas in which we planned to do additional qualitative analyses.

Because our survey focused on large organisations, we were able to capture experts both at headquarters (often in the North) and those working at regional and country levels. Almost half of our respondents were based at international headquarters, more than a third at regional headquarters, and the rest in a range of countries around the world. Outside international headquarters, 14 per cent worked in the Asia/Pacific region, 14 per cent in sub-Saharan Africa, 8 per cent in Europe, 7 per cent in Latin America/Caribbean, 3 per cent in the Middle East/North Africa, and 5 per cent in other locations – mostly across regions.

Because gender expertise varies not only by organisation but also by the topics on which experts work, the survey sought to identify the issue areas in which gender experts had been active during the previous two years. Table 2 provides a summary of the responses. The largest group of our respondents worked in the broad field of development (40), followed by human rights (33) and conflict (17). Twelve per cent identified as working primarily on agricultural issues, which is the largest response group, reflecting in part the large number of respondents from the FAO and IFAD. The survey also included experts in a diverse array of other fields, from health to refugees and trade.[3]

---

[2] The reason we can provide only an approximation of the total is because of organisations that preferred to distribute the survey themselves rather than allow us direct access to their staff.

[3] Several additional categories were provided but received zero responses as primary issue areas for survey respondents. These additional categories include: Age, Crime, Education, Finance, HIV/AIDS, Human Resources, Indigenous Peoples, Medicine/Medical Assistance, Personal Status Codes, and Population. Twenty-two respondents (19 per cent) did not identify a provided category as an issue area on which they had primarily worked over the past two years.

Table 1: Gender experts by organisation

	Per cent	Number
Inter-governmental organisations		
International Labour Organisation	14	16
UNWOMEN, United Nations Entity for Gender Equality and the Empowerment of Women	14	16
Food and Agriculture Organisation	11	13
International Fund for Agricultural Development	4	5
United Nations Development Fund for Women	4	5
United Nations Educational, Scientific and Cultural Organisation	4	5
OHCHR, Office of the United Nations High Commissioner for Human Rights	3	3
UNHCR, United Nations High Commissioner for Refugees	3	3
United Nations Department of Peacekeeping Operations	2	2
United Nations Development Programme	2	2
UN-Habitat, United Nations Human Settlements Programme	2	2
United Nations Office for the Coordination of Humanitarian Affairs	2	2
World Health Organisation	2	2
International Training Centre-ILO	1	1
United Nations Children's Fund	1	1
United Nations Conference on Trade and Development	1	1
United Nations Population Fund	1	1
Other IGOs	4	5
Total IOs	72	85

	Per cent	Number
International NGOs		
CARE, Cooperative for Assistance and Relief Everywhere	8	9
Amnesty International	4	5
DCAF, Geneva Centre for the Democratic Control of Armed Forces	3	4
International Alert	2	2
Action Aid	1	1
Human Rights Watch	1	1

International Federation of the Red Cross & Red Crescent Societies	1	1
OXFAM, Oxford Committee for Famine Relief	1	1
Other INGOs or Mixed Organisations	8	9
Total INGOs	*28*	*33*
Total		**118**

Table 2 : Gender experts by main issue area*

Issue Areas	Per cent	Number
Development		
Agriculture	13	15
Development	13	15
Food, Hunger	7	8
Environment	2	2
Subtotal	*34*	*40*
Human Rights		
Violence Against Women	12	14
Labour (including social security & cooperatives)	9	11
Human Rights	7	8
Subtotal	*28*	*33*
Security		
Conflict and Peace	6	7
Security Sector Reform	4	5
Disaster	3	3
Humanitarian Action	2	2
Subtotal	*14*	*17*
Other		
Health	3	3
Finance	3	3
Migration	2	2
Children	1	1
Governance	1	1
Housing, Human Settlements	1	1
International Law (without human rights as a primary focus)	1	1
Refugees	1	1
Reproduction	1	1

Trade	1	1
Other (10 of which "gender mainstreaming")	11	13
Subtotal	*24*	*28*
Total	**100**	**118**

*Note that the broad categories (development, human rights, security, and other) were constructed after the survey. This accounts for the fact that the categories development and human rights appear both as a general category and as a sub-category.

In sum, our survey of gender experts captures those active in a broad range of issue areas, organisations and geographical locations. However, given its focus on experts hired by international IOs and INGOs, experts in various headquarters predominate.

What is a gender expert?

Because the project sought to address the role of gender expertise at the international level, we defined gender experts as individuals who were, at the time of the survey, hired for gender-related work in inter-governmental and international non-governmental organisations (IOs and INGOs). This definition narrowed our population, excluding those who only worked for governments, regional organisations, regional or national NGOs, and/or in the private sector; although, those in our population may have worked in any of these concurrently or previously. It also excluded movement activists that were not earning an income through their work in IOs or INGOs. Our definition of gender experts thus presumed a certain level of professionalisation.

Gender experts have generally been discussed as a monolithic category. However, based on our prior knowledge of gender experts, we assumed there would be differentiation among them and specialisation in issue areas. Our survey supports this understanding. The majority of experts we surveyed were able to indicate a main area of focus in addition to gender. For them, gender is only part of their expertise alongside strong training in fields such as agricultural economics or human rights, and they work to infuse gender into these areas. We propose to call these "gender-and experts," i.e. they typically identify as experts in gender and something else. They reflect the international mandate to treat gender as cutting across all issue areas.

But not all of our respondents were able to assign themselves to an issue area. A closer examination of the 84 additional comments provided as a supplement to the survey question summarised in Table 2 shows that 19 respondents identified gender mainstreaming/advocacy as their primary working area over the past two years. This group also accounted for 10 respondents in our relatively large "other" category in Table 2, suggesting that some gender experts do not specialise thematically. For them, gender mainstreaming is the primary expertise. Much of their work is focused on policy development, monitoring, training and other mechanisms to implement gender mainstreaming. We propose to call these experts "gender mainstreaming experts."

Early efforts at gender mainstreaming and the implementation of the focal point system in the UN often led to allegations that responsibility for gender mainstreaming was dumped on already overtasked female staff, adding to their main responsibilities and thus marginalising the issue. Our survey contradicts this impression. Among both groups of experts, the vast majority (73 per cent) focused primarily on gender during their work day. In other words, for both groups, gender was the central occupation – for some as they advanced gender mainstreaming, for others as they infused gender considerations into various issue areas.

While defining our population for the survey required that we specify *a priori* what it means to be a gender expert, we also were interested to learn whether our respondents embraced this identity. We asked whether they would identify themselves "as a gender expert (or gender scholar, advisor, practitioner, analyst, or other similar term suggesting an in-depth understanding of issues of gender in one or more areas)." Eighty per cent answered this question in the affirmative. Many of the additional open-ended responses we received on this question reflected on terminology but broadly accepted a professional identity related to gender expertise. For example:

> I would identify myself as a gender expert on a broad number of gender equality issues and also as an adviser/advocate.

Or:

> An investment of a lifetime to understand the concepts and their application in conflict and post-conflict zones at the professional level and the application in day-to-day life at the personal level makes one an "expert" – although I do not personally prefer using the term.

Many preferred the term "practitioner" over the term "expert." Others suggested "gender advisor," "gender analyst," "gender officer," and "gender scholar." A set of different terminologies appeared in the area of training, including "gender and diversity trainer," and the more specialized "Certified Participatory Gender Audit Facilitator."

Many of our respondents referred to their extensive experience as a justification for claiming gender expertise:

> I have over 15 years of international experience working on gender issues and women's empowerment.

And:

> Have been working for over 25 years on gender equality, violence against women and related issues. I have a deep practical understanding of gender power relations, how it is supported by patriarchy and the impact that has on the lived realities of women's lives.

Others also cited academic qualifications, their job profile, as well as recognition by others:

> I have a good understanding of gender economics and feminist economic theory. I work in areas that influence policy and actions to advance gender equality globally.

And:

> I was hired because of my academic background in gender studies and gender forms the bulk of my work. Also, within the organisation, I have been involved in internal gender training and our team is a designated contact point for others wishing to mainstream gender into their work. I have been contacted several times in this capacity and have influenced the work of others who do not specifically work on gender.

But some of our respondents also hedged their bets regarding a claim to gender expertise with statements suggesting they were experts only to a degree. Some recognised limitations deriving from the fact that there is considerable local diversity when it comes to gender equality issues:

> Working globally and regionally, it is impossible to be a gender expert of each context – the real experts are the people in the communities whose situation and power dynamics we try to understand – but I consider myself an expert to the extent that I know my way around the "gender knowledge" that exists, am well embedded in the global gender and climate community (through the Global Gender and Climate Alliance as well as academic institutions), have published on the issue myself and am leading on gender and climate within my organisation.

Others, gender-and experts in particular, hesitated to embrace the label gender expert because of how they saw knowledge of gender as embedded in a specific field:

> I am a gender expert to the extent that I have been working on this issue or related issues (i.e. VAW) for 15 years. That is not to say I understand all dimensions of the topic or am even familiar with specialised areas of gender (environmental, population growth, education, healthcare, etc.) outside of my own specialisation – SSR, criminal justice, VAW, etc.

The professional identity of some gender-and experts was also often filtered through their disciplinary training:

> I like to think of myself as a gender practitioner. My background is not gender-related. I have a degree in Law and a degree in International Development but I have worked on gender issues since the tender age of 17. I have therefore accumulated valuable experience on the approach as it relates to development.

And:

> I have dedicated my career to working on women in conflict contexts. While I also hope that I am a "peace and security" expert, certainly my framework is rights, and more specifically, women's rights.

In some cases, the disciplinary expertise outweighed gender expertise for gender-and experts:

> I identify myself as an economist who works on gender issues. I would prefer NOT to identify myself solely as a gender expert because I believe that my work is grounded in my discipline.

In sum, working on gender equality in IOs and INGOs provides a source of professional identification. What it means to be a gender expert differs depending on whether the experts specialise in processes of mainstreaming or approach gender through issue areas. However, it is clear that gender expertise has become established as a distinctive phenomenon in international administration. Identifications of expertise are based on experience, academic training, and professional recognition. The following section further examines what particular backgrounds lead towards such identifications.

Entering the field: how does one become a gender expert?

In seeking to ascertain who populates the social field established by gender experts, a first question to investigate pertains to conditions of entry. No doubt each of our respondents had personal motivations for becoming a gender expert. But does the field impose entry requirements? Are there prerequisites for becoming an expert? Does one have to have a degree in gender studies? What are the sources of gender expertise? Does one have to be a feminist?

Becoming an expert through education

As with professionals more generally, gender expertise is acquired through education and training. Indeed, the gender experts in our survey were highly educated: Over 92 per cent had graduate degrees, with 27 per cent holding a Ph.D.

But in contrast to other forms of expertise, becoming a gender expert does not seem to require training in a specific discipline. Very few of our respondents have degrees in Women's/Gender Studies. While Women's/Gender Studies is the second-largest category among the primary areas of specialisation for gender experts, it accounts for only 10 per cent of our sample (see Table 3). More generally, gender experts hold degrees from many different fields. The largest category was International Law, which accounted for 11 per cent. International Relations and Development Studies followed Women's/Gender Studies with 9 and 8 per cent respectively.[4] Next are other social science disciplines (economics, anthropology, sociology, and demography) in addition to education and psychology. Together, these top disciplines account for 70 per cent of the experts in our survey. But our respondents had academic backgrounds as varied as mathematics, archaeology and literature, indicating relatively unstandardised entry into the profession.

Table 3: Areas of primary specialisation (highest degree)

	Per cent	**Number**
International Law (incl. Human Rights)	11	13
Women's/Gender Studies	10	12
International Relations	9	11
Development Studies	8	10
Economics (incl. Agricultural Economics)	8	9
Anthropology	5	6
Education	5	6
Sociology (incl. Rural Sociology)	5	6
Psychology	4	5
Population Studies/Demography	4	5
Business	3	4
Languages	3	4
Peace & Conflict Studies	3	4
Social Work	3	3
Literature	2	2
Agriculture (incl. Forestry)	2	2

---

[4] It might be reasonable to merge the category Peace and Conflict Studies with International Relations, in which case the majority of gender experts (i.e. 12%) have degrees in these fields.

Environmental Studies	2	2
Archaeology	1	1
African-American Studies	1	1
Change Management	1	1
Evaluation	1	1
Geography	1	1
History	1	1
Library Science	1	1
Mathematics	1	1
Political Science	1	1
Public Administration	1	1
Public Health	1	1
Public Policy	1	1
Religion	1	1
Theatre	1	1
Total	**100**	**118**

Getting a degree is not the only way to acquire academic knowledge about gender, however. Since gender issues have been mainstreamed extensively into some of the social sciences and humanities, more gender experts have taken gender-focused classes than completed degrees. Almost 30 per cent of our respondents indicated that they took at least one gender-focused class at the undergraduate level. This figure increases to 43 per cent at the graduate level, indicating some specialisation over time. Moreover, almost 30 per cent of gender experts wrote a thesis on gender, mostly at the graduate level. And 13 per cent were able to cumulate their academic work into a certificate. While a significant portion of gender experts has thus received academic training in the field, this still leaves at least 40 per cent that have never had any academic training in Gender/Women's Studies.[5]

This does not necessarily mean that these experts had never encountered academic knowledge about gender. As one expert commented in our survey:

---

[5] This figure is arrived at as follows: 67 of our experts never took a graduate course in Women's/Gender Studies. Of these, 10 took at least one undergraduate course and 9 wrote a gender-focused thesis. Making the conservative assumption that these are not the same people, this means that at least 48 (i.e. 67 minus 19; or 40.7%) of our respondents never got any formal training in Women's/Gender Studies (i.e. they took no classes and wrote no thesis).

> In my anthropology and sociology studies, gender was integrated into many of the courses, including theory and methods courses. I strongly agree that gender work requires training, but don't think that it is necessary to have a specialised certificate in this...

At the other extreme, older gender experts went through university when Women's/Gender Studies did not exist – in neither its specialised nor its mainstreamed versions. By definition, these experts would not have received academic training in Women's/Gender Studies; instead they often helped found the field:

> When I was in college (master in social sciences) gender/women's studies did not exist; the word gender was not used the way it is now. My gender training came from individual academic research, networking with other researchers, conducting surveys, writing articles, etc. One of my early efforts was to promote gender/women studies and the introduction of these themes into the curriculum.

These points are all well taken. Yet, it can make gender experts vulnerable to challenges to their authority if their expertise needs no formal credentials. Indeed, according to our respondents, not having academic training was a major source of insecurity about their expert status. Among the 20 per cent of respondents who did not call themselves experts, a salient reason was their lack of specialised training or academic degree. In the words of one respondent:

> I would not classify myself as an expert but someone who has worked in this area for several years on programmes with continual acquisition of knowledge on gender.

Or, in the words of another:

> I never studied "gender" as a specific area nor have I obtained academic qualifications in this area. However, through my in-depth work in [my organisation's gender unit] I developed the reflex in my daily work of taking into account the different situations that women and men most often find themselves in and trying to identify the most appropriate way of addressing this inequality. [...] Although I would not qualify myself as a "gender expert", I know that I am recognised by many colleagues as very knowledgeable about gender issues.

Or, yet another:

> I don't have a deep understanding on gender as I never studied this topic in an academic way. My interest in gender issues is much more a consequence of a personal commitment, complemented by gender trainings and sensitisation provided by the NGO I am currently working with.

While many of the professionals working as gender experts thus have acquired valuable skills and are recognised for their expertise, the absence of academic training generates insecurities about their expert status.

Becoming an expert on the job

The majority of our experts said that they acquired expertise through their own efforts and through training outside academia. Learning on the job was important for almost all experts (77 per cent) and a large percentage (60 per cent) also indicated that they taught themselves through independent research. In other words, a lot of gender expertise is acquired in an informal manner and through individual, non-structured effort. Yet organised training programmes are also a salient source of knowledge on gender. Experts seemed to extensively take advantage of training offered by their current employer (58 per cent) and former employers (35 per cent) and of programmes offered by the UN (33 per cent) and NGOs (22 per cent). In contrast, university short programmes and executive education types of offerings appear to be somewhat less popular (16 per cent), or perhaps less available. And, 10 per cent of the experts also selected "Other" types of non-university gender training.

Our survey results suggest that experts largely consider their employers to be supportive of their work. Almost 80 per cent of our respondents stated that the approach, understandings, or priorities of their organisations had helped them to effectively integrate a gender perspective into their work; approximately 45 per cent of our respondents thought that the organisation facilitated their work greatly, and another 33 per cent thought it facilitated their work more so than not. Yet, 10 per cent of our respondents still encountered opposition and resistance to gender mainstreaming, indicating that their organisation had inhibited the effective integration of a gender perspective more than not, or inhibited it greatly. Twelve per cent of the experts had more mixed views on the role of the organisation and remarked that it inhibited their work about as much as it facilitated it.

Given the small number of respondents from each organisation, we cannot draw any conclusions about which employers are perceived to be more supportive of gender experts. Indeed, those who responded positively on this question came from a broad range of organisations.

Becoming an expert through feminist activism

Because feminist movement activism was a key force in introducing gender mainstreaming into IOs and INGOs, being a gender expert is often associated with being a feminist. In our survey, 61 per cent of respondents considered themselves to be feminists. Narrative comments showed that for some, feminism and gender expertise were integrally related, as in the case of one who referred to "years of experience as a feminist activist, as a gender mainstreaming expert and as an NGO manager." Another respondent similarly saw her activism and her policy work as a singular affair:

> I have been working on women's rights issues for about 40 years. When gender analysis started to be developed and used in different domains (late 1980s) I worked with this in the area of sexual and reproductive health. Subsequently my approach has been to locate gender role, analysis, dimensions, inequalities etc. within the more useful framework of human rights. I would describe myself as both an activist and policy analyst in the domain of sexual and reproductive health.

Yet another of our respondents explicitly saw her feminist activism as formative for developing her expertise:

> My interest and passion for women's issues made me venture into gender work. My volunteering work while I was still an adolescent ignited the passion to work in the development sector. My expertise comes not by formal training but mainly by my work in the field with disadvantaged groups and indigenous communities with whom I lived.

But the connection between feminism and gender expertise is complicated. Sociological literature suggests that experts gain authority by claiming objectivity, which requires that they distance themselves from political and financial interests (e.g. Freidson 2001). In contrast, feminist scholars have criticised abstract notions of objectivity and have argued for a "strong objectivity" that recognises all knowledge as situated and derived from a point of view (e.g. Harding 2004; Haraway 1988). These epistemological tensions also resonate in the comments of self-identified feminists who disliked the label "expert."

One concern pertained to the connotations of final authority and closure conveyed by the term "expert." In the words of one respondent, who called herself a feminist "proudly, loudly, and openly" and who also self-identified as an expert:

> But I hate the word expert – so I would use it for job hunting purposes but I am always learning and finding new information.

Another concern pertained to the way in which the term "expert" seems to privilege those distant from the grassroots.

> My experience comes from my deep and close work at the grassroots level rather than only from the textbook. I have worked in tribal and socially disadvantaged areas on gender issues, which has built my foundation for my work. My interest in the subject led me to read and

learn from other sources. Today I am recognised in my institution as a grassroots person with strong analytical and gender sensitive programming skills globally.

But our sample also showed that almost 40 per cent of gender experts rejected the label "feminist." In our interviews, many of these non-feminist gender experts implicitly recognised that the label weakened their authority, indicating that they found it "unhelpful" in a professional environment, thought it was "irrelevant" to their work, and in some cases rejected feminism for being "too extreme."

In our survey, we did not define feminism, but treated it as an identity category. In other words, we called experts "feminists" if they called themselves feminists. Conversely, a non-feminist would be someone who rejected the label "feminist." But feminism is not just an identity category. It also is a form of knowledge, and those who rejected the label "feminist" did not necessarily reject feminist knowledge. When asked, about half of the non-feminists considered feminist knowledge to be useful, compared to almost all of those who embraced the term feminist.

Education plays a key role in whether gender experts identify as feminist and thus value feminist knowledge. We found that feminist gender experts were more likely to have had exposure to academic gender studies than non-feminist gender experts: 70 per cent of feminist gender experts had studied gender in a university context, but only 44 per cent of non-feminist gender experts had done so. The starkest difference pertained to having earned a formal degree in the field. Among feminist gender experts, 22 per cent had a degree in Gender Studies, Women's Studies, Men's Studies, Queer Studies, or other such field. In contrast, this was the case for only 7 per cent of the non-feminists. Moreover, among gender experts that did not earn a degree in the field, the feminists had more extensive exposure to gender studies. Forty per cent had taken two or more gender-related classes, written a thesis on a gender topic to meet the requirements of a degree, or earned a gender-focused certificate; this is in contrast to only 26 per cent of non-feminist gender experts. Conversely, minimal exposure was more common among non-feminists. Eleven per cent had just taken a single gender-related class, compared to only 8 per cent of the feminist gender experts.

In sum, there is no standard path for becoming a gender expert: Experience and activism are sources of motivation and knowledge for many. Highly educated, gender experts also gain knowledge about gender from their academic studies, although only a limited number hold degrees in Women's/Gender Studies. Many also have undertaken efforts to teach themselves. A major source of knowledge is employers, who provide both on-the-job and formal training. Finally, we find an interweaving of feminist identities with a valuing of feminist knowledge, often gained from academic study.

A field of knowledge: what is gender expertise?

Expertise is an individual attribute that emerges from individual effort, such as activism, education, and training. But expertise also is collective in the sense that experts hold common understandings about the contents of their expertise. Probing the contours of a field of knowledge requires a discursive analysis of documents and language, which we provide in other parts of our project. However, the survey included a question on how often gender experts considered certain issues in their work. The responses say little about the actual content of the work of gender experts, but they allow us to gauge the degree of overlap in their work (see Table 4).

Table 4: In your Work on Gender, how Often Do you Consider the following? (in per cent)

	Always or nearly always	Often	Sometimes	Rarely	Never or nearly never	Total %
Women or girls	93	5	0	2	0	100
Inequality Between Men and Women	88	8	1	2	1	100
Gendered Power Structures/ Relations	73	20	5	1	1	100
Particularities of Local Contexts	72	19	6	2	1	100
Discrimination in Society	69	19	9	2	1	100
Discrimination in Laws/Policies/ Programmes	68	26	5	1	0	100
Socially Constructed Differences	68	24	7	2	0	100
Hierarchical Gender Divisions of Labour	63	19	14	3	1	100
Inequality Within Groups of Men and/or Within Groups of Women	56	25	14	3	2	100
Men or boys	43	33	14	9	1	100
Patriarchy	38	28	16	9	8	100
Age	38	30	21	6	5	100
Race or Ethnicity	34	32	22	7	5	100
Class	28	29	25	12	6	100
Biological or Natural Differences	25	16	31	18	10	100
Sexual Orientation	16	17	26	19	22	100
Femininity	14	14	31	25	16	100

Masculinity		11	23	27	25	14	100
Masculinities		11	20	25	27	17	100
Femininities		11	14	25	31	19	100

What is perhaps most striking about this table is the high degree of agreement in the topics that gender experts address, although they work in very different issue areas and institutions. The vast majority identify women and girls, inequality, gendered power relations, the particularities of local contexts, discrimination, socially constructed differences, gender divisions of labour, intragroup inequalities, and men or boys as topics that they consider in their work frequently.[6] Structural categories, such as gender divisions of labour and gendered power structures/relations appear almost as often as liberal feminist categories, such as inequality and discrimination. Over two-thirds of our respondents also identified patriarchy as a topic, a term typically associated with radical and socialist feminist understandings of gender relations.

In contrast, a minority of gender experts listed femininity/ies or masculinity/ies as topics that appeared in their work frequently. This is surprising since virtually all of our respondents indicated that they dealt with socially constructed differences, and in feminist theory, the notion of social construction is associated with theorising masculinities and femininities. Similarly, we find it surprising that 41 per cent of experts frequently considered biological or natural differences in their work because such differences are often associated with essentialist understandings of what it means to be a woman or man. These seemingly contradictory findings are difficult to interpret; probing their meaning requires additional, qualitative research.

Ideas of intersectionality, a salient concept in feminist theorising that seeks to overcome essentialist constructions of women as unitary, also figure into the work of gender experts. More than 80 per cent of our respondents indicated that they considered inequality within groups of men or women frequently. In these considerations, the particularities of local contexts played a central role, with over 92 per cent reporting that this was often or always a topic. The categories of age, race/ethnicity, and class similarly are prominent, though somewhat less so, with about two thirds dealing with these issues. Sexual orientation comes up as the stepchild of status distinctions, yet it is still a frequent topic for 33 per cent of our respondents.

With regard to methods, gender experts extensively practice consultation with stakeholders (i.e. intended beneficiaries, subjects of their research, and/or individuals affected by their work). The vast majority of our respondents said that they have at least some contact with stakeholders, and more

---

[6] We use the term "frequently" to merge the categories "always or nearly always" and "often" that appear in the table.

than two thirds specified that they always (31 per cent) or often (35 per cent) were able to engage in such consultations. Another 26 per cent of our respondents consulted with stakeholders sometimes, and only 9 per cent rarely, never, or nearly never did so. While a survey cannot capture the quality of the consultations, it does indicate that there is some agreement among experts on the need for and desirability of consultation and participation.

In sum, the survey paints a picture of considerable agreement among gender experts regarding a core of topics and methods. Given the research instrument, the picture remains somewhat superficial, but it does lend support to the suggestion that gender experts orient their work on each other, that together they construct the outlines of a field of knowledge.

A social field: mapping the contours of hegemony

Gender experts do not only share knowledge. Collectively, they also establish expertise as a social phenomenon. Employers, universities, and professional associations organise gender experts into a social field structured by rules and standard repertoires, and ordered by hierarchies and power relations. Structures and orders guide the practices of gender experts and define the realm of what it is possible for them to achieve. This section describes some aspects of the way in which the field of gender expertise is structured socially, exploring distributions of influence and networks.

Distributions of influence

As in any professional field, influence is distributed unevenly in the field of gender expertise. In order to gauge hierarchies, we asked our respondents to name (a) three academics or texts and (b) three gender experts hired by IOs and INGOs, whose contributions they have found most influential and most useful in their work on gender. The answers provided a sense not only of the work considered important but also of the distribution of prestige in the field.

Of the 176 academics mentioned by our respondents, only 21 appeared more than once, indicating a wide dispersal of understandings of influence (Table 5). With 11 mentions, Naila Kabeer, an economist at the London School of Economics, heads the list by a distance. Kabeer is followed by Caroline Moser (8 mentions) and Judith Butler (6 mentions). Bina Agarwal, Simone de Beauvoir, and Martha Nussbaum follow with 5 mentions each.

What is perhaps most telling about the list of influential academics is the salience of British scholars. Eight in the list of top-21 scholars work at British institutions, the same number as those affiliated with universities in the US, a much larger country and one which one would expect to provide hegemonic leadership. It appears that British institutions – the London

Table 5: Most influential gender scholars

Name	Times Mentioned	Institution	Country
Kabeer, Naila	11	LSE	UK
Moser, Caroline	8	Manchester	UK
Butler, Judith	6	UC Berkeley	US
Agarwal, Bina	5	New Delhi	India
de Beauvoir, Simone	5	Sorbonne (but mostly non-affiliated)	France
Nussbaum, Martha	5	Chicago	US
Elson, Diane	4	Univ. of Essex	UK
Chinkin, Christine	3	LSE	UK
Cornwall, Andrea	3	Sussex	UK
Scott, Joan	3	Princeton	US
Beneria, Lourdes	2	Cornell	US
Boserup, Ester	2	ECE (but mostly non-affiliated)	Belgium
Charlesworth, Hilary	2	ANU	Australia
Cockburn, Cynthia	2	City University, London	UK
Doss, Cheryl	2	Yale	US
Goetz, Anne-Marie	2	NYU	US
Hashimoto, Hiroko	2	Jumonji University	Japan
Heise, Lori	2	London School of Hygiene and Tropical Medicine	UK
Kandiyoti, Deniz	2	LSE	UK
Mohanty, Chandra	2	Oberlin	US
Seguino, Stephanie	2	University of Vermont	US

School of Economics (LSE), the University of Sussex, and its affiliated Institute for Development Studies (IDS) – rather than US institutions provide the environment for academic gender expertise to flourish.[7] LSE is the current and former home of four of the most influential academic gender experts in our survey (Chinkin, Kabeer, Kandiyoti, Moser). Sussex houses one (Cornwall), but two (Goetz and Kabeer) taught there previously. Top-ranking British experts tend to straddle academia and practice – most also consulting with international organisations. Top-ranking US experts more

---

[7] The Labour government set up IDS in the 1960s/70s as a think tank on development studies. IDS houses an MA in Gender and Development and is the home of some large-scale research projects on the issue. Movement of personnel between LSE and IDS is frequent and has been described as resembling an "invisible college" (Maitrayee Mukhopadhyay, personal conversation).

often tend to be known for their theoretical contributions (Butler, Nussbaum, Scott, Mohanty), but not exclusively. Only three of the top 21 academics are from non-Anglophone countries: Belgium (Boserup), France (de Beauvoir), and Japan (Hashimoto). And only one (Agarwal) is located in a country in the South (India), a former British colony.[8] While this provides an indication of Anglophone hegemony in the international governance of gender, it is important to remember that our survey was conducted in English only.

Table 6: Top producers of gender experts – Universities

	Country	Number
Melbourne	AUS	3
Graduate Institute, Geneva	Switzerland	3
LSE	UK	3
Sussex	UK	3
Cornell	US	3
Harvard	US	3
Australian National University	AUS	2
Tor Vergata University	Italy	2
Universita di Padova	Italy	2
Erasmus University	NL	2
University of Witwatersrand	South Africa	2
Universidad Complutense, Madrid	Spain	2
University of Geneva	Switzerland	2
Cambridge	UK	2
University of Reading	UK	2
Warwick	UK	2
Boston University	US	2
Columbia	US	2
Johns Hopkins	US	2
Yale	US	2
Total		**46**

No doubt, some of the accumulation of symbolic capital on display results from the fact that the top scholars identified come from universities that produce gender experts, who in turn are likely to identify their teachers as influential. LSE and Sussex appear among the top five schools at which our respondents earned their highest degree, next to Cornell, Harvard,

---

[8] Kabeer was born in East Pakistan, but her academic work and career have been in the UK.

Melbourne, and the Graduate Institute, Geneva (see Table 6). From the non-Anglophone world, Italian, Dutch, Spanish and Swiss universities make it into the top providers of degrees for gender experts. Regarding universities from the South, only the South African University of Witwatersrand ranks among the top producers of gender experts in IOs and INGOs.

Table 7: Most influential gender experts hired by IOs and INGOs by issue area

Name	Institution	Development	Human Rights	Security	Other	Total
Kabeer, Naila	Consultant	1	3	0	3	7
Bachelet, Michelle	UN Women	0	1	0	3	4
Bartel, Doris	CARE	1	1	0	2	4
Goetz, Anne Marie	UN Women	0	0	3	1	4
Quisumbing, Agnes	IFPRI	3	0	0	0	3
Vann, Beth	Consultant	0	0	3	0	3
Barker, Gary	ICRW	0	0	2	0	2
Burns, Kate	OCHA	0	0	1	1	2
Byanyima, Winnie	UNDP	0	0	0	2	2
Connors, Jane	OHCHR	1	0	0	1	2
Cox, Elizabeth	Consultant	0	0	0	2	2
Crowley, Eve	FAO	2	0	0	0	2
Elson, Diane	Consultant	0	1	0	1	2
Fontana, Marzia	Consultant	1	0	0	1	2
Hodges, Jane	ILO	0	0	0	2	2
Martinez, Elisa	Consultant	1	0	0	1	2
Montano, Sonia	ECLAC	0	1	0	1	2
Moser, Caroline	World Bank	0	0	0	2	2
Pillay, Anu	GenCap	0	2	0	0	2
Razavi, Shahra	UNRISD	0	1	0	1	2
Robinson, Mary	OHCHR	0	2	0	0	2
Sandler, Joanne	UNIFEM	1	0	1	0	2
Smyth, Ines	Oxfam GB	0	0	1	1	2
Valasek, Kirsten	DCAF	0	0	2	0	2
Wilde, Vicky	CGIAR	2	0	0	0	2
Total		13	12	13	25	63

By far the greatest number of experts in our sample were trained in the US (22 per cent) and UK (18 per cent). Two host countries of international agencies, Italy and Switzerland, followed at a distance with 7 and 6 per cent respectively. Our respondents were also trained in Australia (5 per cent), the Netherlands (4 per cent), Canada, France, India, and Spain (3 per cent each), and in Chile, the Philippines, South Africa, and Sweden (2 per cent each).

With regard to gender experts inside the organisations, we expected that certain individuals would emerge as leaders in particular issue areas. The data do not confirm this expectation. Table 7 lists the 25 most influential gender experts inside organisations (i.e. those who were mentioned at least twice). When we looked at where the respondents who nominated these individuals were situated, we found that most of our top experts are influential in multiple issue areas. We again encounter some academics who also are consultants: Naila Kabeer emerges at the top here as well, and Anne Marie Goetz's status no doubt is related to the visibility of her academic work even before joining UN Women. But influential individuals inside organisations also gain authority from their office: The high rankings of both Michelle Bachelet, Head of UN Women at the time of the survey, and Doris Bartel, Senior Director of the Gender and Empowerment Unit at CARE, are no doubt related to the status they held in their organisations and their recognised leadership. When it comes to influence in non-academic networks, issue areas may matter less than organisational affiliation.

Professional associations and networks

Professional associations and networks can play an important role in not only establishing expert authority but also structuring a field. Sixty-seven per cent of our respondents indicated that they were members of a group, network, community, movement, scholarly institution, or association related to their work as a gender expert. While this indicates a high level of organisation, there is very little overlap between the kinds of groups and networks to which our respondents belong. The largest overlap was with regard to AWID, the Association for Women's Rights in Development, making AWID the closest there is to a professional network of gender experts working internationally. However, only six of our experts indicated that they belonged to AWID, and AWID self-identifies as a feminist advocacy and movement organisation rather than a professional network.[9] The next largest group was GenCap, the Gender Standby Capacity roster run by the UN's Inter-agency Standing Committee for Humanitarian Assistance and the Norwegian

---

[9] AWID is described on its website (www.awid.org) as "an international, multi-generational, feminist, creative, future-oriented membership organisation committed to achieving gender equality, sustainable development and women's human rights."

Refugee Council; three of our experts reported that they belonged to this network. The vast majority of our respondents listed participation in employer-related groups and networks.

Professional associations and networks provide sites for an exchange of ideas and for developing shared understandings about what the field's expertise consists of. They allow for discussing expectations with regard to methods and the application of gender expertise. They also offer possibilities for training and for socialisation into the field. Moreover, professional associations can help develop a field's symbolic capital. They create peer-approved standards of quality, define curricula, and bestow recognitions and honours. The absence of shared professional associations and networks among gender experts may be problematic from this perspective.

Conclusion

Our survey shows that gender experts exist as a professional category and gender expertise as a professional field. It paints a picture of expertise as weakly standardised and the field as loosely structured. There are multiple paths of entry into the field; and while 10 per cent of experts have degrees in Women's/Gender Studies, overall there are no clear academic entry requirements beyond generally at least a Master's degree. With regard to the structure of the field, it is possible to identify the outlines of an unequal distribution of influence, but this is not very pronounced: Gender experts find a broad range of individuals influential. Experts do not share a strong professional association, which may weaken their opportunity to develop common standards of knowledge, entry, and quality.

Gender expertise thus can be described as an emerging field whose contours are far from settled. While there appears to be a common problem definition, generally the field operates at the intersection of different social science disciplines. This openness can be an asset because it allows for a continued influx of new ideas. But it can also create competing loyalties for gender-and experts in particular. More problematically, gender expertise is struggling to establish its boundaries from the demands of the feminist movement and from the demands of employers. Again, this can be an asset: Movement activists can link experts to the grassroots, providing them invaluable access to the situated knowledges. And employers have played a seminal role in establishing gender expertise. However, depending on employers to provide core training and to define the professional networks of experts is problematic. It threatens the autonomy of a form of knowledge that should be independent of the political missions of IOs and INGOs. Widespread critiques of gender mainstreaming for allowing IOs to co-opt gender equality goals to their agendas are connected to this dearth of independence. Similarly, while gender experts are "programme professionals" (Wilensky 1964), i.e. they identify with the goals of a programme that has its origins in a social movement, they need independent spaces that allow them to problematize such programmes. The complicated relationship of experts to feminism, identified in narrative comments provided in the survey, suggests the need for such a space. Enhancing the professional autonomy of gender experts should be a priority for those seeking to increase their authority in international governance.

References

Bourdieu, P. 1999. The Specificity of the Scientific Field. In *The Science Studies Reader*. (Ed.) M. Biagioli. 31–50. New York: Routledge.
——. 2004. *The Science of Science and Reflexivity*. Chicago: University of Chicago Press.
Freidson, E. 2001. *Professionalism, the Third Logic*. Chicago: University of Chicago Press.
Haraway, D. 1988. Situated Knowledges: The Science Question in Feminism and the Privilege of Partial Perspective. *Feminist Studies*. 14 (3): 575-99.
Harding, S. G. 2004. *The Feminist Standpoint Theory Reader: Intellectual and Political Controversies*. New York: Routledge.
Wilensky, H. L. 1964. The Professionalization of Everyone? *The American Journal of Sociology*. 70 (2): 137-58.

Le genre :
une expertise comme une autre ?

Tania Angeloff

En mai 2013, lors d'une conférence prononcée à l'université de Chicago sur les théories et les pratiques féministes, Angela Davis attirait l'attention sur l'articulation constitutive du mouvement féministe entre, d'une part, théories et actions et, d'autre part, conscience de genre, de classe, de race, de colonialisme, de post-colonialités et sexualités.

> Le féminisme signifie tellement plus que l'égalité de genre, et il implique tellement plus que le genre […][1]. Il doit inclure une conscience du capitalisme, du racisme, du colonialisme

---

[1] « Feminism involves so much more than gender equality and it involves so much more than gender […]. It has to involve a consciousness of capitalism and racism and colonialism and post-colonialities, and ability and more genders than we can even imagine and more sexualities than we ever thought we could name. Feminism has helped us not only to recognise a range of connections among discourses and institutions and identities and ideologies, that we often tend to consider separately. But it has also helped us to develop epistemological and organising strategies that take us beyond the categories "women" and "gender". And feminist methodologies impel us to explore connections that are not always apparent. And they drive us to inhabit contradictions and discover what is productive in these contradictions. Feminism insists on methods of thought and action that urge us to think things together that appear to be separate and to disaggregate things that appear to naturally belong together. » https://beyondcapitalismnow.wordpress.com/2013/08/08/angela-y-davis-feminism-and-abolition-theories-and-practices-for-the-21st-century/. Traduction personnelle et mise en italique par l'auteure (NDA).

Angeloff, T. 2017. Le genre : une expertise comme les autres ? In *Qui sait ? Expertes en genre et connaissances féministes sur le développement*. (Dir.) C. Verschuur. 113-125. Paris : L'Harmattan. Collection Genre et développement. Rencontres.

et des post-colonialités, ainsi qu'une capacité et davantage de genres que nous ne pourrons en imaginer, et plus de sexualités que nous ne pourrons jamais en nommer. Le féminisme nous a aidé-es non seulement à identifier toute une série de connexions entre des discours, des institutions, des identités et des idéologies que nous avons tendance à considérer séparément. Il nous a aussi aidé-es à développer des stratégies épistémologiques et pragmatiques qui nous transportent au-delà des catégories «femmes» et «genre». Les méthodologies féministes nous obligent à explorer des liens qui ne sont pas toujours apparents. Et elles nous poussent à habiter des contradictions et à découvrir ce qui est constructif dans ces contradictions. *Le féminisme insiste sur les méthodes de pensée et d'action qui nous incitent à penser ensemble des phénomènes qui semblent séparés et à désagréger les processus qui semblent aller de pair*

Dans la réflexion de cette théoricienne et militante féministe et antiraciste, première figure publique spécialiste des identités imbriquées de genre, de classe, de race, du post-colonialisme, des sexualités – et de tout ce qui demeure largement un impensé social et scientifique en matière identitaire –, le lien entre théorie scientifique et action politique apparaît au fondement des questions de genre (1981). Dans la pensée et l'action de Davis, cette articulation n'est pas un écueil scientifique et ne s'inscrit pas en contradiction avec l'action. Ou plus exactement, le féminisme consiste, pour elle, à «habiter cette contradiction». Cette citation résume précisément la problématique de la relation entre genre et expertise, dont ce chapitre entend souligner la singularité. En effet, si la majorité des sociologues de l'expertise (Trepos 1996; Collins 2007; Delmas 2011) ont tendance à, sinon opposer, du moins chercher à délimiter les frontières entre sciences et expertise, le genre en tant que paradigme et prisme d'analyse transversale, autant instrument heuristique que moteur pour l'action politique, semble remettre en cause cette délimitation stricte. Les différents textes de Christine Verschuur, de Françoise Grange Omokaro et de Rahel Kunz évoquent des contextes d'expertise géographiquement très divers (Colombie, Mali et Népal), qui ont pourtant vocation à présenter l'expertise et les expert-es du genre davantage en continuité qu'en rupture avec ses théoriciens et théoriciennes. Ce continuum est sans doute lié à l'objet lui-même: le genre serait «plus que le genre», comme le souligne Angela Davis. Il s'explique en outre par la transversalité et l'ubiquité du genre qui oblige à penser les mécanismes de la domination masculine comme imbriqués dans l'ensemble des rapports de force opérant dans la société: la classe, la race, la sexualité, la colonialité, ce que Kimberlé Crenshaw (1991) a nommé, quelques années plus tard, l'intersectionnalité.

Dans ce texte, je souhaiterais revenir sur l'articulation entre genre et expertise en dégageant quelques problématiques et en posant la question de la spécificité du genre dans et par l'expertise. En d'autres termes, les expert-es du genre sont-ils-elles des expert-es comme les autres? Quelles questions spécifiques le genre, en tant que modèle conceptuel et analytique, adresse-t-il à l'expertise et, inversement, comment l'expertise du genre interroge-t-elle cet outil heuristique qu'est le genre ?

Sociologie de l'expertise et expertise du genre

Les différentes recherches portant sur l'expertise du genre en Colombie, au Mali et au Népal présentent des éléments communs avec la sociologie de l'expertise telle qu'elle a été formalisée en France (Trepos 1996). C'est une sociologie qui met l'accent sur la nature transitoire et instable de l'expertise, celle-ci prenant forme et signification dans le cadre d'une « épreuve », autrement dit d'une situation qui non seulement engage mais aussi qualifie les personnes et les objets étudiés. À cette différence près qu'en matière de genre, ce double mouvement d'engagement et de qualification semble mettre au défi la neutralité axiologique défendue par les héritiers de Max Weber, une neutralité des jugements de valeur comme garante de la scientificité du propos. L'expertise dans le genre nous renvoie donc à la contradiction évoquée plus haut. J'y reviendrai plus loin.

Pour Trepos et d'autres sociologues de l'expertise (Brint 1994 ; Delmas 2011 ; Dumoulin *et al.* 2005), la figure de l'expert-e est le résultat d'un processus qui diffère du processus professionnel classique étudié dans la sociologie interactionniste des professions conceptualisée par Everett Hughes (1992) et Georges Freidson (1986). Pour les interactionnistes des professions, une occupation se constitue en champ professionnel par une série d'étapes consacrées institutionnellement par un langage commun, par des rites de passage symboliques (le fameux « passage derrière le miroir » qui s'opère par l'intégration d'une école, le port d'un uniforme ou d'une blouse, etc.), par une opposition entre sacré et profane marquée notamment par une certification, bref, par une institutionnalisation légale (Hughes 1992). Or cette théorie des professions ne fonctionne pas ici, en raison du caractère instable de l'expertise : l'expertise n'est ni un champ constitué une fois pour toute ni un marché du travail fermé (Paradeise 1984). Trepos montre en effet que l'expert-e recourt à des instruments incorporés qui se construisent progressivement et qui construisent la légitimité qu'il ou elle mobilise dans le temps et dans l'espace, ce que souligne également le texte de Rahel Kunz. La sociologie des professions de Hughes et de l'école de Chicago ne suffit donc pas à rendre compte de la professionnalisation du métier d'expert-e qui ne se construit pas par une succession d'étapes linéaires dans la carrière. L'exemple de la nonne colombienne rencontrée par Christine Verschuur, qui évoque le parcours qui l'a conduite à être militante antiviolence avant de devenir militante féministe, montre que les étapes vers la carrière d'experte en genre sont peu balisées et peu institutionnalisées. Cela est partiellement vrai pour d'autres types d'expertise, mais ceux-ci sont plus souvent caractérisés par un espace commun de savoirs et de compétences que l'on ne retrouve pas nécessairement dans le cas des expertes du genre. La problématique de l'expertise en genre permet ainsi d'interroger la sociologie des professions et des phénomènes de professionnalisation de manière plus radicale que l'expertise en général.

Toutefois, il existe des points communs avec l'ensemble des expertises. Par exemple, quel que soit l'objet de l'expertise, les savoirs relèvent plus souvent d'interactions avec un terrain que d'une certification académique stricte de compétences labellisées (parfois par auto-consécration) en opposition avec des savoirs profanes que le monde universitaire valorise peu (Berrebi-Hoffman et Lallement 2009). Ces auteur-es montrent, en outre, que le savoir spécifiquement académique n'est pas dépourvu d'interactions: il apparaît seulement moins en prise avec les politiques publiques, voire avec le terrain (que les chercheur-es sont obligé-es de quitter régulièrement pour présenter et publier leurs recherches auprès de leurs pairs et, dans le cas des universitaires, pour enseigner). En outre, pour les chercheur-es patenté-es au sein de l'institution de la recherche – c'est-à-dire pour les diplômé-es de l'université qui se sont soumis-es au rite de passage de la thèse de doctorat, puis de la qualification (en ce qui concerne le système universitaire français) et enfin du recrutement à l'université ou dans un centre de recherche –, le spectre de la subjectivité rôde toujours. Interagir avec les politiques publiques, c'est donc risquer la confusion entre la recherche et la politique, et donc risquer de déroger à la règle de l'objectivité et de la neutralité (Weber 1919). Quant à la recherche appliquée, elle jouit d'un statut quelque peu particulier dans la mesure où elle est souvent assurée par des chercheur-es en poste ou par des « transfuges de la recherche » qui ont franchi les étapes consacrées et quitté la filière de la fonction publique pour devenir des chercheur-es privé-es, consultant-es ou expert-es. Cependant, elle n'est pas pour autant exempte de soupçons et de risques de subjectivité, surtout quand les chercheur-es sont employé-es par l'organisation à l'initiative du diagnostic de la recherche-action.

Mais là où la sociologie classique voit une aporie, les sciences sociales du genre proposent une porte de sortie heuristique. En effet, les théoriciennes féministes (Alcoff et Potter 1993) ont montré que l'objectivité, en tant que concept, relevait d'une idéologie scientiste largement androcentrée et d'une volonté de toute puissance des scientifiques inscrite dans un rapport sacralisé à la vérité qui toujours échappe. C'est une des raisons pour lesquelles le genre et le féminisme sont perçus comme des mouvements scientifiques et sociaux dérangeants et subversifs. Ils dénoncent précisément ce je qualifierais ici « d'infantilisme intellectuel ». L'objectivité n'existe pas ; aucun objet de recherche n'est neutre. Prétendre le contraire dans un esprit de tartuffe en cachant cet objet que nous ne saurions voir parce qu'il met à mal notre besoin de vérité relève de l'hypocrisie scientifique. Tandis que l'assumer pleinement dans une réflexivité rigoureuse représente le meilleur moyen de tendre vers la neutralité. Tel est le fondement de la théorie située ou *standpoint theory* (Harding 1993). En résumé, le risque de collision entre science et politique publique ne constitue pas une limite en matière de genre mais, au contraire, un point d'ancrage réflexif et assumé, malgré le soupçon que fait peser la mise au jour de la frontière ténue entre engagement et distanciation (Elias 1983).

Les textes de Christine Verschuur et de Françoise Grange Omokaro, autant que celui de Rahel Kunz, interrogent par ailleurs les «frontières de l'expertise» (Lima 2009). Entre expertise technique et politique, ces frontières sont souvent mouvantes. En matière de genre comme pour les autres domaines, mais de façon sans doute plus consciente voire revendiquée depuis les années 1970 où même le «personnel» est devenu «politique», l'expertise se constitue en répertoire de l'action politique.

Or, ce brouillage aux frontières pose parfois problème aux expertes du genre quand on les interroge sur leur trajectoire. C'est sans doute ainsi qu'il convient d'entendre l'assertion énoncée par l'une des militantes rencontrées par Christine Verschuur: «Je ne suis pas une experte genre.»

Une telle affirmation attire l'attention sur la définition, sur le vocabulaire de la recherche, mais aussi sur celui des «expertes» interrogées. Françoise Grange Omokaro, quant à elle, préfère parler de «spécialistes». Mais alors, quels sont les enjeux et implications de ce champ sémantique de «l'expertise»? Sans remonter à Michel de Montaigne, qui aurait forgé le terme en 1580 pour désigner juridiquement toute personne choisie pour ses compétence techniques (Delmas 2011, 4), l'expertise désigne effectivement les spécialistes d'un domaine, avec une dimension directement pratique et politique, tandis que la figure du ou de la spécialiste mettrait l'accent sur l'extériorité par rapport à son objet, sur une plus grande distance et donc sur un moindre engagement militant, sur une sorte de position de surplomb avec la caution de la science. Dans ces conditions, parler d'expert-es du genre engage une réflexion sémantique sur l'usage du terme. Qui l'emploie? Dans quelles circonstances? Au nom de quoi? Quelle(s) définition(s) chercheur-es et actrices mettent-elles derrière ce terme? En quoi une universitaire peut-elle se dire qu'elle est ou n'est pas une experte?

Le genre dans et par l'expertise

Les recherches sur les expert-es en genre conduisent ainsi à deux types de questionnements. D'une part, en quoi l'expertise du genre diffère-t-elle d'autres formes d'expertise et quelles seraient ses spécificités? D'autre part, en quoi est-elle comparable à des processus rencontrés dans les études de genre par des chercheur-es qui ne sont pas considéré-es comme des expert-es du point de vue des politiques publiques?

Si l'on a déjà partiellement répondu à la première question, la seconde reste entière. Or, à écouter les témoignages d'expertes du genre, on ne peut s'empêcher de noter des points communs entre expertes du genre et chercheures en études de genre. C'est volontairement que je féminise ici ces substantifs parce que l'expertise et la recherche sur le genre sont assumées par une écrasante majorité de femmes, mais aussi parce que la question de légitimité des expert-es ne se pose pas de la même manière lorsque l'on est un homme et lorsque l'on est une femme.

Être ou ne pas être un-e « expert-e genre »

Comment définir l'expertise en genre ? Dans leur enquête sur les expertes en genre, Thompson et Prügl optent pour la définition suivante : « Tout champ de travail en relation avec les questions de genre dans les organisations internationales, intergouvernementales et les ONG internationales » (2015, 9). Pour les besoins de la recherche et désireuses d'éviter la dispersion des situations et des réponses, elles excluent volontairement les fonctionnaires de l'État et des collectivités territoriales, les employés des ONG nationales et régionales ainsi que les militantes bénévoles d'associations féministes. Leur définition de la fonction d'expert-e en genre suppose, en outre, un niveau certifié de professionnalisation. Une acception plus large du terme comprendrait donc l'ensemble des catégories recensées.

Ces auteures soulignent d'ailleurs le caractère hétérogène de la catégorie des expertes en genre : certaines sont des « généralistes du genre » dans les politiques publiques ; d'autres sont spécialisées en genre et étudient les problématiques uniquement sous ce prisme ; une troisième catégorie renvoie aux expertes ayant une double compétence (en santé et genre, en éducation et genre, etc.). Mais peut-être l'aspect le plus intéressant dans cette partie de leur enquête concerne-t-il les termes alternatifs retenus par quelques-unes de celles identifiées comme étant des expertes en genre et qui préfèrent se désigner comme des « conseillèr-es en genre » *(gender advisor)*, des « analystes en genre », *(gender officer* qui peut être traduit par « responsable des questions de genre ») et des *gender scholar* pour « universitaire ou chercheure en études genre ». Enfin, d'autres « expertes » interrogées mobilisent l'adjectif « genre » comme épithète homérique d'une fonction : « formatrice en genre et diversité » ou encore, dans le champ de la formation, des termes très techniques comme *Certified Participatory Gender Audit Facilitator* (animatrice certifiée d'audits participatifs de genre).

Il est intéressant de constater que l'expérience de cette thématique sur le terrain de l'expertise, sans nécessaire formation préalable, construit l'identité professionnelle de l'expertise en genre au même titre que la reconnaissance par le groupe des pairs. Modestement (par un effet peut-être sexué qui veut que les femmes tendent à ne pas valoriser leurs compétences à l'égal des hommes) ou encore par stratégie de reconnaissance professionnelle, la plupart des expertes préfèrent se désigner accessoirement comme des praticiennes du genre en mettant en avant leur domaine de compétence : le droit, le travail, la santé, l'éducation, le climat, les conflits, etc. « Je me vois comme une économiste travaillant sur les questions de genre », répond ainsi l'une des personnes interrogées. « Je préfèrerais ne PAS m'identifier seulement à une experte en genre, car je considère que mon travail s'inscrit (avant tout) dans ma discipline » (citée par Thompson et Prügl 2015, 11).

En résumé, l'idéal-type de l'expert-e en genre renvoie à une palette de situations, désignations et identifications qu'on pourrait décliner en plusieurs catégories :
– les expertes qui revendiquent leur expertise (par la formation qu'elles ont reçue à l'université, par leur expérience professionnelle ou encore par la nature de leur travail et la description de leur poste) ;
– les expertes identifiées comme telles par les chercheur-es mais qui sont dans le déni de leur expertise ou ne se reconnaissent pas dans ce terme ;
– les expertes qui s'ignorent par modestie ou stratégie de carrière ;
– les militantes, qu'elles soient bénévoles ou pas.

Ces catégories ne sont pas étanches tant du point de vue diachronique de la trajectoire que du point de vue synchronique (par l'autodéfinition de soi, sous l'impulsion du moment).

Ces désignations se retrouvent dans les autres types d'expertise. Elles sont donc largement contextuelles et dépendent de la personne à qui l'on s'adresse, du champ professionnel dans lequel on entend s'inscrire au moment de la présentation de soi, de la plus ou moins grande valorisation du genre en tant que problématique sociale ou en tant qu'identité professionnelle, de l'âge, du statut, de la classe, de la trajectoire et de toute une palette de déterminants sociodémographiques. Cependant, à la différence d'autres domaines de compétences, les expertes du genre souffrent d'un stigmate lié à leur objet : le genre, encore considéré comme subversif, ascientifique, politiquement correct mais inutile, secondaire, j'en passe et des meilleures.

Le genre dérange, le genre déroge car le genre, en s'intéressant à l'équilibre des rapports entre hommes et femmes, donne à ces dernières une visibilité qui perturbe l'ordre des sexes, d'où les résistances multiples (Angeloff et Mosconi 2014). Dès lors, s'intéresser à un objet social encore trop souvent considéré comme mineur, malgré la parité numérique des homme et des femmes à l'échelle de la planète, minorerait et déprécierait les personnes qui l'étudient, le déconstruisent, l'interrogent et qui sont, à une écrasante majorité, des femmes. En effet, les hommes qui travaillent sur le genre ne semblent pas connaître le même sort. Ils demeurent tout d'abord très minoritaires, et une enquête sociologique sur les sciences sociales du genre tendrait à montrer que, parmi ce petit nombre d'hommes, bien peu se consacrent à l'objet que sont « les rapports de genre du point de vue des femmes ». Certains viennent aux études de genre en s'intéressant aux questions sexuelles, voire homosexuelles, dans les départements qu'on nomme à présent les *gay* ou *queer studies* outre-Atlantique et outre-Manche. D'autres bifurquent vers l'objet plus récent des masculinités, y compris dans le monde francophone. Même quand ils s'intéressent à la domination masculine, tout se passe comme si le fait d'être un homme leur donnait plus de crédit (Perrot 1999).

Or, de manière tout à fait intéressante, les témoignages d'expertes en genre révèlent un soupçon d'illégitimité du fait de l'objet de leur expertise : les femmes et les inégalités de genre. Une fois de plus, l'expertise en la matière relève très rarement des hommes. Elle est plus souvent le fait de femmes, des actrices toujours perçues comme *a priori* moins légitimes dans l'espace politique, social et intellectuel, parce que leur objet d'investigation est socialement déconsidéré, source de malentendu ou encore largement méconnu.

Il y a quelques années, des chercheures anglo-saxonnes ont d'ailleurs souligné la nécessité d'intégrer les hommes à la réflexion et à l'action politique sur le genre dans le but de pallier cette illégitimité (Cornwall 1997 ; Palmieri 2013). Elles ont recommandé cette intégration volontaire, malgré le risque qu'elle présente en matière de reproduction genrée de la division du travail et du prestige (Ruxton et van der Gaag 2013).

La part du genre dans et par l'expertise pose donc des questions à la fois épistémologiques (de construction des savoirs) et méthodologiques. Le fait de travailler sur les rapports de genre suppose-t-il d'adopter des méthodes de travail différentes lorsque l'on est universitaire (en dehors du champ professionnel de l'expertise) ou lorsque l'on est expert-e (en dehors du champ universitaire) ? Les hommes et les femmes, qui occupent des places différentes dans l'espace public, produisent-ils-elles les mêmes expertises sur le genre ? En outre, les expertises qu'ils-elles produisent, quand ils-elles les produisent, ont-elles le même effet sur les récipiendaires ? En effet, l'expertise actualise un processus de production de jugement, de classement (Berrebi-Hoffman et

Lallement 2009; Lima 2009). Dans ces conditions, la légitimité des expert-es se révèle garante de la légitimité de leur expertise.

À cet endroit, l'origine géographique des savoirs sur le genre – des savoirs qui, même s'ils n'y sont pas produits, sont en priorité recensés dans les pays du Nord et selon les normes académiques dominantes, soit les canons anglo-saxons –, est-elle déterminante dans la construction de l'expertise en tant que champ professionnel légitime générateur de connaissances reconnues comme pertinentes ?

Expertise du genre et décolonisation des savoirs

Si, d'un point de vue géographique, cette décolonisation des savoirs n'a pas la même portée et ne présente pas les mêmes enjeux en fonction des différentes histoires coloniales, elle semble cependant s'inscrire dans un processus comparable dans différentes régions. En d'autres termes, être un-e expert-e local-e sur le genre en Colombie, au Mali, au Népal ou encore en Chine pose la question des savoirs mobilisés et de leur influence occidentale, voire de leur prisme d'analyse occidentalo-centrée, mais en l'inscrivant dans des histoires politiques et coloniales très diverses. Dans le cas de la Colombie, la décolonisation est à opérer avec une Amérique du Nord aux savoirs si hégémoniques que l'histoire des féminismes latino-américains est longtemps restée ignorée ou minorée (Verschuur 2010 ; Verschuur et Destremau 2012). Au Mali, cette même prise de distance critique se fait par rapport à la France, l'ancien pays colonisateur (de 1892 à 1960) où certaines élites continuent de venir étudier, et dans un contexte où les expert-es sont parfois issues de pays européens francophones. Quant à la Chine, elle occupe une place à part qui n'est pas exempte d'une forme de colonisation des savoirs, bien qu'elle n'ait pas été colonisée à proprement parler, en dehors de la politique de la porte forcée mise en œuvre pendant les guerres de l'opium (1840-1842) et de l'époque des concessions étrangères à Shanghai qui ont pris fin au début de la Seconde Guerre mondiale. Longtemps repliée sur des valeurs maoïstes égalitaristes qui proclamaient l'égalité entre les sexes, l'expertise féministe reste mâtinée de l'idéologie socialiste véhiculée par la puissante Fédération des femmes de Chine, à laquelle vient s'ajouter le point de vue des universitaires chinoises qui ont étudié dans de prestigieuses universités anglo-saxonnes où elles ont, pour certaines, trouvé un emploi (Angeloff 2012).

En mobilisant fortement la perspective intersectionnelle (Crenshaw 1991), les différents textes évoquent tous, en filigrane, le caractère « subalterne » de la parole des expert-es en genre.

Subalternité par rapport à l'occidentalisation des savoirs, subalternité eu égard au groupe des experts et décideurs politiques de sexe masculin, subalternité, enfin, face à l'hégémonie des savoirs académiques légitimes qui occupent le haut du pavé et ont une prétention à la connaissance que ses acteurs et ses actrices dénient parfois aux expert-es soupçonné-es de subjectivité ou de collusion d'intérêt avec les bailleurs de fonds. Si Spivak (1988) évoque une subalternité au carré[2], on la rencontre ici « à la puissance quatre » : vis-à-vis des hommes, vis-à-vis des professionnels de l'action publique, au regard de l'Occident et face à l'institution universitaire. Pour les expertes, sortir du sentiment de subalternité revient à s'émanciper d'un savoir considéré comme légitime, celui qui est véhiculé au sein de l'institution académique. La récurrence de la phrase « Je ne suis pas une experte (genre) », observée aussi bien dans l'enquête de Verschuur que dans celle de Thompson et Prügl, est également à entendre dans cette perspective de décolonisation des savoirs institués, par la revendication implicite d'un savoir non-académique assumé comme tel. L'ironie réside ici dans le fait que cette légitimité hégémonique dont souhaitent se démarquer les professionnelles du genre est régulièrement mise à mal dans les études de genre par les autres domaines des sciences sociales et par la société en général, encore largement atteints d'une cécité aux problématiques du genre *(gender blindness)*.

L'émancipation revendiquée par les expertes du genre face à la colonisation des savoirs renvoie, *in fine,* au statut et à l'usage de l'expertise. L'expertise se conçoit comme un outil à plusieurs titres : elle est à la fois un outil politique (de résistance politique) et un instrument de politique publique. Mais elle s'appréhende également comme un outil épistémologique, c'est-à-dire un outil de construction d'une connaissance autre que le savoir institué propre au monde de la recherche académique. L'altérité du point de vue (penser autrement et à partir d'un lieu autre que celui où se situent les universitaires) est alors pleinement assumée, voire revendiquée, par les expert-es pour éviter l'aliénation géographique (les Suds face au Nord) et statutaire (les consultant-es face aux chercheur-es), que cette subordination soit réelle ou imaginaire et symbolique. En effet, bon nombre de chercheur-es des Suds sont encore formé-es en Occident ou aux théories féministes occidentales et certain-es chercheur-es peuvent avoir la double casquette d'universitaire et d'expert-e.

En outre, l'expertise représente un acte politique peut-être plus efficace que la recherche « pure » et déconnectée de l'action, en tant que produisant ou restituant un savoir fortement lié à l'action publique et immédiatement utilisable, alors que les productions scientifiques sont souvent condamnées à

---

[2] « Qu'est-ce que la "subalternité" » ? C'est la condition du dominé en tant qu'il est soumis à une forme d'aliénation au carré, objectivation non seulement sociale mais cognitive, au sens d'une lacune dans la connaissance de soi, et de son rôle réel dans la lutte politique. Le subalterne est l'angle mort du processus historique. Il est celui que réduisent au silence les forces du pouvoir, qu'il soit religieux, colonial, ou économique, mais aussi celui que disent « représenter » le militant et son modèle juridico-politique occidental de la Libération » (Spivak 1988 citée par Cusset 2005, 156-157).

demeurer dans la confidentialité du petit cercle académique. Dans ces conditions, et comme le montrent les exemples des enquêtes menées au Mali, en Colombie et au Népal, le travail d'expert-e serait aussi l'affirmation d'un acte politique, même s'il existe des tensions entre expertise et politique.

En dernier lieu, l'expertise en genre se veut un outil méthodologique original, un chemin de traverse permettant de quitter les sentiers battus purement théoriques grâce à l'application directe de ces théories « sur le terrain ». Par exemple, l'approche intersectionnelle sature le discours des expertes en genre qui mobilisent cette théorie dans leur démarche et cherchent à la voir à l'œuvre, dans les objets de leur expertise, un processus qui permet d'actualiser la théorie de l'intersectionnalité dans et par la pratique de l'observation.

Cependant, l'on touche sans doute ici aux limites de l'expertise qui confinent au « paradoxe de l'observateur » (Labov 1972) et à la tension entre « engagement et distanciation » (Elias 1983). L'expertise n'est pas exempte de cette proximité avec le terrain, ni des effets qu'elle produit sur son terrain d'investigation. Certes, tous-tes les chercheur-es en sciences sociales se confrontent à cette dimension paradoxale, mais l'expertise se distingue en ce qu'elle se revendique « avant tout » comme une activité tournée vers l'action, et la nuance est de taille. Tournée vers la pratique politique et l'action publique, au-delà du seuil de l'entreprise politique que la recherche clame haut et fort ne pas vouloir franchir par souci de neutralité axiologique, l'expertise risque-t-elle d'être identifiée à son objet, sans distance critique suffisante ?

En conclusion, il n'est pas de réponse facile, univoque ni tranchée à la question de savoir « comment décoloniser les savoirs ? ». Il s'agit d'une question méthodologique et épistémologique forte qui nous renvoie à un occidentalo-centrisme et, plus largement, à un ethnocentrisme auquel les études genre n'échappent pas.

Cependant, au-delà de l'analyse du métier d'expert-e et de ses différences avec le savoir strictement académique – un savoir qui n'aurait pas vocation à déboucher directement sur une politique publique –, je souhaiterais mettre l'accent sur ce qui relie expertes et universitaires plutôt que souligner les oppositions entre ces deux métiers. Autrement dit, une fois n'est pas coutume, il s'agit de dégager les continuités entre expertise et savoir académique qui se révèlent plus nombreuses que les oppositions et ruptures d'une pratique sociale à l'autre.

Pourquoi cette prise de risque épistémologique ? Parce qu'à l'instar du « féminisme artisanal » des expertes, au sens noble du terme, cette approche pousse l'universitaire que je suis à envisager une manière « décalée » de produire de la recherche (et d'enseigner). Passée au crible de la réflexivité, elle permettra peut-être de renouveler outils, méthodes, théories et productions scientifiques, même modestement, tout en respectant les critères académiques. Une recherche s'invente chemin faisant. Par les objets et les méthodes qu'elle met au jour, elle dérange un certain ordre conformiste scientifique et pédagogique, dans la mesure où elle n'entre pas dans les catégories ordinaires de l'analyse et des discours, ou ne mobilise pas des répertoires de démonstration scientifique «classique». Mais la décolonisation des savoirs ne s'inscrit-elle pas dans cette prise de risque, dans un héritage foucaldien qui entend dénoncer le lien entre savoir et pouvoir, dans un esprit de liberté où l'on n'aurait pas, une bonne fois pour toutes, à s'inscrire et se reconnaître de manière univoque dans la figure de l'experte ou de la chercheure?

Références bibliographiques

Angeloff, T. 2012. Le féminisme en République populaire de Chine: entre ruptures et continuités. *Revue Tiers Monde. Féminismes décoloniaux, genre et développement.* 209: 89-106.

Angeloff, T. et N. Mosconi. 2014. Enseigner le genre: un métier de Pénélope? *Travail, Genre et Sociétés.* 31/2014: 21-27.

Berrebi-Hoffmann, I. et M. Lallement. 2009. À quoi servent les experts? *Cahiers internationaux de sociologie.* 2009/1(126): 5-12.

Brint, S. 1994. *In an Age of Experts. The Changing Role of Professionals in Politics and Public Life.* Princeton: Princeton University Press.

Collins, H. M. 2007. Perspectives: When Is an Expert Not an Expert? *New Scientist 196(2631):* 58-59.

Cornwall, A. 1997. Men, Masculinity, and «Gender in Development». *Gender and Development.* 5(2): 8-13.

Crenshaw, K. 2005. Cartographie des marges: Intersectionnalité, politiques de l'identité et violences contre les femmes de couleur. *Cahiers du genre.* 2005/2(39): 51-82. Parution originale en 1991.

Cusset, F. 2005. *French Theory. Foucault, Derrida, Deleuze et Cie et les mutations de la vie intellectuelle aux États-Unis.* Paris: La Découverte.

Delmas, C. 2011. *Sociologie politique de l'expertise.* Paris: La Découverte.

Dumoulin, L., S. La Branche, C. Robert et P. Warin (Dir.). 2005. *Le recours aux experts. Raisons et politiques.* Grenoble: PUG.

Eias, N. 1983. *Engagement et distanciation. Contributions à la sociologie de la connaissance.* Paris: Fayard.

Fee, E. 1981. Is Feminism a Threat to Scientific Objectivity? *International Journal of Women's Studies.* 4(4): 378-392.

Freidson, E. 1986. *Professional Powers.* Chicago: Chicago University Press.

Harding, S. 1993. Rethinking Standpoint Epistemology: What is "Strong Objectivity"? In *Feminist Epistemologies.* (Eds.) L. Alcoff et E. Potter. *New York: Routledge.*

Hughes, E. 1992. *Le regard sociologique.* Paris: EHESS.

Labov, W. 1972. *Language in the Inner City: Studies in the Black English Vernacular*. Philadelphie : University of Pennsylvania Press.

Lima, L. 2009. Les frontières de l'expertise. *Cahiers internationaux de sociologie* 2009/1(26) : 149-155.

Palmieri, S. 2013. Sympathetic Advocates : Male Parliamentarians Sharing Responsibility for Gender Equality. *Gender and Development*. 21(1) : 67-80.

Paradeise, C. 1984. La marine marchande française : un marché du travail fermé ? *Revue française de sociologie*. 25(3) : 352-375.

Perrot, M. 1999. Autour du livre de Pierre Bourdieu La domination masculine. *Travail, genre et sociétés*. 1 : 202-207.

Ruxton, S. et N. van der Gaag. 2013. Men's Involvement in Gender Equality. European Perspectives. *Gender and Development*. 21(1) : 161-175.

Spivak, G. 1988. Can the Subaltern Speak ? In *Marxism and the interpretation of Culture*. (Eds.) C. Nelson et L. Grossberg. Chicago : University of Illinois Press.

Thompson, H. et E. Prügl. 2015. *Gender Experts and Gender Expertise. Results of a Survey*. Programme on Gender and Global Change Working paper. 8/2015. Genève : Graduate Institute of International and Development Studies.

Trépos, J.-Y. 1996 *La sociologie de l'expertise*. Paris : PUF.

Verschuur, C. (Dir.). 2010. *Genre, postcolonialisme et diversité des mouvements de femmes. Cahiers Genre et développement. N° 7*. Paris : L'Harmattan.

Verschuur, C. et B. Destremau. 2012. Histoire et récit des mouvements de femmes et des féminismes aux Suds. *Revue Tiers Monde. Féminismes décoloniaux, genre et développement*. 209 : 7-18.

Weber, M. 1963. *Le savant et le politique*. Paris : Union Générale d'Éditions. *Parution originale en 1919*.

La production de connaissances féministes : où est le centre ?

Educação feminista em área de desenvolvimento: uma experiência em Goiana, cidade do Nordeste do Brasil

Sueli Valongueiro Alves

Eu falo do lugar de educadora feminista. Integro a equipe do Grupo Curumim[1], organização feminista, antirracista e não partidária, com sede no estado de Pernambuco[2], nordeste do Brasil. Minha intenção é contribuir com as reflexões deste fórum, a partir de minha experiência durante a ação educativa em uma política social de Estado, na cidade de Goiana, Pernambuco (PE), município considerado pelo Estado, "Pólo de Desenvolvimento".

---

[1] O Grupo Curumim é uma organização não governamental. Fundada em 11 de agosto de 1989, se constituiu como entidade civil feminista e anti-racista, sem fins lucrativos ou econômicos, de âmbito nacional e duração ilimitada, com personalidade jurídica de direito privado.

[2] Um dos 26 estados federados do Brasil.

Alves, S. V. 2017. Educação feminista em área de desenvolvimento: uma experiência em Goiana, cidade do Nordeste do Brasil. In *Qui sait? Expertes en genre et connaissances féministes sur le développement*. (Dir.) C. Verschuur. 129-141. Paris: L'Harmattan. Collection Genre et développement. Rencontres.

Resposta ao contexto neoliberal e patriarcal: o posicionamento de uma organização de educação feminista.

A realização de uma ação educativa em área de "desenvolvimento"[3] exige que se analise as questões políticas, econômicas, sociais, étnicas e ambientais que permeiam a política desenvolvimentista em foco, que se observe a melhoria da qualidade de vida das pessoas, considerando a diversidade social de seus residentes. Neste sentido, iniciarei colocando um pouco sobre o contexto político e minhas impressões, à luz do que tenho vivenciado e dialogado nos espaços de análises de cenário, no Grupo Curumim e no movimento de mulheres e feminista.

O Brasil tem implantado uma política de aceleração do crescimento e de ampliação dos grandes polos industriais, em um sistema capitalista globalizado que se nutre das desigualdades de gênero, raça e classe para se manter estruturado. Ademais, a estrutura político-administrativa que sustenta esse modelo desenvolvimentista é a que fortalece o *Estado Mínimo*, enfraquecendo a implementação de políticas públicas de saúde, educação, proteção do meio ambiente e previdência social. Esse modelo privilegia uma parcela da sociedade, os donos do capital.

Garantir a democracia, a igualdade de direitos e a melhoria da qualidade de vida de forma sustentável para todas e todos é contraditório ao papel do *Estado Mínimo*, que torna hegemônico um modelo de desenvolvimentismo neoliberal, capitalista e patriarcal. E onde tem capitalismo e patriarcado tem exploração e opressão, e essa exploração e opressão tem sexo, tem identidade de gênero, tem cor e classe social, simples assim!

A ação feminista enfrenta relações desiguais de poder entre homens e mulheres, o racismo, a exploração da força de trabalho, a desigualdade na divisão sexual do trabalho produtivo e reprodutivo, e a pobreza, que são questões globais que atingem diretamente as mulheres, em sua maioria, negras e pobres. Neste sentido, tem agendas antagônicas ao modelo desenvolvimentista que tem como objeto a acumulação do capital para poucos (leia-se: homens brancos, heterossexuais e *"bem nascidos"*).

O movimento feminista brasileiro, assim como outros movimentos sociais, enfrentam hoje um desafio assustador no que se refere à garantia da democracia e da igualdade de direitos, uma vez que grupos fundamentalistas, conservadores, religiosos, do agronegócio, dos donos do capital, têm tomado

---

[3] Nota da revisora: A autora apresenta uma crítica ao modelo desenvolvimentista que desde os anos 1950 vem sendo crescentemente incorporado às políticas estatais brasileiras. Por consequência, é importante ressaltar que, em linhas gerais, a palavra desenvolvimento assume neste texto uma conotação consideravelmente divergente daquela utilizada ao longo deste volume.

grande parte dos assentos nos poderes executivo, legislativo e judiciário, espaços de deliberação e definição de leis e políticas, e de proteção de direitos. Uma correlação de força difícil, uma verdadeira onda de direita orquestrada para retomar o poder e promover o retrocesso aos Direitos Humanos conquistados nas leis.

No campo da legislação que envolve os direitos das mulheres, as tensões e ameaças têm sido constantes. Um grande exemplo encontra-se nos inúmeros Projetos de Lei (PL) que buscam anular as três situações onde o aborto é legalizado no Brasil – risco de morte da mulher, gravidez resultante de estupro e feto anencefálico. Além de PLs que propõem amenizar penas previstas na Lei Maria da Penha, que tornou crime a violência doméstica contra a mulher. Outros retrocessos sem paralelo estão postos em PLs que têm como objeto proibir o ensino sobre gênero e a discussão sobre direitos sexuais nas escolas.

Existem perdas, também, nos espaços institucionalizados de defesa de direitos das mulheres no âmbito federal, a exemplo do desmonte da Secretaria Especial de Política para as Mulheres (SPM), da Secretaria Especial de Igualdade Racial (SEPIR) e da Secretaria de Direitos Humanos (SDH), que tinham status de ministérios independentes e que foram transformadas, em outubro de 2015, em um só ministério, intitulado Ministério das Mulheres, da Igualdade Racial e dos Direitos Humanos[4]. Além de corte de verbas e perda de autonomia plena, a SPM enfrenta a Medida Provisória nº 696/15, que propõe a retirada da expressão "perspectiva de gênero" do âmbito das suas atribuições. Enfim, o Brasil enfrenta uma soma e "sombra" de iniciativas voltadas a retrocessos significativos e simbólicos no âmbito dos direitos das mulheres. Por consequencia, a situação não é diferente em Pernambuco, onde a organizacao Curumim esta localizada.

Vivemos um momento político que requer uma ação urgente, mais incisiva e proativa, vinda de dentro das instituições de defesa dos direitos das mulheres, bem como dos Ministérios, das Secretarias e das Coordenadorias da Mulher, a níveis federal, estaduais e municipais. Da mesma forma, o momento exige ainda mais participação dos movimentos sociais nos espaços de controle das políticas públicas, com ações para pressão sistemáticas junto aos poderes públicos e de ação junto às comunidades. Ações que se constituem em espaços de educação e discussão de política para as mulheres e de desvelamento, para toda a população, do que acontece nos "bastidores do poder", as barganhas e acordos políticos que inteferem diretamente na vida em sociedade, já que as informações transmitidas pela grande mídia atendem aos interesses da elite nacional.

---

[4] Nota da revisora: no momento em que este texto foi revisado, o Ministério das Mulheres, da Igualdade Racial e dos Direitos Humanos havia sido dissolvido pelo governo interino de Michel Temer durante o afastamento da então presidenta Dilma Rousseff no período de avaliação de seu processo de impeachment.

No entanto, este é um momento em que os movimentos sociais no Brasil vivenciam uma onda de crescente criminalização, impulsionada mais uma vez pelas forças conservadoras que buscam tipificar, juridicamente, como crime as ações coletivas de enfrentamento a retrocessos como os citados acima, e de desqualificar e não reconhecer como legítimas as bandeiras de lutas dos movimentos sociais que fazem crítica ao modelo neoliberal e focam suas ações na ampliação dos Direitos Humanos. Para agravar este cenário, os movimentos e organizações da sociedade civil passam por um momento de vulnerável sustentabilidade financeira, o que fragiliza, em parte, a capacidade de atuação e enfrentamento exigida pelo momento.

A política econômica do Estado de Pernambuco tem sido pautada em um modelo de "desenvolvimento" que se constitui em fortalecer projetos para construção de uma refinaria de petróleo no litoral sul, de um polo automotivo na zona da mata norte, do agronegócio na zona rural e a verticalização dos projetos imobiliários na zona urbana, não diferindo do modelo de crescimento de megas projetos em outros estados do país, como a construção de hidroelétricas, mineradoras, dentre outros.

É neste contexto que o Grupo Curumim tem realizado ações de incidência política e político-educativa junto às mulheres, adolescentes, jovens, bem como junto a profissionais e gestoras/res da saúde, educação, assistência social e dos conselhos de direitos. Sua atuação está embasada em técnicas de acolhimento, de escuta e de construção coletiva. Um processo educativo para o fortalecimento do poder identitário e coletivo, em especial das mulheres, meninas e jovens. A ação político-educativa do Grupo Curumim combina técnicas, atividades e instrumentos da abordagem Reflect-Ação[5], da aprendizagem organizacional/Teoria da Ação, com base nos ensinamentos da pedagogia de Paulo Freire e o posicionamento político feminista.

Uma das ações realizadas pelo Grupo Curumim dirige-se às mulheres da pesca artesanal, público diretamente envolvido em uma política social do estado de PE[6], uma experiência emblemática e complexa, sob a qual focarei o diálogo a seguir.

---

[5] Elementos embasadores do Reflecexão, *Contribuições da filosofia política do educador brasileiro Paulo Freire e da Educação Popular; Análise estrutural, análise de gênero e análise das relações de interculturalidade – diversidade; "Ferramentas" do Diagnóstico Rural Participativo (DRP).*

[6] Programa Chapéu de Palha – coordenado pelo Governo do Estado de Pernambuco.

Uma experiência emblemática de luta social: a ambiguidade de políticas públicas de luta contra a pobreza

A experiência que trato a seguir, foca em uma política de complementação de renda do estado de Pernambuco, que consiste em assegurar às/aos trabalhadoras/es rurais da cana de açúcar, da fruticultura e da pesca artesanal, o repasse de um benefício financeiro durante os quatro meses do ano que ficam sem trabalho[7], no valor ap*roximado de 30%* do salário mínimo nacional. Trata-se de uma política suplementar ao Bolsa Família, programa federal de combate a fome e a miséria[8]. Isso significa que durante um período do ano se agrava a situação de pobreza da categoria de trabalhadoras/es rurais e da pesca artesanal. Durante este período, este benefício torna-se a principal fonte de renda da maioria das famílias.

As/os trabalhadoras/es rurais recebem o benefício durante a entressafra[9], período em que os empregadores, proprietários da terra e do agronegócio desempregam um grande contingente da força de trabalho. Portanto, este modelo de política pública estabelece um evidente pacto entre os donos do capital e o governo, uma vez que o Estado garante a "sobrevivência" das/os trabalhadoras/es para que sua força de trabalho esteja disponível no momento oportuno para os "donos da terra e do capital", sem os custos ou "sustos" que o risco da migração dessa mão de obra em busca de novos empregos acarretaria para eles não houvesse esta alternativa. A medida ainda exime os donos do capital da responsabilidade trabalhista com a classe trabalhadora no período da entressafra.

Diferente da categoria de trabalhadoras/es da fruticultura e da cana de açúcar, que dependem dos donos do capital e do território, as pescadoras e pescadores artesanais são extrativistas que trabalham por conta própria, dependem do meio ambiente/da natureza e foram incluídas/os nesta política

---

[7] Em 2015, o valor repassado para cada participante foi de, no máximo, R$ 232,50 durante quatro meses.

[8] O Bolsa Família é um programa federal de transferência de renda, destinado às famílias em situação de pobreza e extrema pobreza, com renda per capita de até R$ 154,00 mensais. Associa, à transferência do benefício financeiro, o acesso aos direitos sociais básicos – saúde, alimentação, educação e assistência social. Através do Bolsa Família, o governo federal concede mensalmente benefícios em dinheiro para famílias mais necessitadas. É o maior e mais ambicioso programa de transferência de renda da história do Brasil. O Bolsa Família nasce para enfrentar o maior desafio da sociedade brasileira, que é o de combater a fome e a miséria, e promover a emancipação das famílias em situação de maior pobreza no país Implementado pelo governo do Partido dos Trabalhadores (PT). Disponível em: http://bolsafamilia.datasus.gov.br/w3c/bfa.asp
Para aprofundar o tema, ver CFMEA (2014).

[9] Período entre uma colheita e a colheita seguinte do mesmo produto.

social somente depois de cinco anos de sua criação. Aqui vale a ressalva de que a inclusão dessa categoria de trabalhadora/es ocorreu como resultado da luta das mulheres pescadoras impedidas de pescar durante o período do ano onde ocorre a reprodução das espécies e por causa das chuvas.

Um dos requisitos para inclusão no Programa[10] é que as/os trabalhadoras/ res estejam cadastradas/os pela Secretaria de Planejamento e Gestão do Estado e participem de cursos de profissionalização e capacitação durante os meses que estão recebendo o benefício, tornando compulsório o aprendizado de um "novo ofício". Os cursos, até 2015, foram de responsabilidade das secretarias do governo de Pernambuco, como a de educação, do meio ambiente, da mulher e do trabalho, além de órgãos federais do "Sistema S": Serviço Nacional de Aprendizagem Industrial (SENAI), o Serviço Social do Comércio (SESC) e o Serviço Social da Indústria (SESI)[11]. Foi através dessa ação, que a Secretaria da Mulher de Pernambuco aportou uma proposta de ação educativa, diferenciada, e voltada às mulheres.

A Secretaria da Mulher[12] é um equipamento do Estado que atua em defesa dos direitos das mulheres. Neste sentido, tem o papel de formular, desenvolver, articular, coordenar, apoiar e monitorar políticas públicas para promover a melhoria das condições de vida das mulheres pernambucanas[13]. Sua criação foi resultado da pressão dos movimentos de mulheres e feministas de Pernambuco que, desde os anos 80, têm se consolidado como movimentos de grande importância na luta pelos direitos das mulheres, fruto da ação política das organizações, das ativistas feministas e dos coletivos de mulheres do estado, bem como da ação articulada em movimento, a exemplo das ações impulsionadas pelo Fórum de Mulheres de Pernambuco.

A Secretaria, que desde sua instituição tem contado com uma gestora do campo feminista, inseriu, no âmbito desta política, a realização de cursos para a formação política das mulheres e recreação para suas/seus filhas/os durante o curso, uma vez que não existe uma política de creche nem de educação em horário integral no Estado. Como estratégia, até 2015, passou a convidar organizações do movimento de mulheres e feministas, selecionadas por suas expertises em educação popular e/ou feminista, para a execução dos mesmos[14], de forma a assegurar conteúdo e qualidade à ação junto às mulhe-

---

[10] De acordo com a lei estadual n°13.244/2007
[11] http://www.brasil.gov.br/educacao/2012/02/sistema-s-e-estrutura-educacional-mantida-pela-industria.
[12] A Secretaria da Mulher foi criada pela Lei n° 13.205, de 19 de janeiro de 2007, sob a nomenclatura de Secretaria Especial da Mulher. Atualmente de acordo com a Lei n° 14.264, de 06 de janeiro de 2011, é uma Secretaria de Estado e passou a ter a denominação de Secretaria da Mulher, mantendo a sigla; SecMulher.
[13] http://www2.secmulher.pe.gov.br/web/secretaria-da-mulher/instituicao;jsessionid=EE195A9F6CA9672326C46E047686043A
[14] Pactuados através de convênio.

res. Embora essa política do Governo de Pernambuco atinja trabalhadoras da cana de açúcar, da fruticultura e da pesca artesanal, meu olhar estará focado na ação junto às mulheres da pesca artesanal do município de Goiana, por ser a categoria de trabalhadoras e o município onde o Grupo Curumim tem atuado como executor da ação educativa do projeto.

A cidade de Goiana, distante 70 km da capital Recife, zona da mata e litoral norte do estado, tem uma população de 75 600 habitantes, sendo 52% de mulheres. Neste momento[15], é o epicentro do polo automotivo do estado, com a implantação de empresas de capital externo como a FIAT e a JEEP, além de um polo fármaco-químico, dentre outras empresas e fábricas[16]. Um verdadeiro canteiro de obras e indústrias está instalado no município, originalmente agrícola e pesqueiro.

As mulheres pescadoras de Goiana, inseridas nas ações do projeto de 2012 a 2015, têm mantido o mesmo perfil. São, em sua maioria, negras, pobres, de baixa escolaridade, trabalham na pesca do marisco e siri (espécies de moluscos da gastronomia regional) e no beneficiamento do pescado. Poucas pescam com barco, uma vez que a maioria das embarcações é de propriedade dos homens, um dos fatores que torna o trabalho produtivo das mulheres menos valorizado e menos valorado. São responsáveis também pelo trabalho reprodutivo e, mesmo estando em uma área que é polo de desenvolvimento, têm pouco, ou nenhum acesso às políticas públicas.

A "ação coletiva" das organizações que trabalham com as mulheres da pesca artesanal, realizada até 2015, contribuiu para que se avançasse a relação entre essas e a Secretaria da Mulher do Estado, especialmente no que se refere à definição de métodos e dos temas tratados nos cursos, o que tem assegurado a inclusão de metodologias e didáticas que favoreçam a inserção de conteúdos sobre gênero, classe, raça, saúde integral, direitos sexuais, direitos reprodutivos, a relação entre o trabalho produtivo e reprodutivo, a violação de direitos e a importância das ações coletivas para garantia de direitos, na perspectiva da autonomia das mulheres.

Por outro lado, entendo que o Estado não conseguiu avançar no que se refere à oferta de cursos que atendam aos interesses individuais das pescadoras. Isso significa que, mesmo que as organizações executoras da ação educativa tenham "escutado" as participantes e apresentado à Secretaria da Mulher a prioridade de interesses das pescadoras, o resultado da consulta não assegurou a vaga desejada no curso pretendido durante o cadastramento no projeto, nem melhorias à infraestrutura para desenvolvimento das atividades programadas.

O cadastramento é realizado pela Secretaria de Planejamento e Gestão do Estado, o que permite inferir que existe um descompasso entre a forma de

---

[15] Outubro de 2015.
[16] Uma área inicial de 345 hectares.

encaminhar as ações do projeto dentro das instituições que operam o Estado. Assim, enquanto a Secretaria da Mulher recebeu informações das organizações sobre as prioridades de cursos e indicações de melhoria da infraestrutura apontados pelas pescadoras, dialogando com as organizações sobre o desejo das mulheres, a Secretaria de Planejamento cadastrou-as para os cursos sobre outra lógica, ferindo o direito de escolha e a autonomia das mulheres.

Portanto, neste contexto estadual alguns desafios estão postos. Dentre eles: garantir a autonomia das mulheres e das organizações frente ao projeto político do governo de Pernambuco e garantir a relação e diálogo das organizações feministas com o governo estadual e, neste caso, a relação com uma feminista do governo. É preciso considerar a complexidade deste cenário e as correlações de força dentro do governo e fora dele.

Para cumprir seu papel no Estado, é preciso que a Secretaria da Mulher, enquanto instância de defesa e promoção dos direitos das mulheres esteja fortalecida para o enfretamento dentro do próprio governo. Por outro lado, o coletivo de organizações que se compõe, saudavelmente, na diversidade de posicionamentos políticos e teóricos, gera diferentes formas de se relacionar e de envolvimentos com a gestão. Neste sentido, nem sempre existe convergência à crítica ao modelo de gestão dentro deste coletivo. Por outro lado, assegurar o diálogo e fazer a crítica ao modelo de desenvolvimento estando na "execução" de parte de uma política considerada pelo estado uma das mais exitosas, é, também, o diferencial das organizações feministas com capacidade técnica e autonomia política.

O que alimenta o compromisso das organizações com essa ação educativa junto às mulheres é que a cada encontro[17] se percebe, em seus depoimentos, a importância dos cursos como momentos de escuta e diálogo, de despertar para o reconhecimento de situações de opressão que sofrem no cotidiano. Tem permitido conhecer, de perto, o acesso e, na sua maioria, a falta de informação e de acesso às políticas públicas locais e às políticas sociais do Governo Federal[18]. Percebe-se que a ação educativa contribui para que as mulheres olhem o mundo com a lente da criticidade, com o olhar das relações de gênero, das relações de poder que sustentam a sociedade.

Por outro lado, existe um desafio real para as mulheres, porque estas velhas questões cotidianas são novas quando vistas como questões a serem enfrentadas por elas. Além de que, para assimilar as opressões naturalizadas se faz necessário um tempo para maturação das aprendizagens, para reflexão e mudanças de atitude. Alguns fatores como a vivência diária das mulheres nas igrejas, em especial evangélicas, têm exigido maior atenção das organizações de mulheres e feministas dentro dos cursos, no que se refere a colocar em discussão junto às mulheres a importância da laicidade do Estado e de

---

[17] Total de 80hs por ano.
[18] Programa Bolsa Família, Brasil Carinhoso, Minha Casa Minha Vida.

fomentar espaços de reflexão sobre o lugar da mulher nas instituições religiosas. Também aprofundar a reflexão sobre o que representa, historicamente, a igreja na vida das mulheres.

O conservadorismo, o crescimento das igrejas nas comunidades e a cultura machista local, agregada à falta de acesso às políticas e a falta de acesso a espaços de discussão e organização política das mulheres em suas comunidades, fragilizam o embate e o enfrentamento a este cotidiano, mesmo com o sentimento de indignação exacerbado. Assim, o contexto em que vivem, por si só, se constitui um desafio para uma tomada de decisão rumo à construção de uma nova forma de vida. Neste sentido, para a autonomia das mulheres, tão importante quanto garantir educação política, é garantir que as políticas públicas de fomento à cidadania cheguem às suas vidas.

Enquanto categoria profissional, percebe-se na fala de algumas mulheres, especialmente as mais jovens, o sonho de migrar da atividade da pesca artesanal para as fábricas de costura das empresas automotivas. Hoje, existe uma expectativa da juventude local, fruto do que vem sendo disseminado sobre "segurança econômica" pelo senso comum, de conseguir um emprego fixo, assalariado, nas empresas. Trata-se de um contexto que pode, em curto prazo, enfraquecer a pesca artesanal, deixando vulnerável a luta pelo território tradicional pesqueiro, o que favorece "a posse" deste território por empresas pesqueiras como as empresas de criação de camarão no cativeiro e de beneficiamento do pescado[19].

Essa realidade pode enfraquecer as pescadoras e pescadores enquanto categoria profissional e também tornar, a médio e longo prazo, esta categoria assalariada das empresas em seu próprio território pesqueiro, o que seria uma vitória do modelo capitalista. Esta é uma realidade que denuncia o avanço e a consolidação de um modelo de desenvolvimento nos moldes mais perversos do capitalismo, onde um bem da população tornar-se um bem individual, onde a necessidade de sobrevivência, advinda de falta de políticas públicas sociais inclusivas, pode caminhar para que a mão de obra da categoria da pesca artesanal e familiar se transforme em mão de obra a serviço da mais valia dos donos do capital interno e externo.

Os diálogos e a análise sobre a macro política econômica e social e as consequências dessa política para a pesca artesanal tem sido trabalhadas de forma insipiente no âmbito dos cursos da ação educativa, uma vez que a formação acontece em apenas 80 horas por ano. Dessa forma, o Grupo Curumim avalia que o tempo das educadoras junto às mulheres tem sido insuficiente para o aprofundamento de todas as questões relacionadas ao poder identitário e coletivo das pescadoras, bem como insuficiente à reafirmação da importância social e política da categoria pescadoras, especialmente no curso de Gestão

---

[19] Para aprofundar o conhecimento sobre o contexto da pesca no Brasil, sugiro acessar referências deste texto.

Produtiva e Econômica, em que 60% do tempo destina-se ao aprendizado de uma técnica de artesanato ou beneficiamento de pescado ou de apetrechos da pesca, reduzindo o tempo de discussão política.

Propostas pautadas na vida cotidiana das mulheres: uma evolução necessária das políticas públicas de combate à pobreza

Conhecer o impacto real das políticas econômicas e sociais na vida das mulheres pescadoras, para além dos indicadores quantitativos que indicam quantas recebem os benefícios e quantas estão inseridas nos cursos de formação, coloca-se como um imperativo à mudança e aprimoramento das mesmas, a fim de verdadeiramente promover a justa inclusão social e econômica destas mulheres. Na pesca artesanal que ocorre no município de Goiana é importante investigar, por exemplo, as consequências do desmatamento, da poluição dos mangues[20], do aumento do uso de energia e água pelas indústrias e do "inchaço" populacional com um contingente de imigrantes, a maioria de homens, em busca de emprego. Também é preciso desvelar as condições desiguais de autonomia em que vivem as mulheres, investigar, por exemplo, o impacto da inexistência de uma política de creche, o tempo de vida das mulheres destinado ao trabalho reprodutivo e a falta de proteção e de incentivos para a melhoria das condições do seu trabalho produtivo.

Conhecer o impacto da ampliação do crescimento industrial na vida das mulheres depende de vontade politica e é fundamental para definições de políticas públicas que garantam o enfrentamento de forma consistente à condição de pobreza, às relações desiguais de gênero e ao racismo. O movimento feminista tem pautado a pobreza para além de uma condição econômica que se resolve com benefício financeiro, sem a garantia da cidadania. Receber um benefício, sem dúvida, é uma reparação necessária e importante neste momento. Eu diria até que indispensável. Mas, se não se assegura às mulheres o direito de acesso aos recursos naturais e sociais, o trabalho, independência econômica, educação, saúde, mobilidade, informação, à cultura, à participação política e à vivencia de sua autonomia, não se criam as condições mínimas para que vislumbrem superar a condição de pobreza. Neste sentido, a garantia destes direitos, de maneira segura e inalienável, tem sido uma das demandas do movimento de mulheres e feministas.

No cerne da proposta das organizações que trabalham com mulheres da pesca artesanal, entendo que, chegar perto das pescadoras e dialogar a partir

---

[20] A exemplo das indústrias de criação de camarão.

da perspectiva feminista, se constitui como uma estratégia para disseminar direitos, possibilidades de enfrentamentos às suas violações, ampliar visões de mundo, ampliar a reflexão sobre autocuidado, pensar outras perspectivas de vida e, ainda, desmistificar o senso comum, que desqualifica as mulheres, as feministas e seus movimentos. Igualmente importante tem sido adentrar e conhecer a vida das mulheres pescadoras, conviver com suas experiências. Uma ação dialógica que nos ensina e amplia as análises a partir do ponto de vista de uma categoria, do lugar da mulher na pesca artesanal.

As mulheres reconhecem e avaliam, em sua maioria, a importância da ação educativa, mas é imprescindível conhecer sua eficácia. Conhecer o impacto do projeto na vida das mulheres, qual o ganho real para suas vidas e que fatores contribuíram, ou não, para possíveis mudanças. Sendo assim, existe uma lacuna no processo: a falta de investimento para monitoramento e avaliação dos resultados da ação educativa na vida dessas mulheres, seus ganhos e limites para além dos números, para, assim, podermos manter estratégias e/ou ajustá-las.

Por outro lado, é importante ter em mente que os estudos acadêmicos que podem contribuir com estas mudanças devem-se tornar instrumentos de informação para as mulheres e os movimentos em que atuam e, desta forma, promover ações que vislumbrem o fortalecimento das mulheres para o enfrentamento às violações de direitos para que realmente sejam uma fonte de informação para a melhoria das políticas públicas.

Estudo guardado entre quadro paredes, entre pares, entre línguas, entre continentes, entre expertises em fenômenos, configura-se como privilégio somente para quem os acessa e, portanto, se torna estudo morto socialmente. É preciso ampliar as estratégias para que a disseminação da construção do conhecimento sobre os fenômenos que interferem na vida das mulheres rompa barreiras e chegue, de fato, à vida das mulheres.

Conclusão

Concluo afirmando que para que a ação de educação política, em qualquer espaço, possa contribuir na transformação e mudança na vida das mulheres, é preciso: que se torne um aprendizado significativo, que esteja vivo no cotidiano das mulheres, vivo frente ao contexto em que estão inseridas; que a conquista de direitos coletivos e o enfrentamento à sua violação, frente a toda esfera de poder, esteja centrada na força da ação política articulada pelos e entre os movimentos. Sendo assim, é de suma importância que as pescadoras tenham acesso aos espaços de avaliação e construção de políticas públicas, que tenham a condição de se articular com o movimento de mulheres da pesca artesanal e com outros movimentos, a exemplo do movimento de mulheres e feministas do estado de Pernambuco.

O movimento de mulheres e feministas em Pernambuco é um movimento forte e que tem ampliado o número de jovens ativistas. O momento político vem exigindo a abertura para espaços de diálogo e ação coletiva entre os vários feminismos e movimentos da sociedade civil, impulsionado pela conjuntura política de tentativa de desmonte da democracia brasileira.

Acredito, assim, que seria muito oportuno retomar e ampliar algumas ações para o fortalecimento da ação coletiva das mulheres, a exemplo da "Caravana Feminista", uma ação realizada pelo Fórum de Mulheres de Pernambuco durante o ano de 2009[21]. A Caravana teve como metodologia feminista a *formação na ação* e foi implementada através de encontros de discussão e ação política feministas. Envolveu 75 municípios das quatro regiões do estado, com a participação de 119 grupos e articulações de mulheres[22]. Considerar que estes grupos, quando se juntam em movimento, fortalecem a luta pela autonomia das mulheres e esse "se juntar" é essencial uma vez que *"só a ação coletiva do movimento social tem força política capaz de transformar o mundo, de maneira radicalmente democrática"*.

Para finalizar, dizer que a minha experiência junto às mulheres da pesca artesanal tem demonstrado que esse modelo de política, que repassa benefícios sociais pontuais para minimizar a situação de miséria não contribui efetivamente para a saída da pobreza estruturante em que vivem as mulheres. Que "desenvolvimento" com foco apenas no crescimento econômico, sem que existam igualdade e equidade de oportunidades e acesso a direitos fundamentais, não chega na vida das mulheres, negras e pobres, que são as mais afetadas em uma sociedade capitalista e patriarcal.

Deixo aqui algumas reflexões: por que o desenvolvimento não garante políticas públicas para a população? A quem interessa o desenvolvimento não sustentável? Como pensar sobre países que se mantém em eterna fase de "em desenvolvimento? Desenvolvimento para que, para quem, como alcançá-lo?"

Referências

Faustino, C. 2010. Desenvolvimento, desigualdades sociais e antidesenvolvimento. In seminário *Por uma nova concepção de desenvolvimento*, Abong, Salvador, Bahia, dezembro.

Silva, C. 2010. Alternativas ao Desenvolvimento. In seminário *Por uma nova concepção de desenvolvimento*, Abong, Salvador, Bahia, dezembro.

---

[21] Em parceria com o Grupo Curumim, o Grupo de Teatro Loucas de Pedra Lilás e SOS Corpo. Com apoio, majoritariamente, da agência internacional Oxfam/Novib e do IWHC, que apoia o Grupo Curumim.

[22] Mais detalhes no site do Curumim (www http://grupocurumim.org.br/site/sobre.php)

CFEMEA (Centro Feminista des Estudios e Assessoria). 2014. Uma Análise Feminista sobre Políticas de Combate à Pobreza no Brasil, Paraguai e Uruguai. Brasilia: CFEMEA. http://www.cfemea.org.br/images/stories/publicacoes/analise_feminista_combate_pobreza_brasil_paraguai_uruguai.pdf

Fórum de Mulheres de Pernambuco. 2009. Mulheres Vivas! Fórum de Mulheres de Pernambuco no enfrentamento à violência contra a mulher. Recife: Fórum de Mulheres de Pernambuco. http://www.ubmulheres.org.br/pdf/mulheres-vivas.pdf

Callou, A. B. F, M. Tauk Santos, V. R. F. Gehlen (Org.). 2009. *Comunicação, Gênero e Cultura em Comunidades Pesqueiras Contemporâneas*. Recife: Ed. Fundação Antônio dos Santos Abranches.

Leitão, M.R.F.A. 2012. Gênero e pesca artesanal, Recife: Liceu.

Rosário de Fátima Andrade Leitão, M. et M. H. Santana Cruz (Org.). 2012. Gênero e Trabalho. Diversidades de experiências em educação e comunidades tradicionais. Florianópolis: Editora Mulheres.

Alves, S. V. 2009. Do Cunhatã para a América Latina: disseminando a experiência e metodologia do trabalho com/para jovens, utilizada pelo Grupo Curumim. Recife: Grupo Curumim.

The Emperor's new clothes: feminist contests with global health knowledge

Jashodhara Dasgupta

Introduction

This paper is a reflection on fifteen years of working in Uttar Pradesh (UP), India, on the issue of maternal mortality among poor rural women, from the year 2000 to 2015. The work was done through SAHAYOG, a non-profit voluntary organisation, which I helped set up in 1992 and which I led from 2002 to 2014. SAHAYOG works with the mission of promoting gender equality and women's health using human rights frameworks, in partnership with community-based organisations (CBOs) working in poor rural communities across different districts of UP. SAHAYOG is also part of Healthwatch Forum Uttar Pradesh (HWF), an activist network set up in 1996, in the post-ICPD (United Nations 1994) years, to focus on reproductive rights and health rights issues in UP.

This paper describes the situation in UP, as well as the organisations SAHAYOG and HWF, and outlines the lessons learnt from our response to, and grounded documentation of, poor women's experiences. These are contrasted with official discourses about the prevention of maternal mortality, and the evident differences are analysed. The paper describes the subversive feminist strategy adopted by SAHAYOG and its partners, and concludes with a discussion on the importance of feminist contestations over expert diagnoses of problems that affect poor women.

The situation in Uttar Pradesh

Uttar Pradesh, or UP, is a very large state in northern India, with three-fourths of its population living in rural areas and dependent on agriculture. Politics in this state have always hinged on divisions between various caste communities rather than on development issues. UP has the highest number of maternal deaths among the seven Indian states that together account for around 15% of global maternal deaths (Registrar General 2011[1]). The government's NFHS-3 data for 2005-06 indicate that only 22% of the few million childbirths in UP and 41% of 26 million childbirths in India[2] were taking place in institutions (IIPS 2007). The reason why a significant proportion of women preferred not to attend hospitals during labour is that the health centres in rural areas were extremely under-equipped. The District Level Facility Survey, 2007-08 (IIPS 2010) records that health centres and community hospitals in many Indian states like UP were also too under-staffed to handle any kind of pregnancy or childbirth complications – about one-third actually had an obstetrician and almost none were equipped to carry out a blood transfusion.

Description of SAHAYOG and HWF

SAHAYOG is a voluntary non-profit organisation that was set up in 1992 in northern India, and works with the mission of "promoting gender equality and women's health using human rights frameworks through partnership-based advocacy". Over the last fifteen years (2000-2015), SAHAYOG has carried out interventions in health and rights of women and girls, with a focus on the state of Uttar Pradesh, although it has also anchored activities in other states and engaged in national policy advocacy. Working in close partnership with CBOs that worked directly with the rural poor, SAHAYOG facilitated a process of mobilisation, awareness raising, organisation building and leadership development among marginalised social groups, such as the women and girls from Dalit, tribal and minority communities. Through

---

[1] Rajasthan, Madhya Pradesh, Chhattisgarh, Bihar, Jharkhand, Uttar Pradesh, Uttarakhand, Orissa and Assam, together account for about 12% of global maternal deaths – half of India's population and 62% of India's total maternal deaths (Registrar General and Census Commissioner 2011).

[2] As estimated for the year 2004 in the report of the Registrar General (2006).

capacity building, SAHAYOG enabled these groups to carry out citizen monitoring (Das and Dasgupta 2013; Dasgupta *et al.* 2015) in order to highlight the realities of service provision for the poor. Despite being a formally registered organisation that received funding to carry out development activities, SAHAYOG adapted several strategies from social movements and allied with them in order to carry out its mission. In this way, SAHAYOG carved out a feminist, "rights-based" identity distinct from most development organisations working on health within the broader umbrella of "civil society"[3].

Following the International Conference on Population and Development (ICPD) (United Nations Population Fund 1994), SAHAYOG and other civil society organisations came together on a platform called HealthWatch UP-Bihar (later re-named HealthWatch Forum UP or HWF) in 1996 to engage in citizen monitoring, in line with the commitments made by the Government of India during the Cairo ICPD. Since 2000, HWF has been documenting cases of violations of women's rights to reproductive health, and making these cases public through hearings, articles and media advocacy. Highlighting many such cases in a first public hearing in 2001 as a violation of commitments made under the ICPD Programme of Action, the HWF group took up the issue of poor quality of reproductive health services provided to women, especially for family planning, within "public interest litigation" in the Supreme Court of India (Supreme Court of India 2005).

Meanwhile, using the framework of legal obligations under the CEDAW[4] Treaty, the HWF group and its allies continued to document many more cases of maternal deaths and campaigned with the media and political parties of Uttar Pradesh on women's constitutional rights to survive pregnancy and childbirth. The HWF group participated in public hearings before the National Human Rights Commission (2004-05) and presented the case of a Dalit woman who was pushed out of the hospital during labour, leading to the childbirth (and infant death) outside the hospital gates. When the Government of India announced its new National Rural Health Mission, the HWF group renewed its campaigning, and along with 200 rural women, formed the grassroots organisation of poor rural women Mahila Swasthya Adhikar Manch (MSAM or Women's Health Rights Forum) in May 2006. Increasing numbers of cases identified by MSAM women were presented at People's Tribunals to draw attention to severe violations of women's right to reproductive health (2009).

---

[3] In India, the term "civil society" can encompass a wide range of meanings, including grassroots community groups, faith-based groups, voluntary organisations headed by social activists or professionals, international organisations, providers' associations, quasi-government institutions and corporate social responsibility entities.

[4] Convention for Elimination of all forms of Discrimination Against Women (CEDAW).

Understanding poor women's experiences with maternal health services

Between the years 2000 to 2015, SAHAYOG, in close collaboration with HWF partner CBOs, developed an understanding of poor rural women's experiences with maternal health services in many parts of UP state, which was quite at odds with the official version of the story. The partner CBOs themselves worked among poor rural women, usually belonging to marginalised social groups (Dalit, tribal and minority women), and had sustained interactions with them as well as a relationship of trust. The CBOs were trained by SAHAYOG to identify cases of human rights violations in the health sector, which they encountered during their interactions with these women. Using documentation tools within an ethical framework, SAHAYOG and the CBOs conducted interviews and community discussions to record these cases. Although the reach of SAHAYOG and its partners extended to only a small fraction of the 70-odd districts of the state of UP, there was a disturbing pattern in the cases that they were continuously documenting over the years, across different regions of the state. Some of the more memorable cases are described below.

- The case of Mrs S. (2000): She had two sons and was perfectly healthy when she went to the local District Women's Hospital at the onset of labour for her third childbirth. There was a woman doctor who examined her when she was admitted, who gave her an injection, and then left. The woman in labour developed rashes and went into distress; her husband went looking for the doctor but could not find anyone to help. Although she arrived well in time at the best equipped hospital in their small town, the woman finally lost her life before she could deliver the baby. The hospital took no responsibility for what happened.
- The case of N. (2004): In July 2004, a poor Dalit[5] woman, N., went to a Community Health Centre (CHC) when she was in labour with her first child. She was abused by the nurses and attendants as she could not pay the informal fees demanded, and thrown out of the hospital during advanced labour. She gave birth in the open, outside the gate, and the baby died within a short while. The local public created an uproar, and the incident was reported in the media. Upon reaching the scene, the HWF team discovered that a departmental inquiry team had left her with a large vaginal tear and rushed her to a tertiary hospital, but they refused to do a medico-legal examination and therefore delayed her admission for

---

[5] Dalits are those from the "untouchable" caste; they are protected by laws, but continue to face social discrimination.

almost ten hours. It took persistent interventions by HWF activists working with lawyers, the media and the local legislator to enable the woman to access medical care for the severely infected vaginal tear, which required a month of hospitalisation to heal. Meanwhile her family made petitions to all concerned officials, but the health department refused to take any systemic action and colluded to conceal medical evidence. Despite a year-long media campaign and a human rights body taking up the case[6], the local police, in collusion with the perpetrators, put intense pressure on the very poor family, who were finally persuaded to withdraw their case for a small sum of money.

- The case of R. (2008): In October 2008, a 26-year-old pregnant Dalit woman, R., travelled 17 kilometres through a forest, during labour, on the back of a bicycle to her hospital. During her first childbirth, she had been referred to a private hospital and incurred a lot of debt. They managed to reach the hospital around two in the afternoon, but by then there were no doctors around, only nurses on duty who told her husband to go buy three units of IV drip and three injections, which used up all the money they had. They took R. into the labour room and made the husband wait outside. Around 11 at night, the auxiliary nurse midwife came out and asked him to go buy one more bottle of glucose. Having no money left, he cycled back through the forest at midnight to borrow some money in the village, and managed to get Rs 9,000. When he returned with the money at dawn, he was greeted with the sight of a body covered with a sheet in the front yard. All the hospital staff had disappeared; there was no one to give him any explanation. While he sat by the body trying to comprehend what had happened, someone came up with an unexplained piece of paper for him to sign, which he refused.

These three examples are among a series of over a hundred cases of egregious rights violations identified and documented across UP by the activists of HWF over the years. Around 12 cases of women's adverse experiences with maternal health services were carefully documented in 2002-03, where half of the women had lost their lives being denied maternal care in institutions, being obliged to visit multiple providers in an attempt to seek care, or dying in hospitals despite having sought skilled care. Between 2005 and 2007, HWF partners collated another 23 cases that had similar experiences of maternal deaths and near-miss situations from six districts of UP (Dasgupta 2007). In 2009, testimonies of another 17 cases with a similar

---

[6] The media coverage enabled the Uttar Pradesh Commission for Prevention of Atrocities on Scheduled Castes and Tribes to take suo motu cognizance of the incident, and this Commission recommended that N. be compensated for the death of her baby, and instituted criminal proceedings in court against the doctor on duty at the CHC.

pattern were presented at two public hearings organised by HWF and SAHAYOG. As part of national research collaborations, SAHAYOG and partner CBOs in Uttar Pradesh documented in 2008-09 another 20 cases of poor women's experiences with the quality of maternity care; more recently, around 50 cases of maternal deaths were documented between 2013-15.

There was a disturbing similarity to the pattern in these cases, especially when families were from vulnerable socio-economic groups. When these pregnant women attempted to reach public hospitals for childbirth or in obstetric emergencies, they encountered healthcare providers who were not only under-equipped and unskilled but also quite unaccountable, and this pattern was repeated across peripheral as well as district hospitals. Doctors were hardly present and obstetric emergencies were not managed. Women and their families faced denial of treatment, misdiagnosis or wrong treatment, and in some cases actual harassment for large sums of money that poor families were unable to pay[7].

Even today we continue to document similar stories of women braving great odds to reach hospitals, facing over-worked, under-equipped and under-qualified healthcare providers, with the same sequence of staff either demanding money from the families or denying care to women in labour, with abuse and harassment, or irrational medical practices bordering on quackery. In desperation, families ricochet between primary hospitals to secondary and tertiary centres, often leaking out into the private nursing homes, where they incur catastrophic expenses, when they cannot receive adequate care. Elements of discrimination and social exclusion within the health system prevent poor and marginalised women from seeking effective redress for their grievances, which in turn fosters a sense of impunity among those who mistreat them.

The official discourse around maternity

Compared to SAHAYOG and partner CBOs' findings, the government health system had an entirely different discourse around poor women's maternal health, which is unsurprising. When we began working in 2000, the standard refrain of doctors in public hospitals was that maternal deaths occurred because "women arrived too late to the hospital, usually after the

---

[7] In fact the data from the National Sample Survey Organisation (NSSO 71st Round in 2014) tells us that out-of-pocket expenses for poor families has not reduced, despite all government announcements about free services in maternity: they spent an average of Rs 5,544 (approximately Euro 75) per childbirth in rural areas, ranging from Rs 1,587 (in public hospitals) to Rs 14,778 (in private hospitals).

traditional birth attendant (TBA) in the community had messed up the case". The "Three Delays framework"[8] situated the problem with the family or the physical location of the community, and to some extent acknowledged that there may be "delays" in actually starting appropriate treatment at the hospital. Yet our understanding based on the women's experiences indicated that there may be denial of treatment in hospitals, harassment for money, or sometimes just lack of providers or capacity to manage the obstetric complication.

For decades the public health system in India has been on a downward slide as it has been systematically starved of resources: the government spends less than one-third of public health expenditure in India while close to two-thirds is out-of-pocket expenses (Parliament of India 2016). Within UP, public health spending is among the lowest in the country[9]. It is not unexpected that in many districts of UP there are not enough doctors in rural health centres, nurses have not received sufficient training in childbirth care or in managing complications, and there are not enough medicines or equipment or supplies. The District Level Household Survey (including the Facility Survey) showed that health centres are not accessible for a significant proportion of the population (IIPS 2010), owing to inadequate roads or public transportation facilities, especially for people who live in remote coastal areas or deep within forests, islands, deserts or mountains. Nonetheless, despite this under-served population and often dysfunctional health system, the Government of India (GOI) took a decision about the best way to bring down the high numbers of maternal deaths in 2005, while rolling out the National Rural Health Mission (NRHM, now called National Health Mission)[10].

Understanding that the problem of maternal mortality affected mostly pregnant women who were possibly too ignorant or impoverished to reach a hospital "on time", the GOI announced a new scheme to encourage and support them and promote hospital childbirth. Within the "Mothers' Protection Scheme" called Janani Suraksha Yojana (JSY), the government offered a conditional cash transfer of Rs 1,400 (approximately 20 Euro) to all pregnant women who could reach a public health facility during labour. In a bid to improve the dilapidated condition of the health centres, untied

---

[8] According to this framework, maternal deaths were caused by delays either in decision-making to seek care, delays in actually reaching care and delays at the point of providing care. The general assumption was that women's lives could be saved if women reached institutions in time during labour, and if institutions had skilled medical personnel (Thaddeus and Maine 1994).

[9] The per capita Public Health Expenditure for 2013-14 in UP state is Rs 455 or 6 Euro, which is the 3rd lowest among 35 states/Union Territories in the country.

[10] Website page: http://nrhm.gov.in/nrhm-components/rmnch-a/maternal-health/background.html

funds were provided under NRHM to improve their facilities, new wards were constructed, and infrastructure was upgraded. The department also trained a few hundred thousand village women as health volunteers, i.e. Accredited Social Health Activists (ASHA workers), who would advise pregnant women to register with the public health system, and accompany them into hospitals during labour. The ASHA workers also received a small incentive payment for successfully ensuring hospital childbirth for all pregnant women in their village. Within a few years, in 2011, the GOI further announced that hospital treatment, medicines, tests, transportation and all other costs during maternity would be free and entirely cashless under the Janani Shishu Suraksha Karyakram (Mother and Child Protection Programme).

The JSY scheme was assiduously implemented in all the states with high maternal deaths, like UP, which also happened to be the states with poorly functioning health systems. However, that inconvenient truth was brushed under the carpet, while the machinery of the public health system began to promote this cash incentive everywhere. The government celebrated the rising numbers of "institutional childbirths" as the graph rose from 41% in 2004 to 78.7% in 2013 (MoWCD 2014). While handing out money to the JSY beneficiaries, their numbers were carefully counted. The number of JSY beneficiaries became a proxy for measuring "safe childbirth", and the government was convinced that maternal deaths had indeed gone down by getting women to go to public hospitals.

As for women who for some reason did not, could not or would not go to a hospital during labour (due to a lack of roads, transportation, money or time), the state policy decided to ignore them entirely and leave them to fend for themselves, so that "home-births" would receive no encouragement[11]. Women in many parts of rural UP receive the most rudimentary antenatal care, usually limited to iron folic acid tablets (for anaemia) and tetanus toxoid shots; any manifestations of high-risk symptoms like high blood pressure, diabetes, poor weight gain, anaemia or any infectious diseases (such as TB or malaria, for example) do not get picked up by the health system. As for women who needed abortions or had miscarriages or incomplete abortions (one in every ten deaths of pregnant women), there was no plan to ensure accessible services were available for them, even though termination of pregnancy is legal under certain circumstances in India. If a woman actually reached a health centre during labour but they could not or would not treat her there, and she had to ricochet from one hospital to another, she

---

[11] Earlier programmes for training community women to be birth attendants for normal childbirth were discontinued, as the WHO changed its stance towards these, entirely discounting their role in birth companionship and management. The new formula was to get every pregnant woman into a hospital.

would be blamed at the tertiary centre for "coming too late". In fact for most complications, women were forced to go into the rapacious and unregulated private sector if they wanted to avoid the inevitable referral to the medical college hospital (usually very distant from their villages), but then, these decisions too were blamed as being irrational. By shifting the onus onto the women and their families to "behave correctly" in order to access the supposedly life-saving maternity services on offer, the state absolved itself of responsibility, erasing the language of rights and accountability, and undermined its own constitutional obligations towards women's right to survive pregnancy.

"But the Emperor has no clothes!"

With around 4 to 5 million births every year in the state of UP, the government was proceeding ahead at full steam to ensure "100% institutional childbirth". The activists of HWF could see this was a disaster waiting to happen, through our sustained process of documenting pregnant women's adverse experiences with the health system in the years preceding and following the NRHM. The cases we documented in the post-JSY scenario made us painfully aware that public health institutions still lacked trained providers, essential drugs and supplies for maternal care, accountability mechanisms and oversight. Flooding an ill-equipped, poorly staffed, poorly motivated and poorly supervised public health system with tens of thousands more pregnant women would barely ensure safe and hygienic childbirths for women who had uncomplicated, normal deliveries. It seems incredible that the conditional cash transfer scheme for hospital childbirth did not anticipate that facilities would become over-crowded, and that the poorly skilled and under-equipped staff would turn women away if there was the slightest perceived complication. The health system obviously did not have the institutional capacity to respond to a greatly increased demand for maternal health services. It was easy to guess that the women in critical condition, who actually needed specialised care, would be ignored in the stampede, or perhaps turned away or forced to seek care in the private sector, even if it was unaffordable.

But our efforts to raise this question for 15 years with national policy actors and public officials in UP met with no response. SAHAYOG and HWF allies made repeated attempts to address various "duty bearers" about these human rights violations and their responsibilities in preventing them. Reports presented to the Government of India were always ignored, saying that "implementation of health programmes was a State subject". The numerous petitions to every health official in the case of N. (see above) met with no response, and accountability was not enforced: the department merely suspended from service the lowest-ranking nurse in that hospital.

Reminders about obligations under international agreements or treaties such as the ICPD or the CEDAW cut no ice with any of the public officials in the state. The state human rights commission was unable to recognise that rights violations could occur beyond the civil-political sphere. Cases that did manage to reach the courts faced threats by the perpetrators and police, and impoverished families could not sustain the struggle during the long, drawn out process of justice in Indian courts. Within UP, campaigns with prolonged media coverage and dialogue with elected representatives and political parties made no dent in their silence and their disregard for this critical issue faced by poorer women in their constituencies.

Across UP, in the massive effort to popularise the JSY, propel poor women into hospitals and count the beneficiaries, what was not counted was whether women's lives were actually being saved. The means had become the end. There was an implicit assumption that input was equal to output; if a birth took place in a public health institution, it meant that one more maternal death had been averted. The attractive simplicity of this equation vitiated the need for monitoring whether the other components of health system strengthening were actually leading to the desired results. What made it even easier was that maternal mortality ratios certainly seemed to be going down in UP, as large national assessments such as the Sample Registration Survey indicated (Registrar General of India 2013[12]), leading to general satisfaction among public officials. No one in the districts bothered to track the registered pregnancies to count the number of lives actually saved through provision of specialised services, for which these hospital-based deliveries were being promoted in the first place. No one measured the quality of emergency obstetric services or safe abortions available for women who desperately needed these, or the actual numbers of women dying. In fact, beyond some limited clinical audits carried out in hospitals, there was no rigorous effort to count the maternal deaths actually happening, review them to understand how they could have been prevented, or to make plans to improve the poor treatment and abusive behaviour encountered by women.

This ostrich-like happiness among policymakers in India and health officials in UP was largely encouraged and endorsed by international public health expertise. The high numbers of women dying during pregnancy were viewed as a critical problem that needed to be solved, but the technical expertise of obstetricians, public health researchers and development economists was sought to define the problem of maternal mortality. The global health thinking of the new millennium had veered sharply away from the rights-based articulation of the various UN conferences of the 1990s such as the ICPD (United Nations 1994), the Fourth World Conference on Women in

---

[12] The IEG paper by Joe *et al.* (2015) indicates that the decline in maternal mortality rates may be related to reducing fertility over the years (Joe *et al.* 2015, 8).

Beijing in 1995 and other statements on comprehensive reproductive and sexual health and rights by women's movements. When the international community pledged to achieve the Millennium Development Goals (MDG), maternal mortality reduction was retained as a goal, but it was not articulated from the comprehensive health and rights standpoint of the women's health movement. Instead the diagnosis of the problem was that poor women failed to access 'skilled attendance at childbirth' by giving birth at home, as they were too poor, ignorant or slow to access the modern services (Dasgupta 2016). If countries could increase access to "skilled attendance", then they were solving the problem of maternal mortality.

Within India, a proxy measure was to get pregnant women to reach hospitals, which was assumed would to be equivalent to having access to "skilled attendance", although the "skills" were in fact lacking. A "market-based" solution based on international development economics was to motivate poor women by offering them cash: a conditional cash transfer that would be a "demand-side stimulus" to get large numbers of women to go to hospitals. The international public health experts inexplicably ignored the "supply-side" at the outset of the JSY scheme, even though the dysfunctional public health facilities in poor areas had been well documented through Facility Surveys and other government studies (IIPS 2010; MoHFW 2012). This decrepit state of public health facilities continues in large parts of India (IIPS 2010) where even in the year 2015, 83% of all the Community Health Centres in India lacked a surgeon, and 76% lacked a gynaecologist (Sharma 2015). Yet the magical equivalence of "pregnant women in hospitals" with "maternal deaths averted" was accepted and appreciated by the international public health community, content with their assumption that institutional childbirth would result in skilled care by competent personnel in adequately equipped settings.

However, the dissent sounded by SAHAYOG and its allies has finally been vindicated by recent research indicating that despite the JSY scheme of the NRHM, maternal deaths have not decreased significantly in India. In fact it appears that "the pace of reduction has been slowing down in recent years"[13] (Joe et al. 2015). Other studies have concluded that poorer women are dying four times as much as richer women, even though the cash transfer was intended to remove financial barriers; in fact, there appears to be a

---

[13] Specifically, we examine the progress over three periods: 2001-06, 2004-09, and 2007-12. Here, the first period can be regarded as the pre-NRHM period; the second and third periods can be regarded as falling under Phase 1 of the NRHM (2005-12). We can expect some effect of the NRHM during the second period, but greater results in the third period. Interestingly, the all-India reduction in MMR for the three periods was 47 points, 42 points, and 34 points, respectively. This absolute view suggests that the pace of reduction has been slowing down in recent years (Joe et al. 2015, 5-10).

"gross unavailability of free emergency obstetric care during the JSY programme" which has led to more deaths among the poorest women, while richer women have been able to purchase specialised care from the private sector (Randive *et al.* 2013; Randive *et al.* 2014).

Feminist subversion

Faced with consistent denial of attention to poor women's perceptions of the problem, SAHAYOG and its partner CBOs of the HWF opted for a subversive strategy. The JSY scheme had conceived of women as ignorant "passive beneficiaries" who needed to be told how they could ensure their maternal survival. The dictated solution was for them to accept the conditional cash transfer and reach hospitals on time. The subversive strategy adopted was to mobilise poor rural women across different districts of UP and turn them into "active claimants" negotiating their rightful entitlements from the state (Dasgupta 2011; Dasgupta 2016). Over the last ten years (2006-16) over ten thousand women from socio-economically marginalised communities have come together within the Mahila Swasthya Adhikar Manch (MSAM or Women's Health Rights Forum), which has elected leaders in every village and district. SAHAYOG and its partner CBOs have built the capacities of the women leaders to be informed and aware about their rights and the state's constitutional obligations, including the reproductive health services mandated under the government policies. The women members all have an MSAM identity badge and wear it when they visit hospitals or accompany other family members.

The MSAM women leaders develop skills to monitor the provisioning of services, track maternal deaths, or report harassment for informal payments. They are also equipped with tools simple enough for a semi-literate person to manage, which enable them to conduct systematic monitoring exercises of the health facilities and service provisions (Dasgupta 2011). This "citizen monitoring" conducted every year for the last ten years by the empowered "user community" generates data, which are then regularly presented by MSAM and the CBOs to the district health officials and hospital managers. These data, presented at non-adversarial "dialogue" sessions, are appreciated by officials as being authentic real-time feedback, and they feel answerable to this public demand to initiate some local corrective actions. This exercise has also led to increasing recognition of the MSAM organisation by public officials and local elected leaders. At health facilities, it has shifted the unequal power relations that had previously led to poor treatment and denial of care; now frontline providers are careful not to harass MSAM women or their family members when they come into health centres (Dasgupta *et al.* 2015).

As active claimants of their rights and entitlements, MSAM women also continue to identify incidents of rights violations in their community, such as outright denials by duty bearers, and take these up for investigation and direct activism. Their enhanced sense of agency, knowledge about what the government has promised to do, and access to district officials has strengthened their leadership in their communities (MSAM 2016). Simultaneously, the connection with the MSAM has also built the credibility of the local CBOs as well as SAHAYOG. The CBOs are increasingly invited to join committees and meetings by their district officials, which gives them access to spaces where their representation of the problem can be voiced[14]. SAHAYOG was also invited into policy spaces by the national government[15], while within UP, SAHAYOG is on several health-related committees and actively engaged in collaboration with state officials of the National Health Mission.

Discussion and conclusion

India has a disproportionate share – one-seventh – of the world's burden of maternal mortality. Despite a decade of intense policy focus on promoting maternal health in India, it remains challenged by the massive accountability deficit in both the public and private sectors. Global guidance based on a biomedical and technology-focused approach, buttressed by demand-side financing, has been unable to address these issues, given the unruly practices of a recalcitrant mixed health system. India provides a case study of "expert-driven" health policies that define the needs and design solutions for a homogenised "poor woman", but fail to acknowledge the diverse realities of women as gendered citizens, whose relationship with health institutions is mediated through their class and social identity.

The apparent reasonableness of the argument that pregnant women needed to go to hospitals, because lives can (presumably) be saved in hospitals, made it difficult for any other version to find space. The alternate option, that it is the crumbling and unaccountable health systems that need to urgently improve, is not given priority because it is much simpler to identify the "poor ignorant pregnant woman" as the problem category that needs corrective intervention by state policy (Dasgupta 2016). It is much easier to say (and sometimes true) that women die because they do not reach hospitals on

---

14   These include the Hospital Committees, Maternal Death Review Committees and District Health Society.
15   These include the Planning Commission's High-level Expert group on Universal Health Coverage, and a technical group on maternal mortality in the Ministry of Health and Family Welfare.

time, rather than to accept that women die *despite* reaching hospitals on time. The carefully selective version of the "defined" problem deflects attention from systemic factors that are far more difficult to address, such as the dilapidated condition of the under-resourced public health system.

This paper presents the contestations over this issue, which affects only women and disproportionately affects poor women or marginalised groups, but which has been entirely constructed by "expert" voices, international public health experts and economists. For 15 years, SAHAYOG and the allies of HWF struggled to represent the reality of poor pregnant women and their traumatic encounters with the inept health systems, using feminist approaches and documenting human rights violations in the health sector. However, the voices of those closest to the experiences of poor women in rural UP were not permitted to influence the discourse, since they represented a version that would completely undermine the policy solution supplied by experts. Therefore, the activists were consistently met with baffling silence in the policy arena.

Nonetheless, the contestation from feminist and rights-based civil society groups like SAHAYOG generated local insights that persisted in providing a contrary picture to the globally acclaimed results of the JSY. Using the critical approach of social movements, they have examined the realities where law and policies operate through the experiences of the actual users, and fed that research back into policy forums. The struggles of SAHAYOG and the HWF brought to light the idea that a problem that affects poor women the most cannot only be diagnosed from the "expert viewpoint" with no reference to the actual experiences and realities of those poor women. Solutions also need the participation of these women, who therefore need to be able to analyze the issues and have their voices heard at policy platforms.

This reflection of fifteen years of SAHAYOG's work reveals that it is important for feminist activists to be engaged in making and implementing policies by providing a different kind of expertise; merely opposing is not enough. They need to take active roles in policy forums or take on accountability functions. The access of SAHAYOG to certain policy spaces provided the opportunities to represent the experiences of poor marginalised women, which questioned the definition of the problem. Today, ten years later, these are now substantiated by more scholarly analyses of maternal health data.

On the other hand, the struggles and victories of the MSAM reminds us that we should not completely "civilise" outrage, for their outrage fuelled the efforts of these disempowered groups to build their voice in negotiating their entitlements with the state, and finally led to a difference in the way these women were treated by the health system (MSAM 2016; Dasgupta 2016).

References

Das, A. and J. Dasgupta (Eds.). 2013. *Claiming Entitlements. The Story of Women Leaders' Struggle for the Right to Health in Uttar Pradesh*. India: Centre for Health and Social Justice; COPASAH.

Dasgupta, J. 2007. Experiences with Janani Suraksha Yojana in Uttar Pradesh: Analysis of Case Studies by SAHAYOG and Partners. In *Reviewing Two years of NRHM: Citizens report*. New Delhi: Centre for Health and Social Justice.

——. 2011. Ten Years of Negotiating Rights around Maternal Health in Uttar Pradesh, India. BMC International Health and Human Rights. 11(3): S4.

——. 2016. Whose Voice Really Counts? Experiences of Trying to Build "Voice" for Health Accountability in Uttar Pradesh, India. In *Feminist Subversion and Complicity: Governmentalities and Gender Knowledge in South Asia*. (Ed.) M. Mukhopadhyay. India: ZUBAAN Academic.

Dasgupta, J., Y.K. Sandhya, S. Lobis, P. Verma and M. Schaaf. 2015. Using Technology to Claim Rights to Free Maternal Health Care: Lessons about Impact from the My Health, My Voice Pilot Project in India. *Health and Human Rights Journal*. 17(2).

International Institute for Population Sciences. 2007. *National Family Health Survey (NFHS-3)*, 2005-6: India. Mumbai: IIPS.

——. 2010. *District Level Household and Facility Survey (DLHS) 2007-2008: India*. Mumbai: IIPS.

Joe, W., S. Sharma, J. Sharma, Y. M. Shanta, M. Ramanathan, U. Shankar Mishra and S. Subha Sri. 2015. *Maternal Mortality in India – A Review of Trends and Patterns. IEG Working paper 353*. New Delhi: Institute of Economic Growth.

Mahila Swasthya Adhikar Manch (Women's Health Rights Forum). 2016. *Humare Sangharsh Humari Jeet: MSAM ke dus saal ka Safarnama 2006-2016* (Our Struggles and our Victories: Ten Years of the Journey of MSAM 2006-2016).

Ministry of Health and Family Welfare. 2012. *Rural Health Statistics*. New Delhi: Government of India.

Ministry of Women and Child Development. 2014. *Rapid Survey on Children 2013-14. India fact Sheet*. New Delhi: Government of India.

National Health Mission. n.d. *Components: Maternal Health, Ministry of Health and Family Welfare, Government of India*.

Parliament of India Rajya Sabha. 2016. *93rd Report of the Department-related Parliamentary Standing Committee on Health and Family Welfare on Demand for Grants 2016-17 of the Department of Health and Family Welfare*. New Delhi: MOHFW; Rajya Sabha Secretariat. April.

Randive, B., V. Diwan and A. De Costa. 2013. India's Conditional Cash Transfer Programme (the JSY) to Promote Institutional Birth: Is There an

Association between Institutional Birth Proportion and Maternal Mortality? *PLOS One*. 8(6).

Randive B, M. San Sebastian, A. De Costa and L. Lindholm. 2014. Inequalities in Institutional Delivery Uptake and Maternal Mortality Reduction in the Context of Cash Incentive Program, Janani Suraksha Yojana: Results from nine states in India. *Social Science and Medicine*. 22 October.

Registrar General of India. 2006. *Maternal mortality in India: 1997-2003 Trends, causes and risk factors*. New Delhi: Registrar General of India; Centre for Global Health Research, University of Toronto Canada.

——. 2013. *Special Bulletin on Maternal Mortality in India 2010-12, Sample Registration System*. New Delhi: Government of India.

Registrar General of India and Census Commissioner. 2011. *Presentation on Annual Health Survey Fact Sheet Key Findings, Annual Health Survey 2010-11*. New Delhi: Ministry of Home Affairs Government of India.

Sharma, D. C. 2015. India Still Struggles with Rural Doctor Shortages. *The Lancet World Report*. 386: 2381-2382.

Supreme Court of India. 2005. *Writ Petition (Civil) No. 209/ 2003 Ramakant Rai and Healthwatch UP-Bihar vs Union of India and Ors, Record of Proceedings*. March 1st.

Thaddeus, S. and D. Maine. 1994. Too Far To Walk: Maternal Mortality In Context. *Social Science and Medicine*. 38: 1091-1110.

United Nations Population Fund. 1994. *Programme of Action adopted at the International Conference on Population and Development*. Cairo. 5-13 September.

La institucionalización de los estudios de género en América Latina : entre desafíos y desconfianzas

Mara Viveros Vigoya

Introduction

Recibí con interés la invitación a pensar en el descentramiento de la producción del conocimiento feminista en su registro local, en este caso en América Latina. Para hacerlo me voy a valer de algunas reflexiones elaboradas a partir de la experiencia de la Escuela de Estudios de Género de la Universidad Nacional de Colombia, en diálogo con otras experiencias institucionales similares en América Latina, en torno a tres preguntas : ¿De dónde venimos?, ¿Dónde estamos y hacia dónde vamos?

En primer lugar, me gustaría señalar que hablo en plural de América Latina. Sería pretencioso e irrelevante querer homogeneizar una experiencia tan diversa que es difícil, si no imposible, presentarla como un todo, sin considerar las diferencias entre los países y las diferencias internas en cada país[1]. En lo que sigue, América Latina será entendida entonces como el espacio

---

[1] Vale la pena señalar que América Latina ha sido representada con base en las directrices del "latinoamericanismo" académico que reproduce, entre otras distinciones, las diferencias jerárquicas entre el discurso y la práctica, el conocimiento y la experiencia, la razón y la imaginación, las grandes teorías y las teorías intermedias, el análisis y la descripción.

Viveros Vigoya, M. 2017. La institucionalización de los estudios de género en América Latina : entre desafíos y desconfianzas. In *Qui sait ? Expertes en genre et connaissances féministes sur le développement*. (Dir.) C. Verschuur. 159-172. Paris : L'Harmattan. Collection Genre et développement. Rencontres.

geopolítico resultante de la conquista y colonización ibérica de un territorio cuya historia está atravesada e interconectada por distintos procesos: la experiencia colonial, la formación a comienzos del siglo XIX de unas nuevas repúblicas y la colonialidad de poder, un concepto que da cuenta de la clasificación social fundada en la idea de "raza", como uno de los elementos fundantes del actual patrón de poder y como uno de las más profundos y perdurables efectos del colonialismo europeo.

Si bien hay continuidades en esta historia también hay discontinuidades, y América Latina no es una categoría esencial; más que una identidad, es un proyecto político, social y cultural enmarcado en una coyuntura en la cual la globalización ha contraído el mundo y en donde las integraciones regionales han sido pensadas simultáneamente de dos formas, como un requisito de supervivencia y como un conjunto de ideales emancipatorios compartidos.

Este es el contexto histórico y social en el cual se han desarrollado los movimientos de mujeres y los movimientos feministas en la región que precedieron los estudios de género. Su trayectoria inicial se puede rastrear a finales del siglo XIX en el cono sur, particularmente en Argentina y Uruguay, donde se libraron múltiples luchas por parte de las mujeres anarquistas contra la explotación en el trabajo fabril y las distintas formas de violencia, y por el amor libre (Gumucio 2004). Estas reivindicaciones fueron relevadas por otras en distintos lugares de la región tales como México, Chile, Perú, Brasil, Colombia, en los que el reconocimiento público de las mujeres como sujetos políticos y con la expansión de sus derechos civiles, en particular, el derecho al voto, adquirió particular importancia.

Al finalizar la década de 1970, el feminismo ya era un proyecto político que aglutinaba mujeres en torno a grupos de autoconciencia, organizaciones de mujeres, publicaciones, y espacios autónomos o secciones dentro de partidos políticos y organizaciones de la sociedad civil o del gobierno (Gargallo 2012). Por razones de espacio no puedo dar cuenta en detalle de esta historia y de la diversidad de movimientos de mujeres existentes en la región; me voy a concentrar en hacer una breve reseña histórica del campo de estudios que se desarrolló en oposición a una organización androcéntrica del conocimiento.

¿De dónde venimos?

Desde finales de los años setenta, la institucionalización formal del feminismo en el mundo universitario empezó a ganar terreno en diferentes países latinoamericanos. En México por ejemplo, el año 1975 marcó un hito importante para el arranque de los estudios de género. En esa fecha se realizó la Primera Conferencia Mundial sobre la Mujer en la cual se discutieron los grandes temas del llamado feminismo de la segunda ola: la entrada de las mujeres al ámbito público, la igualdad de salarios, la despenalización del aborto, la apropiación del cuerpo, entre otros. Poco después se creó un Programa Universitario de Estudios de Género en la Universidad Nacional Autónoma de México y desde entonces han aumentado los programas de estudios de la mujer o de género en casi todas las Universidades.

En el cono sur, arruinado durante mucho tiempo por las dictaduras militares, el conocimiento feminista y de género fue desarrollo en las organizaciones no gubernamentales y en los centros académicos independientes, como en el caso de Chile, Argentina y Uruguay. Y si en 1987 se inaugura la primera Maestría interdisciplinaria de Estudios de la Mujer en Buenos Aires, en 1994, siete años más tarde, treinta y tres universidades argentinas ya habían abierto este tipo de programas. Por otra parte, si en los EE. UU. los estudios de la mujer fueron la cara académica del feminismo, en Brasil, el campo de estudios de la mujer fue una de las formas específicas de resistencia de la intelectualidad brasilera y particularmente de las mujeres académicas frente a la opresión política, social y económica experimentada durante la dictadura militar y durante el proceso de democratización de los años 80 (Alcântara Costa 2011).

En el área de los Andes, la dinámica fue diferente. Antes de que surgieran localmente los estudios de género, ya algunas feministas estadounidenses y europeas habían desarrollado allí sus investigaciones sobre género. Vale la pena señalar que desde el inicio de las ciencias sociales, los Andes y la Amazonía fueron dos zonas que despertaron mucho interés en las y los investigadores sociales. En el caso peruano la institucionalización de los estudios de género fue el resultado de esfuerzos compartidos por las mujeres que trabajaban en distintas agencias gubernamentales, organizaciones no gubernamentales, organizaciones internacionales, redes de mujeres e incluso en algunas empresas privadas. En Ecuador la recepción del feminismo fue un proceso aislado y no académico que desarrolló más interés por la acción e intervención social que por la investigación (Anderson 2007; Herrera, 2007).

En América Central, el proceso comenzó a generalizarse gradualmente al final de la Década de la Mujer y ya en 1991 se institucionalizaron definitivamente los programas universitarios en Costa Rica, país en el que estos estudios pudieron extenderse con mayor facilidad. Con el colapso de muchos proyectos políticos de izquierda, el feminismo colombiano de los años noventa sufre un cambio radical en su perspectiva, sus formas de acción y agenda política. Mientras en las décadas anteriores el movimiento se federaba alrededor de luchas ocasionales, como la despenalización del aborto, a partir de los años 90 empezó a anclar sus pretensiones en una red de iniciativas que se transforman en exigencias y demandas de política pública (Sagot 2007).

En las grandes ciudades como Bogotá, Medellín y Cali, entre otras, las universidades abren sus puertas a programas de maestría y a grupos de investigación en cuestiones de género como resultado de la confluencia de varios elementos: la labor continua de los grupos de estudio de la mujer en las universidades; la motivación de los movimientos sociales de mujeres y la presión de las organizaciones e iniciativas internacionales. En este contexto surge en 1994 la Escuela de Estudios de Género de la Facultad de Ciencias Humanas de la Universidad Nacional de Colombia.

El proceso de institucionalización de los estudios de género en las universidades latinoamericanas puede ser descrito como un fenómeno paradójico: la apertura de estos espacios ha permitido la introducción de la militancia feminista en el ámbito académico tratando de respetar sus reglas pero al mismo tiempo las ha dotado de un contenido inesperado. Estos programas tuvieron un efecto subversivo en la mayoría de las universidades y un impacto inmediato, no exento de riesgos y ambivalencias. Lo que era por un lado sinónimo de reconocimiento y refuerzo interno de estos programas, implicó por otro lado tanto su aislamiento como su marginación.

En relación con el tema de la transversalización de los estudios de género en la universidad se expresaron dos tendencias en estos programas: las primeras buscaron penetrar en todos los programas académicos mientras las segundas intentaron fortalecer un programa independiente que pudiese formar profesionales capaces de desarrollar investigaciones y políticas públicas. La mezcla o los vínculos entre estas dos tendencias fueron también parte de esta discusión.

Sin embargo, en la mayoría de países de América Latina, en la práctica el segundo modelo tomó la delantera, con resultados muy desiguales: algunas veces creó las bases para establecer diálogos con otros programas académicos en ciencias sociales y promovió la producción y difusión del conocimiento en esta área; pero no logró socavar en términos generales los paradigmas tradicionales de la ciencia, y mucho menos los sesgos "androcéntricos" que caracterizan los conocimientos científicos enseñados en la Universidad. Por otra parte, la creación de este tipo de programas en las universidades no estuvo acompañada de una transformación de las estructuras universitarias que mantienen y reproducen las desigualdades de género en la Universidad, ni permitió el desarrollo de políticas universitarias que tendieran a eliminar dichas desigualdades.

¿Dónde están los estudios de género?

Algunos balances de las trayectorias de los estudios de género en América Latina como los de Arango y Puyana (2007) permiten identificar al menos dos tensiones comunes en estos recorridos que se despliegan entre la desconfianza y los desafíos; desconfianza del movimiento feminista y del movimiento social de las mujeres con respecto a los estudios universitarios de género, y desconfianza de las académicas feministas en relación con la inmediatez exigida por los movimientos sociales en contravía de la temporalidad asociada a las tareas investigativas, docentes y reflexivas. Los desafíos se refieren principalmente a la dependencia de los estudios de género de la financiación externa proveniente de organizaciones internacionales y de sus dificultades para conformar equipos de trabajo estables y para mantener un cúmulo de producción de conocimientos e investigaciones suficientes para poder asegurar su renovación y pertinencia.

En cuanto a las desconfianzas que suscita la institucionalización de los estudios de género, existe un relativo acuerdo para afirmar que muchos de estos planes de estudio han perdido el vínculo que tenían en sus inicios con el movimiento feminista, y al perderlo ya no ocupan el lugar estratégico que ocupaban en las universidades, como palanca académica del movimiento feminista (León 2007, 379). Aunque la mayoría de los programas han tenido éxito en desarrollar un espacio autónomo en el mundo académico con la participación tanto de mujeres activistas como no activistas, esta mezcla ha provocado bloqueos, acusaciones de elitismo y debates intelectuales más o menos fuertes según las circunstancias políticas y sociales que han atravesado los distintos países, y según el grado de autonomía que ha sido considerado deseable mantener en cada caso respecto del movimiento feminista. Esta despolitización no ha estado desvinculada de las condiciones de producción de conocimiento en estos programas, caracterizadas por la dependencia de la financiación externa para la investigación y una cierta sumisión a las agendas políticas de los donantes, a menudo organismos internacionales y de cooperación.

En algunas oportunidades se dijo que lo que los centros de estudios de género habían traído en capacidad técnica, había sido a expensas de su capacidad crítica del orden social. Sin embargo, la realidad de estos centros es que en ellos coexisten distintos proyectos implícitos: programas diseñados como una extensión de los mecanismos de formación y sensibilización en torno al género, o como procesos de formación de recursos humanos técnicos; y programas concebidos como espacios de debate, investigación y producción de conocimiento feminista, expectativas de quienes se inscriben en ellos. Las y los universitarios que se inscriben en ellos tienen expectativas en ambas direcciones e incluso algunas, más cercanas al activismo feminista, aspiran hallar un punto de enlace entre la academia y las luchas feministas.

El enfoque de transversalización de la perspectiva de género en las políticas públicas, promovido desde mediados de los años 90, no ha dejado de impulsar y amplificar la demanda. De este modo, los programas experimentan a menudo una tensión entre por una parte, la responsabilidad de formar el personal competente para implementar las políticas públicas y diseñar los programas de intervención social con perspectiva de género y por otra parte, el deseo de promover el pensamiento crítico en las prácticas investigativas y políticas. Realizar análisis del impacto de género en las distintas políticas sociales, diseñar presupuestos sensibles al género, producir análisis estadísticos por sexo, o educar a los formuladores de políticas públicas de las diferentes instituciones del Estado, no va siempre en la dirección de las transformaciones radicales en las relaciones de género. Por el contrario, puede promover políticas de desarrollo de forma acrítica sin plantear preguntas sobre las orientaciones políticas definidas por las agendas internacionales, y sin tener en cuenta al movimiento feminista, como actor social colectivo y sujeto político de estas luchas contra las desigualdades de género.

Actualmente, la relación entre los programas de estudios de género y las diferentes vertientes del feminismo es compleja y, a pesar del deseo bien intencionado de complementarse entre sí, hay tensiones frecuentes entre unos y otras. Estas dificultades están relacionadas con la falta de reconocimiento mutuo de sus legítimas diferencias respecto a las posiciones y campos de acción en los cuales operan el mundo académico y el mundo militante. Sin embargo, la relación ha ido cambiando gradualmente a medida que ha sido posible llevar a cabo actividades conjuntas, incluyendo en ellas diferentes tendencias del activismo feminista. Igualmente, a medida en que se ha ganado conciencia de que el único ámbito de producción de conocimiento no es el académico, y que la experiencia acumulada del movimiento feminista y del movimiento social de mujeres es vital para la producción de teoría feminista.

Del mismo modo, uno de los debates más fructíferos en relación con esta oposición es el que se ha dado en torno al supuesto carácter abstracto y deslocalizado del conocimiento ignorando que toda producción teórica está marcada geo-históricamente y tiene además un valor y un lugar de origen. La afirmación de que los conocimientos son y están situados (Haraway 1991), surgida de una crítica feminista radical al objetivismo patriarcal, ha exigido reconocer desde dónde estamos hablando, desde dónde estamos produciendo conocimiento, y qué tiene que ver ello con las relaciones de clase, raza, etnicidad, género y sexualidad que nos constituyen.

Este reconocimiento ha supuesto aceptar que no existe una verdad esperando a ser descubierta por el (la) observador(a) imparcial a la vez que admite que todo conocimiento es parcial y contingente. Al afirmar que nuestras representaciones son productos de nuestro propio posicionamiento frente a quienes representamos, como lo señalaron distintas pensadoras feministas (Haraway 1991; hooks 1995; Minh-ha 1989; Moraga y Anzaldúa 2002; Mohanty 1988), estamos planteando que la perspectiva académica y la del activismo feminista son sólo dos de esas muchas configuraciones desde las cuales se producen conocimientos situados, cada una con su propia historia, lógica y orientación (Viveros Vigoya 2016).

Además, en cada uno de los países latinoamericanos citados ha habido siempre figuras académicas que han establecido vínculos entre la academia y el movimiento social. Las visiones que conciben en términos absolutos al activismo y a la academia como entidades dictómicas, dejan de lado la larga historia de traslapes y convergencias que se han dado "entre prácticas académicas comprometidas y prácticas de activismo político flexibles y abiertas" (Leyva Solano 2011, 17). Poco a poco se ha hecho valer en el movimiento feminista que la apertura y el mantenimiento de las áreas teóricas y críticas no sexistas de androcentrismo científico son también una forma de activismo.

¿A dónde vamos?

El proceso de democratización y los cambios provocados por el reconocimiento constitucional de la naturaleza multicultural de las sociedades latinoamericanas son el nuevo marco de una buena parte de los debates feministas posteriores al año 2000. Aunque la multiculturalidad de las sociedades latinoamericanas fue reconocida en forma temprana por muchos movimientos feministas en la región, en la práctica fue difícil hacer aceptar la existencia del racismo y de la "lesbofobia" dentro del movimiento, así como las prerrogativas de las que disfrutaban las feministas blancas y heterosexuales; aún más difícil fue lograr que éstas compartieran sus privilegios y dejaran de comportarse como las anfitrionas del movimiento, con alguna invitadas ocasionales que representaban dicha diversidad cultural[2].

Vale la pena mencionar algunas singularidades del campo de los estudios feministas latinoamericanos que explican el surgimientos de muchos cuestionamientos a su interior: en primer lugar, la temprana adopción y difusión de los estudios poscoloniales y subalternos, desde finales de los años 90 (Rivera Cusicanqui y Barragán 1997); igualmente, trabajos como los de Judith Butler fueron traducidos más rápidamente al español que a otras lenguas como el francés y fueron ampliamente diseminado en el campo del psicoanálisis argentino y uruguayo, acompañando el despliegue de los estudios *queer* en América Latina. Por otra parte, feministas como Rita Segato, Silvia Rivera Cusicanqui y María Lugones han criticado desde distintas perspectivas la pertinencia misma del concepto de género para hablar del universo simbólico y de las realidades sociales de muchos grupos afro-americanos o amerindios. Estas tres autoras, entre otras, han cuestionado la visión occidental de los sexos como unidades discretas e individuales y como oposiciones binarias, y han concluido que esta idea "no es una verdad incontestable, sino una particularidad cultural" (Castellanos Llanos 2006, 17). Distintos estudios en Brasil y en el Caribe (Wekker 1997) han identificado además el desafío que representan las prácticas sexuales de las mujeres afro-americanas de sectores populares para las reglas y normas relacionadas con la heterosexualidad obligatoria.

---

[2] En este párrafo me inspiro de refelexiones formuladas por feministas african american como Michelle Wallace (1982).

Desde fecha muy temprana algunas activistas e intelectuales brasileras como Thereza Santos, Lelia Gonzalez, Maria Beatriz do Nascimento, Sueli Carneiro, Luiza Bairros y Jurema Werneck plantearon reflexiones y realizaron trabajos que buscaban identificar las particularidades del sexismo experimentado por las mujeres brasileras negras con base en lo que hoy en día se conoce como "interseccionalidad". Desde el espacio caribeño, los trabajos de Ochy Curiel (2013), Yuderkys Espinosa (2007) y Brenny Mendoza trajeron al debate latinoamericano el asunto de la heterosexualidad obligatoria como institución social, y sus efectos en la dependencia de las mujeres como clase social, en la identidad y ciudadanía nacional y en el relato del mestizaje como fundamento de los relatos nacionales.

Este rápido recuento muestra que en América Latina ya se habían desarrollado reflexiones que pusieron de presente, antes que en Europa (Viveros Vigoya 2015), la importancia de integrar perspectivas teóricas que permitieran dar cuenta de la multiplicidad, la simultaneidad y la inseparabilidad de las distintas opresiones experimentadas por las mujeres latinoamericanas. Los programas de estudios de género han ido incorporando estas y otras reflexiones sobre el significado de las historias y las especificidades que caracterizan las interrelaciones entre raza, género, sexualidad y clase en el subcontinente. A la par, han puesto en el centro del debate latinoamericano el asunto de la heterosexualidad obligatoria como institución social con efectos en la dependencia de las mujeres como clase social, en la identidad y ciudadanía nacional y en el relato del mestizaje como fundamento de los relatos nacionales.

Ahora bien, introducir una perspectiva como la de la interseccionalidad – que proviene de los feminismos críticos – para la construcción de propuestas institucionales en la universidad no es una tarea libre de peligros, menos aún si tenemos en cuenta que en el actual contexto de privatización del conocimiento, este tipo de perspectivas están siendo cooptadas por los Estados y los organismos internacionales, con resultados muchas veces decepcionantes. Es importante evitar que la "interseccionalidad" se convierta en un término "técnico" y "objetivo", útil para el diseño tecnocrático de políticas públicas, cuyos interlocutores principales sean los Estados, los fondos multilaterales, y en las universidades, sus instancias directivas y no los grupos afectados por estas opresiones múltiples.

En el caso de la Escuela de Estudios de Género de la Universidad Nacional de Colombia se generó, en los últimos cinco años, un proceso interesante que vale la pena mencionar: su participación en dos proyectos de cooperación internacional encauzados a promover la equidad de género y la inclusión social en la educación superior; el primero, el proyecto Fortalecimiento de Capacidades Relacionadas con la Equidad de Género en la Educación Superior en Colombia – FEGES (2011-2015) – y el segundo, el proyecto Medidas para la Inclusión Social y la Equidad en las IES de

América Latina – MISEAL (2012-2014). Estos dos proyectos pusieron en evidencia para las directivas universitarias la pertinencia de nuestro quehacer investigativo en un contexto internacional; al mismo tiempo, aportaron legitimidad y condiciones favorables para la consolidación del proyecto académico de la Escuela de Estudios de género y de la política institucional de equidad de género e inclusión social en la universidad (Arango 2014)

Sin embargo, si las universidades de hoy avanzan por la vía de un modelo "empresarial", la pregunta que surge es, ¿hasta qué punto se puede esperar que en los procesos de asignación presupuestal se dé prioridad a la transversalización de la inclusión social y la equidad en una perspectiva interseccional? Como es sabido, estos procesos están, en su gran mayoría, orientados por criterios técnicos tomados por equipos administrativos que no consultan sus decisiones (ya que se supone que estudiantes, docentes y no docentes no deben desempeñar ningún papel en la determinación y orientación de las asignaciones presupuestales). Cambiar estas orientaciones requiere cambios políticos y conceptuales de fondo que deben acompañar la puesta en marcha de estos procesos. Al interior de las universidades existen múltiples luchas y posiciones heterogéneas, pero es útil recordar que las transformaciones en relación con la ideología meritocrática, prevaleciente hasta el momento en las instituciones académicas son muy lentas ; y que la adopción de perspectivas como la de la interseccionalidad requiere de un largo y profundo trabajo de sensibilización en todos los niveles.

Al mismo tiempo, es importante evitar entender la interseccionalidad como un asunto identitario individual o de algunos grupos sociales, exonerando al Estado y las instituciones de su responsabilidad en la reproducción de las opresiones y desigualdades que sustentan las dominaciones intersectadas (Esguerra y Bello 2014). Las discriminaciones no son el producto de la intolerancia de unos pocos sino el resultado de desigualdades sociales, constituidas estructuralmente por las matrices de opresión y favorecido por las carencias, complicidades o pasividad del Estado y las instituciones educativas. Por esta razón, es importante continuar interviniendo críticamente al interior de la universidad, entendida como una institución que está en constante redefinición, así el ritmo de los cambios positivos que se viven a su interior nos parezca tan lentos que a veces nos desanimen; igualmente se requiere continuar la tarea académica de develar sus ordenamientos jerárquicos, impidiendo que las matrices de dominación se instauren como legítimas y señalar la poca difusión de prácticas académicas alternativas que propenden por la inclusión y la equidad.

Actualmente, la relación entre los programas de estudios de género y los movimientos sociales de mujeres o los organismos que diseñan las políticas públicas que buscan contrarrestar las desigualdades de género se ha diversificado mucho. Si tomamos el caso de las egresadas de la Escuela de Estudios de Género, encontramos que estas se desempeñan laboralmente en un amplio espectro de actividades que incluyen desde posiciones de liderazgo en instituciones gubernamentales y no gubernamentales que trabajan en pro de los derechos de las mujeres y proponen políticas de equidad de género, hasta el acompañamiento de procesos organizativos de mujeres indígenas, afrodescendientes, campesinas o en situación de desplazamiento. Esto no significa que las tensiones y desconfianzas entre el feminismo académico y el feminismo activista hayan desaparecido, sino que se ha descubierto la posibilidad de aprovechar los intersticios que generan las convergencias de ciertas prácticas académicas, más a la escucha de los saberes que se producen fuera del ámbito universitario y ciertos activismos y prácticas profesionales, que le dan también importancia a las luchas epistémicas que se libran en las universidades por posicionar conocimientos situados, colaborativos y trasformadores.

A modo de conclusión

En este texto he querido mostrar el proceso de institucionalización de los estudios de género en América Latina rastreando sus orígenes, los retos y desafíos que han enfrentado y las preguntas a las que se ven abocados en el actual contexto de globalización neoliberal cuyos efectos son múltiples y contradictorios. Por ejemplo, a pesar de los aspectos positivos que han traído en algunos aspectos los discursos del multiculturalismo que promueven la diversidad, en el ámbito educativo y político sigue sin relacionarse de manera explícita la diversidad con la desigualdad social, sigue sin criticarse la supuesta universalidad de los derechos humanos, y sigue sin plantearse la importancia de luchar por una justicia epistémica como condición inherente de la justicia social (de Souza 2009).

Las nuevas configuraciones de poder global vinculan centros dominantes de pensamiento con periferias subordinadas y élites educadas metropolitanas y periféricas; y a la par, implican una redefinición de la relación entre el Occidente y sus "otros", que lleva a un cambio del eurocentrismo al "globocentrismo", como lo llama Fernando Coronil (2003). Este fenómeno oculta, detrás de la retórica del mercado, la consubstancialidad del capitalismo y de la colonialidad del poder, del saber y del ser, y la forma en que la primacía occidental, aún desterritorializada, sigue dependiendo del sometimiento de las poblaciones no occidentales a sus directrices

En este nuevo contexto se hace evidente la importancia del lugar que puede ocupar el feminismo latinoamericano como un discurso articulador de justicia y equidad propicio para construir mundos alternativos. Las producciones teóricas de muchas pensadoras feministas, que combinan la complejidad de sus teorizaciones con el ardor de su compromiso político y su búsqueda activa de una transformación política y personal, ofrecen posibilidades para que las luchas epistémicas sigan siendo parte de las apuestas por construir otros mundos posibles. Hoy, las y los estudiantes de nuestros centros de estudios de género pueden asumir una relación distinta con las producciones teóricas provenientes del Norte global, reivindicando la posibilidad de construir conocimientos propios; pueden apropiarse de sus marcas de clase, sexo/sexualidad, color y etnicidad, como un vínculo que conecta sus distintas biografías con los proyectos que retan; pueden cuestionar con diferentes intensidades y de distintas formas las propuestas económicas y las reformas educativas de la globalización neoliberal.

Sin embargo, los desafíos que enfrentan son múltiples. No se puede ignorar el peso de realidades estructurales como la ampliación de las brechas que separan los grupos favorecidos de los desfavorecidos en términos de clase, género, raza y capacidad física. Según señala el *Informe sobre Desarrollo Humano 2014*, (PNUD 2014) "aquellos que son pobres y también pertenecen a un grupo minoritario o son mujeres y tienen discapacidades se enfrentan a múltiples barreras que pueden reforzarse negativamente entre sí. Tampoco se puede ignorar que las reformas neoliberales a la educación superior han puesto en riesgo la sostenibilidad de proyectos académicos como el de los centros de estudios de género, considerados no prioritarios. Quienes somos docentes e investigadoras(es) en estos ámbitos hemos asistido a la precarización de las condiciones de producción de conocimiento mediante cargas excesivas de docencia, presupuestos cada vez más reducidos y reglas de producción académica que desconocen la pluralidad de saberes y conocimientos, y subvaloran la producción local.

En este contexto, la institucionalización de los estudios de género cobra hoy un nuevo significado y enfrenta nuevos retos. Ya no significa necesariamente despolitización sino posibilidad de promover espacios de confluencia con los movimientos sociales desde las particularidades de cada ámbito; oportunidad para defender la existencia y valor de las propuestas académicas feministas en contextos adversos a ellas, y para poner en evidencia las discriminaciones sexistas que persisten en el ámbito universitario.

El desafío es inmenso: se trata de poder continuar luchando por la justicia epistémica en convergencia y sinergias con los movimientos sociales; de preservar el espacio para el desarrollo y valoración de investigaciones y enseñanzas feministas y producidas por mujeres, no sólo para responder a las demandas instrumentales de los poderes públicos y las asociaciones, sino para producir conocimientos críticos útiles para el diseño de políticas públicas pertinentes en términos de género y sexualidad; por último, se trata de apoyar la difusión de conocimientos y saberes feministas evitando el riesgo de desaparecer fagocitados por modelos educativos y de publicación productivistas que desvirtúan el sentido que dio origen a estos centros de estudios feministas.

Referencias bibliográficas

Alcántara Costa, A. A. 2011. El movimiento feminista en Brasil. Dinámicas de una intervención política. *Anuario de Hojas de Warmi*. 16.

Anderson, J. 2007. Los estudios de género y sus alcances. En *Género mujeres y saberes en América Latina: entre el movimiento social, la academia y el Estado*. (Eds.) L. G. Arango y Y. Puyana. 63-82. Bogotá: Universidad Nacional de Colombia.

Anzaldúa, G. 1987. *Borderlands/La Frontera: The New Mestiza*. San Francisco: Aunt Lute Books.

Arango, L. G. 2014. Un proyecto académico feminista en mutación: la Escuela de Estudios de Género de la Universidad Nacional de Colombia. Ponencia presentada en el III Congreso Internacional MISEAL "Nuevos desafíos para la inclusión social y la equidad en la educación superior", Barcelona, Noviembre 18, 19 y 20 de 2014.

Arango, L. G. y Y. Puyana (Eds.). 2007. *Género, mujeres y saberes en América Latina. Entre el movimiento social, la academia y el Estado*. Bogotá: Universidad Nacional de Colombia.

Barroso, C. y A. O. Costa. 1983. *Mulher. Mulheres*. Río de Janeiro: Cortez Editora, Fundação Carlos Chagas.

Carneiro, S. 2005. Ennegrecer al feminismo. *Nouvelles Questions Féministes*. 24(2): 21-26.

Castellanos, G. (2006). *Sexo, Género y Feminismo: tres categorías en pugna*. Cali: Universidad del Valle, Centro de Estudios de Género, Mujer y Sociedad; Editorial La Manzana de la Discordia

Coronil, F. 2003. Naturaleza del poscolonialismo: del eurocentrismo al globocentrismo. En *La colonialidad del saber Eurocentrismo y ciencias sociales, perspectivas latinoamericanas*. (Comp.) E. Lander, Buenos Aires: CLACSO): http://bibliotecavirtual.clacso.org.ar/ar/libros/lander/ coronil.rtf

Curiel, O. 2013. *La Nación Heterosexual*. Bogotá, Buenos Aires: Grupo Latinoamericano de Estudios, Formación y Acción Feminista (GLEFAS), Brecha Lésbica.

Esguerra Muelle, C. y J. A. Bello Ramírez. 2014. Interseccionalidad y políticas públicas LGBTI en Colombia: usos y desplazamientos de una noción crítica. *Revista de Estudios Sociales*. 49: 19-32. http://dx.doi.org/10. 7440/res49.2014.02

Espinosa, Y. 2007. *Escritos de una lesbiana oscura, reflexiones críticas sobre feminismo y política de identidad en América Latina*. Buenos Aires, Lima: En la frontera.

Gargallo, F. 2012. Feminismo latinoamericano: una lectura histórica de los aportes a la liberación de las mujeres. Conferencia para la mesa conmemorativa del 8 de marzo, organizada por la Licenciatura en Filosofía de la Facultad de Filosofía y Letras, Universidad Autónoma de Tlaxcala.

https://francescagargallo.wordpress.com/ensayos/feminismo/no-occidental/fem-latinoam-una-lectura-historia-de-aportes/

Gumucio, R. 2004. Belén de Sárraga, librepensadora, anarquista y feminista. *Polis*. 9. http://polis.revues.org/722

Haraway, D. 1991. "Gender" for a Marxist Dictionary: The Sexual Politics of a Word. In *Simians, Cyborgs and Women: The Reinvention of the Nature*. 127-148. New York: Routledge.

Herrera. G. 2007. ¿Cuarto propio o diseminación? Los programas de estudios de género desde la experiencia ecuatoriana. En *Género mujeres y saberes en América Latina: entre el movimiento social, la academia y el Estado*. (Eds.) L. G. Arango y Y. Puyana. 99-114. Bogotá: Universidad Nacional de Colombia.

hooks, bell. 1981. *Ain't I a Woman: Black Women and Feminism*. Boston: South End.

León, M. 2007. Tensiones presentes en los estudios de género en América Latina. En *Género mujeres y saberes en América Latina: entre el movimiento social, la academia y el Estado*. (Eds.) L. G. Arango y Y. Puyana. 21-46. Bogotá: Universidad Nacional de Colombia.

Leyva Solano, X. 2010. ¿Academia versus activismo? Repensarnos desde y para la práctica teórico-política. *Conocimientos y Prácticas Políticas: Reflexiones desde nuestras Prácticas de Conocimiento Situado (Tomo Ii)*. X. Leyva *et al*. 591-629. Chiapas, Ciudad de México, Ciudad de Guatemala y Lima: CIESAS, UNICACH, PDTG-UNMSM.

Lugones, M. 2008. Colonialidad y género. Hacia un feminismo descolonial. En *Género y descolonialidad*. W. Mignolo (Comp.). 13-55. Buenos Aires: Del signo.

Minh-ha, Trinh T. 1989. *Woman, Native, Other: Writing Postcoloniality and Feminism*. Bloomington: Indiana University Press.

Mohanty, C. T. 1988. Under Western Eyes. Feminist Scholarship and Colonial Discourses. *Feminist Review*. 30: 61-88.

Moraga, C, y G. Anzaldúa. 1981. This Bridge Called My Back. Watertown, Mass: Persephone Press.

PNUD (Programa de las Naciones Unidas para el Desarrollo). 2014. Informe sobre Desarrollo Humano 2014. Sostener el Progreso Humano: reducir vulnerabilidades y construir resiliencia.

Rivera Cusicanqui, S. y R. Barragán (Comp.). 1997. *Debates Post Coloniales: Una Introducción a los Estudios de la Subalternidad*. La Paz: SEPHIS, Editorial historias y Ediciones Aruwiry.

Sagot, M. 2007. Relaciones en disputa: conflicto y cooperación entre la academia y el movimiento feminista en Centroamérica. En *Género mujeres y saberes en América Latina: entre el movimiento social, la academia y el Estado*. (Eds.) L. G. Arango y Y. Puyana. 83-98. Bogotá: Universidad Nacional de Colombia.

Viveros Vigoya, M. 2016. Sex/Gender. En *The Oxford Handbook of Feminist Theory*. L. Disch and M. Hawkesworth (Eds.). 852-874. New York: Oxford University Press.

——. 2015. L'intersectionnalité au prisme du féminisme latino-américain. *Raisons Politiques*. 2(58): 39-54

Wallace, M. 1982. A Black Feminist's Search for Sisterhood, In *All the Women are White; All the Blacks are Men, But Some of Us are Brave*. G. T. Hull, P. Bel Scott, B. Smith (Eds.). 5-12. Old Westbury, NY; The Feminist Press.

Wekker, G. 1997. One Finger Does Not Drink Okra Soup: Afro-Surinamese Women and Critical Agency. En *Feminist genealogies, colonial legacies, democratic futures*. M. J. Alexander y C. T. Mohanty. 330-352. New York: Routledge.

Circulation des connaissances féministes et institutions de développement : *lost in translation?*

A feminist approach to gender gender equality mainstreaming? The case of SDC, Swiss Agency for Development and Cooperation

Ursula Keller

Who are the "gender experts"[1]

This conference explores the link between feminist knowledge production and how such knowledge travels and is translated into "gender expertise" in institutions and development policies. The debate is part of the controversy around gender mainstreaming: can it actually be a transformative strategy for rethinking the neo-liberal and patriarchal system, or has it simply become an integrationist model co-opting the feminist cause? Yet the conference wants to go beyond the critics of gender mainstreaming and instead shed light on the persons behind it, the experts "doing gender mainstreaming", or the "gender-expertocracy" (gender expert bureaucracy). So we need to ask *who are these people?*

As the Senior Gender Policy Advisor at the Swiss Agency for Development and Cooperation (SDC), I am one of these gender experts, representing the gender-expertocracy. My task is to implement gender

---

[1] The analysis presented in this article is the personal opinion of the author and is not an official position of SDC.

Keller, U. 2017. A feminist approach to gender equality mainstreaming? The case of SDC. In *Qui sait ? Expertes en genre et connaissances féministes sur le développement.* (Dir.) C. Verschuur. 175-183. Paris : L'Harmattan. Collection Genre et développement. Rencontres.

mainstreaming at SDC. However, this is one identity only, and in my case, a rather recent one: as a social anthropologist, the early feminist scholarly works that influenced me included Ester Boserup's works on the gendered division of work, and feminist critiques of the public-private dichotomy as a structural element of patriarchal systems and how this is conceptualised in different contexts. I worked for almost 15 years for a feminist peace organisation and a peacebuilding centre in Switzerland before I joined SDC and became a gender-expertocrate. I believe that most of us gender experts combine different academic and professional origins and biographies. We have travelled back and forth from NGOs, feminist organisations or academic positions to be gender experts in public or international institutions. We have thus multiple identities as gender experts, NGO activists and feminist scholars. Hence, a simple distinction between gender experts, feminist knowledge producers and knowledge holders is not helpful. Yet, the questions raised about feminist knowledge, about what happens to this knowledge once it travels through institutions, and about the role we, the gender experts, play in this, are of critical importance. We know this "travelling of knowledge" is full of traps – some minor, but some major ones as well. The title of this panel – *Circulation of feminist knowledge and development: lost in translation?* – is quite telling. SDC is an interesting case to explore some of these questions: how much gets lost, evaporated in translation (Ferguson 2015)?

SDC's gender history and policy

SDC's gender policy defines gender equality as a key to poverty reduction and sustainable development for all; gender equality mainstreaming (GEM) is the method to implement it. When I took over my position at SDC, my predecessor advised me: just continue with a *feminist approach to gender equality mainstreaming*. What does this mean? If we look at SDC's gender history, it goes back to the 1980s, in particular the Nairobi conference in 1985, which led to the first institutional efforts pushed by some collaborators, mostly women, to promote awareness for better inclusion of women and women's concerns into SDC's development programmes. With the Beijing Plan of Action in 1995, gender mainstreaming was added to the agenda, which eventually resulted in the adoption of the current SDC gender policy in 2003. The different phases reflect the transition from the Women in Development approach to the Gender and Development approach. Accordingly, the role of my predecessors changed over time: while in the 1980s (and early 1990s) the aim was to convince the male-dominated institution that development actually misses out on women, the mainstreaming paradigm was then required to position and shape the gender policy as a critical – feminist? – approach.

I define a feminist approach to gender equality mainstreaming based on three major conceptual understandings: the analysis emphasises, *firstly*, that gender relations are relations of unequal power and patterns of exclusion and discrimination shaped by structural inequalities based on patriarchal structures and values; *secondly*, that not all women are equal and that we have to look at multiple discrimination based on gender, race, ethnicity, class and age, as described in the intersectionality approach (Yuval-Davis 2006); and, *thirdly*, that the ultimate aim of gender mainstreaming is the transformation of gender inequalities into egalitarian gender relations that allow for and promote equal chances and opportunities for all women and men, girls and boys, regardless of their sex. The term gender *equality* mainstreaming is used within SDC to emphasise this transformative aim and goal[2].

How good are we at integrating feminist knowledge?

The question we have to ask now is: can we actually implement a feminist approach to GEM without falling into the traps of technocratisation and depoliticisation? I will outline my arguments along two axes: *horizontally*, referring to the process of integrating feminist knowledge as "gender knowledge" across the institutional landscape of a development agency, and *vertically*, referring to the depth and quality of feminist knowledge, i.e. what "topics" are considered gender expertise and what happens when that knowledge trickles down and is translated into institutional knowledge?

The hypothesis that I want to share with you is that feminist knowledge is important for us as gender experts in a development agency – it is our analytic backbone. We can integrate some of it into the institution to shape policies and programmes, but it is often *spread thin* (horizontally) and *light* (vertically). We work with *thematic and analytic shortcuts*. We, as gender experts (often being more "theme managers"), manoeuver between cleverly using institutional discourses, investing our personal commitment to "buy in" our colleagues, and do a bit of "policing" from time to time to invoke the moral responsibility from our management.

---

[2] Important to note: While this understanding is in line with SDC's gender policy, the term "a feminist approach to GEM" is not an official term used in the institution and I rarely refer to it in my daily work.

The horizontal axis – speaking the language of the institution

As the gender focal point, I am in charge of further developing the gender policy and formulating positions – this sounds pretty powerful. In reality, competences, power and resources are limited, but there are spaces and opportunities for *influence*. How does this work in practice? Let me illustrate the institutional challenges and opportunities by outlining the following two notions: first, the ambiguity of gender equality mainstreaming as a *transversal theme* and, second, the discourse around the ambition for demonstrating effective and measurable "results"[3].

Let me first talk about gender equality being a transversal topic. At SDC, the broad and common understanding of GEM is integrating gender as a *transversal theme*. The SDC gendernet, with focal points throughout the organisation, is the structure to implement this. The designation of gender equality as a transversal theme actually means that the topic is of particular importance, as stated in the SDC gender policy. What happens in the institutional reality is that gender equality tends to be "everywhere and nowhere": as a transversal topic, gender is often included in a more "implicit" way only. It is less visible and therefore accountability is limited. Also, in SDC's conceptual understanding, gender as a transversal theme is not a "real" topic because a "real" topic requires expert knowledge, including the necessary human and financial resources. Instead it is expected "that technically everyone" can apply it which is, by the way, also efficient and cost aware. "Everyone" is not a gender expert, but with the help of a toolkit and checklist that we, the *one gender expert*, provide, we can "do gender" transversally across the institution. This narrow reading and understanding of gender equality mainstreaming does, of course, play into the technocratisation and de-politicisation of the gender equality cause. While some critics claim that "doing gender" has mostly become "helping women" (Ferguson 2015; Cornwall 2007), I see a different challenge at SDC: since everyone understands that gender is not about women only, approaches addressing women's specific discriminations are not regarded as "real gender". Gender remains abstract in its transversality while at the same time "women" as a topic has disappeared. Integrating a gender lens gets thus easily reduced to the notion of "gender sensitivity" to promote equal numbers of men and women in programme activities, with the related proliferation of data and statistics that are de-contextualised and deprived of analytical value. More sex-disaggregated data is a positive development, and it must be considered a success compared to the previous invisibility of women/gender. Yet we are still usually

---

[3] The result orientation is based on aid effectiveness principles and the so-called Result-based Management approach, which most development agencies have adopted.

lacking a sound analysis of gender-specific discrimination and exclusion from projects, a clear definition of what kind of gender-related changes we are aiming for, and data that are able to capture these changes. Also, analyses of how financial policies and budget flows are related or targeted to redressing these gender inequalities, both in the institutional context of SDC and within the project planning, are rarely conducted. The SDC gender policy marker[4] does measure the percentage of the overall spending that can be qualified as gender-relevant interventions, but the quality of the data is difficult to establish and thus questionable.

This leads us to what I see as an institutional opportunity – the issue about "gender results" (GENDERNET 2014, 10-14). Result-based management has become the mainstream in development practice. It reflects the ambition to move from a focus on activities to an emphasis on the changes and impacts that have been achieved, based on a previously established theory of change and a related "result chain" (outcomes and impacts as against the output). Adopting this same logic, I, as the gender expert, now require a shift from "implicit transversality" towards an "explicit gender results approach". Applying the results approach means aiming for transformative objectives to address and overcome gender inequalities. This is an analytic approach, and therefore a challenge for the institution. Returning to the topic of the chapter, circulation of feminist knowledge means translating feminist concerns into gender equality results.

The vertical depth – analytic shortcuts

How successful are we in doing this? How much is lost in translation? This leads me to the vertical axis: what constitutes feminist knowledge, what topics are considered "gender expertise", and what happens when topics are taken on in the institution and trickle down? Can feminist knowledge be absorbed by the institution to achieve some of the transformation we aim for? Let me illustrate opportunities for and challenges inherent in unpaid care and domestic work, a topic that has been "lifted" on the global development agenda with the newly adopted 2030 framework for sustainable development[5]. This feminist niche topic has become an item on the global agenda – a truly remarkable feat.

---

[4] The SDC gender policy marker is based on and aligned with the OECD DAC Gender Policy Marker that distinguishes between transversal, relating to the significant integration of gender equality as a cross-cutting theme in interventions, and gender-specific, where gender equality is the principal objective of the intervention.

[5] The 2030 Agenda for Sustainable Development, adopted in September 2015 by the UN General Assembly, includes among its 17 goals a stand-alone goal on gender equality and

Feminist economists have brought attention to the dimension of care, in particular unpaid care work, as an analytical lens to be included in macroeconomic analysis – the care economy. Unpaid care work is invisible, time intensive, of low value and unaccounted for in macroeconomic data; and, it is work universally done mostly by women. Analysing the unequal distribution of unpaid (and paid) care work provides critical insights into social norms defining the gendered division of labour; it leads one to the social and economic structures underlying and perpetuating gender inequalities. It is probably the best indicator of how persistent patriarchal structures are rooted in our societies.

SDC, together with the United Nations Research Institute for Social Development (UNRISD) and the University of Bern, has done substantial work on the topic – probably more than most other agencies (Bieri *et al.* 2011). With the 2030 agenda, we now enter a new stage in the journey of the topic: unpaid care work is now a target in the global gender goal.

Unpaid care work in development practice

What happens when unpaid care work as a feminist economic topic is translated into development practice? The three Rs used to voice the different actions required can help illustrate this: recognise and value (both in terms of economic and societal importance); reduce; and redistribute unpaid care work. The "care lens" is about *recognising* unpaid care work as work that is being done, giving it a societal and economic value of its own, *reducing* it through technology and infrastructure development and better *redistributing* the burden of it between men and women and between families and the state. Let me now share a few observations on how unpaid care work as a feminist topic has been "absorbed" at SDC[6].

---

the empowerment of women and girls (goal 5). Target 5.4 addresses unpaid care and domestic work and reads as follows: "Recognize and value unpaid care and domestic work through the provision of public services, infrastructure and social protection policies and the promotion of shared responsibility within the household and the family as nationally appropriate".

[6] The SDC gender policy requires a gender analysis for any intervention; this is being done more often implicitly than explicitly. According to the SDC guidelines, a first step is always to analyse the gender roles and division of labour between women and men: who does what kind of productive and reproductive tasks? Including a care economy lens in this step means also asking how much time women and men each use and have available for productive and reproductive tasks. And what are the social, economic and political gains related to these tasks and roles? Based on this analysis, key gender issues (gaps and challenges) are identified and aspired changes of the interventions defined.

On a programme level, the care question has been taken up in particular in the context of programmes implemented in rural economies on smallholder farms, of value chain analysis and of women's economic empowerment. The simplified question we ask is: how can women's income, productivity and their contribution to economic development be increased if they are spending most of their daily time performing reproductive/care and domestic tasks such as taking care of children, fetching water and fire wood, cooking and washing?

If we look at the concrete activities and measures that result from this analysis, we find that in many economic development programmes, some types of child care arrangements are included, and training or community meetings are (sometimes) adapted to women's (domestic) work schedule. Also, there is quite a broad understanding that investments in rural infrastructure, e.g. improving water supply to facilitate access to drinking water, are not only a contribution for improved health results (which obviously has important gender implications), but also a critical factor for girls' access to school due to the reduced time burden for fetching water. Some programmes even measure the time reduction achieved through these investments, although this is still an exception.

But the implication of the time used and time gained is hardly ever analysed or recognised as a strategic gender result *per se*. If such analytic links and connections are made, an economic reading prevails: the additional time could and should be invested in productive activities to enhance women's economic empowerment and reduce women's poverty. In this reading, "time is money", and the disproportionate amount of time many poor women use for unpaid care and domestic work is unproductive and inefficient – an economic loss. The potential of women's time is recognised, but mostly as an "untapped" economic resource.

As a gender expert, I can use and play with this discourse by highlighting women's additional time as a critical factor and opportunity for individual, economic and/or political empowerment, and as a precondition for "achieving sustainable development and economic growth". This is "smart economy" – the key slogan to push gender equality high on the agenda in the context of the 2030 framework. However, in my daily practice, in training programmes and workshops, I highlight the risks of such an approach: the danger of overburdening women with responsibilities that often come without additional rights and power. Also, questions around decent work are pertinent. I emphasise women's wellbeing and their self-determination (do they actually want to work more?) as a critical factor for gender equality and the promotion of women's empowerment in its own right – and not as a contribution to global economic growth (see also the critical analyses and case studies in Bieri *et al.* 2011).

If we revisit our three Rs of the unpaid care work nexus, we can quickly identify that we address mostly two of the three Rs: *recognise* – in the sense of making care work more visible and attributing value to it; and *reduce* – reducing the time burden in order to invest the resulting time gain in more productive activities. It is about women's integration into productive/paid work schemes, with certain considerations to avoid or reduce the double burdening on women. But what is almost never addressed is the question of *redistribution,* although it is redistribution that has the potential to transform the underlying structural inequalities, specifically the gendered division of paid and unpaid care work.

This should not surprise any of us here. It is in line with the wording of target 5.4 of the new Development Goals, which mentions recognition/value and reduction, but not redistribution. Instead, it refers to "shared responsibility within the household and the family as nationally appropriate". Redistribution of unpaid care work points towards the root causes of gender inequalities; and most importantly, it must go beyond the private sphere of the household and requires public policy answers to promote more egalitarian gender role models. Obviously, this is more controversial since it questions the underlying social and economic structures of our societies, both in Switzerland and in the development contexts where SDC is working.

The "economic reading" is the one that is being picked up easily, the one that trickles down; it fits into the dominant liberal development model in which gender equality is a "business case" (Ferguson 2015). Moreover, it builds on an individualistic paradigm of empowerment as individual autonomy (Oduro and van Staveren 2015). A "feminist reading" of unpaid care work would entail questioning our development model, embracing the feminist critics of growth and accumulation, and re-assessing what has value, how it is accounted for, and the implication it would have for public policies, namely regarding social protection and gender budgeting.

Conclusion

I believe the example of SDC, in general, and the topic of care, in particular, demonstrate the areas I, as a gender expert, work in, as well as the limits. Feminist knowledge has made its way into the institution, and it informs and shapes our analyses and policies; we can speak the language of the institution and take advantage of it. But the impact and traces that remain are spread thin, and we work with thematic and analytic shortcuts – key messages that are boiled down, simple and static (Ferguson 2015). The message that is being picked up is "We have to think about child care!" when introducing the concept of care. Working from within the institution, I say, at least this!

While we cannot avoid the dilemmas and tension that come with an economised gender equality approach, we also should not underestimate the subversive spaces the daily practice and interaction in an institution provides. Yet, to identify these spaces, the understanding of feminist knowledge is important as an analytic backbone and compass to navigate between a pragmatic, step-by-step approach and ambitious visions and convictions. I therefore would argue that we need *feminist gender-aware experts* in institutions, combined with tactical cleverness and political sensitivity, to make a small difference. But will we change the mainstream and transform the system from within? No. Is this our sole responsibility? No. This is a "multi-stakeholder task". We have to build and reinforce alliances across institutions, between practitioners and academics, and with local and international feminist networks.

References

Bieri, S., L. Frankhauser, A. Sancar and N. Stolz. 2011. *Added Value. Contributions to Gender Equitable Economic Development.* Bern: University of Bern, Caritas Switzerland and Swiss Agency for Development and Cooperation.

Cornwall, A. 2007. Revisiting the "Gender Agenda". *IDS Bulletin.* 38 (2): 69-78.

GENDERNET (DAC Network on Gender Equality). 2014. From Ambition to Results: Delivering on Gender Equality in Donor Institutions. Paris: OECD Publishing.

Ferguson, L. 2015. This is Our Gender Person. *International Feminist Journal of Politics.* 17(3): 380-397. DOI: 10.1080/14616742.2014.918787

Oduro, A. D. and I. van Staveren. 2015. Engendering Economic Policy in Africa. *Feminist Economics.* 21(3): 1-22. DOI: 10.1080/13545701.2015.1059467

Yuval-Davis, Y. 2006. Intersectionality and Feminist Politics. *European Journal of Women's Studies.* 13(3): 193-209. DOI: 10.1177/1350506806065752

Mythes et limites du bénévolat dans la construction des savoirs féministes : Genre en Action, réseau francophone pour l'égalité de genre

Claudy Vouhé

Le militantisme n'est pas un métier. Par essence, c'est une action – personnelle et/ou collective – qui n'attend pas de retour financier mais est motivée par un désir de changement sociétal, légal ou politique. Depuis un demi-siècle, et surtout depuis la quatrième Conférence mondiale sur les femmes de Beijing, en 1995, le militantisme des femmes en faveur de l'égalité de genre s'est incarné dans la multiplication des mouvements et associations (sans but lucratif) dans le monde entier. Mais, « sans but lucratif » ne signifie pas sans moyens. Si certains mouvements protègent jalousement leur indépendance en se passant de l'aide financière des institutions et instances gouvernementales contre lesquelles ils luttent, rares sont les associations qui ne cherchent pas à faire financer leurs actions, au péril de leur indépendance de pensée.

La contribution des associations féminines et/ou féministes à l'égalité femmes-hommes est désormais reconnue, y compris par les États et les institutions internationales, car ces associations assurent notamment des services de soins/prise en charge, information, formation et mobilisation que les gouvernements ne peuvent pas – et parfois ne veulent pas – assurer auprès des filles et des femmes. Dans le domaine de l'égalité de genre, elles ne sont pas

Vouhé, C. 2017. Mythes et limites du bénévolat dans la construction des savoirs féministes : Genre en Action, réseau francophone pour l'égalité de genre. In *Qui sait ? Expertes en genre et connaissances féministes sur le développement*. (Dir.) C. Verschuur. 185-199. Paris : L'Harmattan. Collection Genre et développement. Rencontres.

seules à agir. L'aide internationale au développement a contribué, depuis 30 ans, à l'émergence d'organisations non gouvernementales (ONG) internationales et nationales[1]. Majoritairement dotées d'un statut associatif, militantes ou non, les ONG emploient des équipes salariées pour la mise en œuvre de leurs projets. L'émergence de la thématique « genre et développement » et les possibilités de financement connexes attirent aussi un nombre croissant de firmes et de cabinets privés.

Depuis 10 ans, la stagnation, voire l'érosion, des aides publiques[2] rend l'accès des associations aux financements de plus en plus concurrentiel. Les pouvoirs publics multiplient les injonctions à changer de modèle économique et « encouragent » les associations à se tourner vers des sources privées (fondations d'entreprise), institutionnelles et/ou internationales (Nations unies, Fonds européens, etc.). Il est possible de vivre sans financement, uniquement sur la base du bénévolat et du militantisme... jusqu'à un certain point. Au-delà d'un certain seuil vite atteint, la recherche de financement s'impose. Cette activité requiert des compétences et génère une augmentation du travail administratif et comptable difficile à assumer pour les bénévoles. Sans employé-es salarié-es, la levée et la gestion des fonds sont inexistantes ou inefficaces. Avec des employé-es salarié-es, les associations courent un risque d'ONGisation[3] au détriment du militantisme. Mais l'arrivée de fonds et d'un salariat stable peut aussi contribuer à la pérennité des actions et, paradoxalement, au militantisme en soulageant les bénévoles de la charge que représente le travail administratif.

La question est de savoir si les « petites » associations militantes peuvent apporter des contributions substantielles à l'égalité quand elles fonctionnent uniquement ou principalement grâce au bénévolat[4]. Sont-elles en mesure de contribuer à la circulation des savoirs féministes, à l'évolution de l'expertise collective, internationale, nationale et locale sur le genre et le développement ? Sont-elles en capacité de production – de recherche, d'analyse, de plaidoyer – et sont-elles reconnues et entendues dans le dialogue sur les politiques ?

Cet article prend appui sur l'expérience de Genre en Action, réseau francophone dédié aux questions de genre et développement. Après une brève présentation historique du réseau, nous évoquerons quatre mythes (et leurs limites) pour explorer les possibilités et contraintes d'une asso-

---

[1] Pour une explication des différences entre ONG et associations, voir http://www.portail-solidarite.org/acteurs/associations-ong

[2] Au niveau international, l'objectif numéro 3 (Promouvoir l'égalité des sexes et l'autonomisation des femmes) a été le moins financé des 8 Objectifs du Millénaire pour le développement (OMD) pendant la période 2000-2015.

[3] Le risque d'ONGisation a été décrit par Islah Jad (2010).

[4] En France, selon l'avis du Conseil économique, social et environnemental daté du 24 février, « est bénévole toute personne qui s'engage librement pour mener une action non salariée en direction d'autrui, en dehors de son temps professionnel et familial ».

ciation fondée sur le bénévolat militant[5] et qui souhaite contribuer au développement des savoirs féministes et peser dans le dialogue sur les politiques. Ces mythes ont été structurés à partir des échanges entre les adhérent-es et les membres. Les outils d'analyse de la division du travail – les rôles reproductif, productif, communautaire et politique – servent de cadre à l'exploration de ces mythes.

Genre en Action : un réseau militant pour la production et la circulation des savoirs

Au début des années 2000, face au vide qui existait (et persiste) en milieu francophone sur les questions de genre et développement (en matière de connaissances, d'outils et méthodologies, de compétences, de synergies etc.), une vingtaine de militantes et chercheures françaises se sont réunies dans l'idée de créer un réseau francophone consacré à cette « nouvelle » thématique.

À la même période, une étude commanditée par le ministère français des Affaires étrangères[6] soulignait le manque de stratégies et d'outils de la coopération française pour concrétiser la prise en compte du genre dans ses politiques et programmes (Droy et Villeret 2001). Ce constat a incité le ministère à financer la création du réseau, sur sollicitation des militantes. Genre en Action, réseau international francophone, est né en 2003. Il est axé sur les questions de « genre et développement » et animé par une association française loi 1901 créée en 2009. Le réseau n'a pas eu d'identité juridique entre 2003 et 2009. L'association a été créée en 2009 notamment pour diversifier et faciliter la recherche de financement.

Initialement, en 2003, le ministère s'est engagé à soutenir le réseau pendant trois ans. La pertinence et la faisabilité d'une autonomie financière au bout de trois ans ont d'emblée été contestées par les co-fondatrices du réseau. D'une part, elles argumentaient que cette autonomie ne semblait pas être exigée d'autres réseaux[7] et, d'autre part, que le faible investissement de la France

---

5   L'article représente principalement le point de vue de l'auteure. Néanmoins, il s'appuie aussi sur des commentaires des membres et des réponses à un questionnaire sur le rôle du réseau (2014).
6   Le ministère a changé de nom plusieurs fois depuis 2003.
7   Dans leur étude « Cartographie des instances collectives de solidarité internationale associative ou mixte (plateformes et collectifs) » publiée en 2014, Jean-Eudes Beuret et Anne Cadoret montrent qu'en France, « les plateformes sont pour la plupart très dépendantes des financements publics […]. L'absence de soutien public signifierait l'impossibilité de mobiliser des ressources humaines spécifiques et d'assurer ce qui fait l'essence d'une plateforme, c'est à dire l'animation de sa vie collective ». Genre en Action est une des 60 plateformes incluses dans cette étude.

dans cette thématique jusqu'alors justifiait pleinement un engagement financier pérenne de l'État (Droy et Villeret 2001). Malgré cela, Genre en Action a cherché d'autres bailleurs en France et à l'étranger, tout en revendiquant le soutien du gouvernement français. Le ministère a financé Genre en Action jusqu'en 2014 (une subvention annuelle dont la dernière en date représentait 40 % du budget de l'association), ce qui a permis de créer un poste salarié de coordination du réseau (allant d'un tiers temps en 2003 à un temps plein et demi fin 2014). Pendant cette période, le bénévolat des militantes est resté très important, mais la coordination salariée a joué un rôle crucial dans la gestion quotidienne, dans l'organisation des membres et des actions ainsi que dans la communication interne et externe. Au fil des ans, le nombre croissant d'adhérent-es et de membres, de projets et de partenariats a augmenté la charge de travail des salariées et des bénévoles sans que les financements croissent de façon suffisamment pérenne pour assurer un salariat adéquat et stable. Depuis 2014, l'association n'est plus soutenue par le ministère et, depuis juin 2015, elle n'a plus de coordination salariée.

L'association fédère actuellement 40 adhérent-es (individus et associations) et anime un réseau de personnes et organisations issues du monde de la recherche, des milieux associatif et institutionnel, des collectivités et des médias[8]. Le réseau mène des actions de plaidoyer, développe des outils, crée des synergies entre « familles » d'acteurs, organise des formations et collabore avec des organisations internationales pour garantir une meilleure participation des francophones aux événements et processus internationaux. Entre 2004 et 2014, il a aussi co-organisé 5 colloques internationaux et de nombreuses « journées d'études ». La production de données, de savoirs et d'outils, ainsi que le partage des connaissances, sont au cœur de son action. Genre en Action réalise des projets de recherche-action en partenariat avec des associations locales, principalement africaines. Par exemple, entre 2011 et 2014, Genre en Action a créé le réseau des observatoires de l'égalité de genre avec 25 associations issues de tout l'espace francophone ainsi qu'Observ'action, un centre de ressources numériques sur le thème genre et développement. En 2015, avec des associations ivoiriennes, il a mené une campagne de plaidoyer intitulée « Interpell'action – Si vous voulez nos voix, entendez les nôtres », une action de sensibilisation des candidat-es aux élections présidentielles[9]. Actuellement, le réseau mène un travail important sur l'*open knowledge* pour faciliter l'accès libre aux savoirs féministes et multiplier les données consultables (*via* un projet de numérisation en lien avec des universités africaines).

---

[8] Le réseau comprend 4 700 abonné-es, 1 800 membres dont 340 expert-es et 40 adhérent-es (individus et organisations). Jean-Eudes Beuret et Anne Cadoret (2014) classent Genre en Action parmi les organisations dont la force réside davantage dans la force de leur réseau que dans le nombre de leurs adhérent-es.

[9] Les activités sont détaillées sur le site www.genreenaction.net

Actuellement, l'animation de la dynamique associative et militante du réseau et des projets repose essentiellement sur des bénévoles. Des financements obtenus par appels à projet soutiennent des actions spécifiques et permettent des rémunérations ponctuelles et partielles d'expert-es membres du réseau. La recherche de financement dépend des bénévoles. Dans ces conditions, la production et la circulation des savoirs est-elle viable ?

Mythes et limites du bénévolat pour la production et la circulation des savoirs

Depuis plus d'une décennie, comme de nombreuses associations en France[10] et ailleurs, Genre en Action subit la crise des financements publics et reçoit l'injonction de l'État de changer son modèle économique (Arutyunova et Clark 2013). Cette injonction est un euphémisme pour signifier l'entrée de l'associatif sur le « marché » des appels à projets (en concurrence avec des ONG) et des appels d'offre (en concurrence avec des cabinets privés), dans l'univers de la vente de prestations, de services et de produits (en concurrence avec le secteur privé) et enfin dans celui du recours au *crowdfunding* et au mécénat privé des entreprises. Pour Genre en Action, adopter un isomorphisme marchand crée de nombreux dilemmes : « militer moins pour gagner plus » ne correspond pas aux valeurs fondatrices du réseau. D'un point de vue éthique et idéologique, commercialiser les savoirs déroge aux principes « *d'open knowledge* » (savoirs ouverts) que l'association défend.

L'association peut-elle atteindre ses objectifs dans un modèle « tout bénévole », sans recourir à une équipe salariée dédiée à la recherche et à la gestion des financements et des projets ? En empruntant les outils dits « des rôles multiples »[11] à l'analyse de la division du travail, on peut porter un regard critique sur les mythes et limites du bénévolat, et ainsi révéler une situation qui n'est pas sans rappeler les constats des féministes économistes sur la place des femmes dans la division sexuelle au sein des ménages (Kergoat 2009).

Vous le vouliez, occupez-vous en ! Le rôle reproductif des bénévoles

Le rôle reproductif englobe toutes les tâches relatives à l'entretien du ménage et de ses membres dans la sphère domestique. Dans la perspective essentialiste, la responsabilité du *care* revient aux femmes en tant que génitrices.

---

[10] Voir par exemple la cartocrise : http://www.associations-citoyennes.net/?p=5793
[11] Pour une définition des rôles multiples, voir par exemple Levy (1996).

Dans le monde associatif, le mythe de la disponibilité repose sur l'idée que les bénévoles s'engagent de leur plein gré, « pour la cause », et que leur implication est donc sans limite. Leur travail essentiel et qualifié – mais non rémunéré –, invisible et sous-valorisé renvoie au concept de *care*[12]. Le *care*, dont la traduction en français varie de « l'éthique de la sollicitude » au « soin à la personne », fait référence au travail non rémunéré effectué par les membres d'un groupe (ménage et famille plus globalement) pour assurer notamment le bon état physique, moral et sanitaire des personnes qui composent ce groupe. Dans la division sexuelle du travail qui prévaut dans la majorité des sociétés, il est principalement le fait des femmes. De même que la responsabilité du *care* domestique est basé sur le mythe qui veut que les femmes posséderaient « génétiquement » un capital de sollicitude plus important que les hommes parce qu'elles mettent les enfants au monde, le « *care* associatif » se construit autour de l'idée que les militantes qui ont créé un mouvement ou une association doivent s'en occuper sans rémunération. À l'instar du *care* assumé par les femmes dans le ménage, la charge de travail que représente le *care* associatif, est largement invisible et sous-estimée, à la fois dans l'association et par les partenaires.

Au sein de Genre en Action, comme dans beaucoup d'associations, le *care* correspond d'abord à la gouvernance « de base » qui incombe normalement aux bénévoles[13] (gestion des adhésions, comptabilité, rapports d'activités, gouvernance, élaboration des stratégies). Ce rôle s'alourdit avec le développement du réseau. Sans équipe salariée, les bénévoles assument aussi certaines tâches opérationnelles : l'animation des membres, les partenariats, le réseautage, la communication, la recherche de financement et la formation de la « nouvelle génération » (l'encadrement de stagiaires par exemple). Faire fonctionner le collectif requiert donc une importante dose de *care*.

Le principe associatif auquel souscrit Genre en Action veut que chaque bénévole contribue à hauteur de ses possibilités (techniques, financières, temps, etc.) et en accord avec ses engagements (au sein des instances de gouvernance par exemple). Dans la pratique quotidienne, l'articulation des temps de vie, concept clef dans l'analyse du travail selon le genre, se heurte au principe de réalité. Les militantes bénévoles de Genre en Action ont d'autres engagements et obligations : emploi, auto-entreprenariat, études, familles, politique, loisirs, etc. La plupart sont aussi bénévoles dans d'autres associations et mouvements (en France, en Afrique). Souvent, elles n'y sont pas de « simples » militantes : elles sont dirigeantes, membres des instances de gouvernance. De ce fait, leur disponibilité est souvent limitée et imprévisible. En cas de surcharge professionnelle ou familiale, de conflits ou d'enjeux natio-

---

[12] Voir par exemple Bridge (2009).
[13] On entend principalement ici par bénévoles les adhérent-es de l'association (au nombre de 40). Des bénévoles apportent aussi leur soutien en tant que « simples » membre du réseau.

naux qu'elles doivent placer en tête de leurs priorités, les bénévoles ne sont plus/pas disponibles pour le réseau. Alors que l'association, de par sa configuration francophone et internationale, repose sur l'utilisation des technologies de l'information et de la communication, les bénévoles n'ont pas le même accès aux ressources nécessaires à leur travail. Plus de la moitié des bénévoles actives (y compris au sein du conseil d'administration) vivent en Afrique où l'accès à l'information et à la communication est souvent problématique. Le manque de financement oblige à des rencontres virtuelles (conseil d'administration, assemblée générale, groupes de travail), ce qui réduit les coûts (et les émissions de CO_2) mais augmente le temps de travail (lecture, gestion des messages électroniques, etc.) et freine souvent l'efficacité du réseau. Toutes ces réalités aboutissent à une répartition souvent mal équilibrée du travail entre les bénévoles et un « noyau dur » qui s'essouffle.

Quand on aime, on ne compte pas. Le rôle productif des bénévoles

Dans la division sexuelle du travail, le rôle productif désigne l'ensemble des tâches destinées à générer des revenus ou des ressources à valeur d'échange pour le ménage. Au sein d'une association, c'est le rôle qui permet de mobiliser des financements et/ou d'acquérir des ressources monnayables par ailleurs. Genre en Action a besoin de fonds pour poursuivre ses actions – se loger, s'équiper, se déplacer, communiquer, organiser des rencontres, publier, etc. Rechercher des fonds est un travail à part entière qui demande notamment une « veille », du temps, des compétences techniques et financières ainsi qu'une connaissance des thématiques et des acteurs. Dans quelle mesure est-il possible de mobiliser toutes ces compétences parmi les bénévoles pour lever des fonds visant à garantir la poursuite des projets et, éventuellement, à permettre le recrutement de salarié-es pour soulager les bénévoles ?

L'association dispose de plusieurs options : répondre à des appels à projet et à des appels d'offre (vente d'expertise), vendre ses services (formations/publications, information, etc.), faire appel aux dons, au *crowdfunding* ou au mécénat. Actuellement, les appels à projets sont la piste privilégiée pour la levée de fonds. Pour Genre en Action, la priorité est de trouver les financements nécessaires aux projets transversaux et structurants qui bénéficient au plus grand nombre de membres (réseautage et synergies, information et communication, partage des pratiques, plaidoyer et formation, centre de documentation, etc.). Or, de plus en plus souvent, les appels concernent des projets spécifiques (à des thématiques, à des pays, etc.) plus que les projets transversaux et multi-pays dont Genre en Action a besoin. De plus en plus souvent, les bailleurs exigent aussi que les associations qui déposent les projets soient basées au Sud. Or, le montage des projets demande des compétences – et une solvabilité – dont les petites associations regroupées au sein de Genre en Action ne disposent pas forcément, voire qu'elles demandent *justement* au réseau de leur fournir. En l'absence d'une équipe salariée, le montage des projets est lui aussi assumé par les militantes bénévoles. Au sein de Genre en Action, la décision de répondre ou non à un appel à projets est prise le plus collectivement possible. Mais, au final, ce sont «souvent les mêmes» qui s'impliquent dans la rédaction des projets, et ce pour diverses raisons: intérêt, priorités, compétences, connaissance du réseau, accès aux outils internet, langue (par exemple quand les appels sont à rédiger en anglais), etc. La disponibilité n'est pas nécessairement le critère le plus déterminant.

On peut rapidement définir deux acceptions du terme «expert-e en genre»: il s'agit tout d'abord une personne qui possède des compétences relatives aux genre. Mais le terme fait aussi référence aux professionnel-les qui tirent des revenus de la vente de leur expertise en genre, souvent dans le cadre de la consultance. Les deux définitions ne sont forcément liées ou interchangeables. Les personnes expertes en genre ne sont pas nécessairement consultant-es, et toutes les personnes proposant leurs services comme expert-es ne sont pas nécessairement compétentes[14]. Le but de Genre en Action n'est pas de fournir du travail rémunéré aux expert-es en son sein ni de devenir un «bureau d'expertise». En revanche, elle souhaite valoriser l'expertise (la compétence) de ses membres et, dans ce but, répond à des appels d'offres (prestations de formation, évaluations, accompagnement de projets, etc.). La réponse aux appels d'offres est un exercice collectif qui malmène le mythe du désintéressement. Alors que le *care* mobilise difficilement, les activités rémunérées suscitent plus d'intérêt. Ce constat n'est pas péjoratif. «Primun vivere deinde philosophari»[15], constatait récemment un des experts militants. Outre le fait qu'elle représente un débouché économique, l'implication dans une mission rémunérée au nom de Genre en Action marque une reconnaissance de la compétence des membres et de leur engagement, ainsi qu'une expérience collective d'apprentissage. Quand une offre se présente, l'ensemble des adhérent-es sélectionne collectivement le(s) profil(s) le(s) plus adéquat(s). La non-concurrence entre les membres est un principe clef et suppose une évaluation collective (et une auto-évaluation)

---

[14] Cette affirmation un peu brutale se fonde sur l'expérience de l'auteure dans le domaine de la consultance en genre ainsi que d'échanges informels, au fil des ans, avec notamment des commanditaires et des «bénéficiaires» des expert-es en genre. Lire aussi à ce sujet le rapport de synthèse du colloque «Genre et Développement, quels enjeux pour la formation?» organisé par Genre en Action en 2006, pendant lequel la compétence des «expert-es en formation genre» a été remise en question à diverses reprises. http://www.genreenaction.net/IMG/pdf/Synthe_se.pdf

[15] «D'abord vivre, ensuite philosopher», locution latine (auteur inconnu).

des candidat-es. Les personnes sélectionnées se chargent de la rédaction – souvent avec l'aide d'autres militant-es –, exécutent la mission, puis reversent 10 % de leurs gains à l'association.

Pour encourager toutes les expertises et avancer dans une démarche d'égalité des chances, Genre en Action applique des «principes»: faire travailler ensemble des expert-es du Nord et du Sud, former en binômes, favoriser la collaboration d'expert-es Sud-Sud et de différentes générations[16]. Les conditions et les enveloppes budgétaires des commanditaires amènent fréquemment les militantes à décider de mettre (ou non) de côté ces principes d'intervention. Les différences de points de vue inhérentes à tout collectif créent du débat et des connaissances, mais pas forcément des revenus. En effet, le respect de ces principes peut augmenter les coûts de la prestation et pénaliser l'approche collective.

Ces appels d'offres mettent les associations en concurrence avec des cabinets privés et des expert-es indépendant-es. Dans le cas de Genre en Action, cette concurrence crée des biais défavorables aux militantes au moment de la rédaction et de la sélection. «Les militantes ne sont pas sur un pied d'égalité avec les entités privées qui disposent d'équipes salariées pour répondre aux offres: il y a une "pauvreté en temps" pour celles et ceux qui assument des doubles (et triples) journées de travail (travail gratuit et travail rémunérateur) pour produire bénévolement des savoirs qui servent au final à alimenter les institutions (y compris les cabinets privés) où les personnes sont mieux rémunérées, avec une certaine sécurité de l'emploi»[17]. Au moment de la sélection, «les commanditaires ne valorisent pas forcément le travail collectif des associations qui permettrait peut-être d'aboutir à des savoirs plus collectifs, intéressants, partagés et plus proches de la réalité». Qui plus est, dans un contexte de dépolitisation des enjeux du genre, porter l'étiquette de «militante féministe» n'est pas toujours une plus-value! Entre «manger» et «militer», il faut parfois choisir. «C'est là où les États, les institutions et les grands sponsors nous ont. Il faut de plus en plus modérer son langage et son militantisme pour bénéficier de leurs appuis d'envergure. À défaut, on vivote à peine et la résistance est pénible et terrifiante devant les sollicitations de sa propre famille qui a droit de vie elle aussi», déclare un adhérent actif, également expert/consultant.

La prestation de services payants est une autre manière de financer le réseau et de rémunérer les expert-es. Jusqu'à présent, les évènements, services (formation) et produits (guides, outils) de Genre en Action sont gratuits. Deux facteurs ont permis cette gratuité: le bénévolat des expert-es et le

---

[16] Ces principes sont déclinés dans le référentiel sur la formation des formateurs http://www.genreenaction.net/IMG/pdf/referentiel_formation_genre_2015_web.pdf et dans la charte de Genre en Action http://www.genreenaction.net/IMG/pdf/Charte.pdf.

[17] Les citations proviennent d'échanges avec les adhérent-es de l'association.

subventionnement des actions. L'élaboration d'outils, les formations et l'organisation de colloques mobilisent largement les expert-es qui interviennent bénévolement ou en appliquant des tarifs militants ne reflétant ni leur niveau d'implication ni leur niveau d'expertise. La situation financière a changé, et Genre en Action doit désormais envisager la possibilité de vendre ses services. La fin de la gratuité risque de limiter l'accès aux services et compétences des personnes que l'association souhaite toucher en priorité (les femmes qui militent dans les petites associations des pays francophones, notamment des Suds) et va à l'encontre des objectifs et valeurs de l'association.

Savoirs *low cost*. Le rôle communautaire des bénévoles

Toutes ensemble, tous ensemble ? Tel que défini dans les outils de la division sexuelle du travail, le rôle communautaire comprend les tâches accomplies gratuitement et collectivement pour le bien de la collectivité. Toute l'action du réseau peut entrer dans ce rôle, en particulier les tâches collectives pour la construction des savoirs et des compétences. Dans ce rôle, c'est le mythe de l'expertise « en libre service » qui domine.

L'expertise bénévole qui permet la gratuité des services de Genre en Action (informations, savoirs, outils etc.) questionne la « valeur des savoirs » dans le contexte actuel de concurrence générale pour l'emploi et le revenu. D'une part, les institutions et les pouvoirs publics ont gratuitement accès à ces services, alors même qu'ils n'y contribuent pas (financièrement, intellectuellement, etc.). Les cabinets qui vendent leur expertise en profitent aussi. D'autre part, l'absorption des coûts du travail par les militantes dédouane les pouvoirs publics et les institutions de leur responsabilité financière. Ce sont les militant-es qui subventionnent la production des savoirs. Enfin, le mythe de l'expertise militante gratuite « par essence » génère aussi une économie à deux vitesses de la production des savoirs : les savoirs financés (des organismes et cabinets privés, et dans une moindre mesure du monde académique) et les savoirs non financés des militantes bénévoles. Les expert-es de Genre en Action sont souvent invité-es à intervenir lors de concertations, de débats et de journées d'études ou de sensibilisation. Ceux-ci ont lieu le soir, pendant le week-end ou pendant leurs heures de travail. La plupart du temps, aucune rémunération n'est prévue, y compris par les collectivités et les entités publiques ou semi-publiques, voire privées, qui les convoquent. Autre exemple, la concertation entre pouvoirs publics et organisations de la société civile fait partie de l'exercice de la démocratie participative. Les associations la revendiquent. Cela ne veut pas dire qu'elle doit être à la charge des associations ou de leurs militant-es. C'est pourtant très généralement le cas. En France, depuis 2007, des expertes de Genre en Action ont par exemple été impliquées bénévolement dans la rédaction du Document d'orientation stratégique sur le genre du ministère des Affaires étrangères, puis dans son suivi et son évaluation. Cela n'a pas empêché les financements de se tarir.

Le regroupement de militant-es au sein d'une association induit le mythe d'une pensée commune. Or, l'une des valeurs de Genre en Action est au contraire de situer les savoirs, de parler à partir d'une pluralité de féminismes et d'accueillir des réalités, connaissances et expériences très différentes. Cette ouverture enrichit les échanges entre les membres. Une des bénévoles, militante et experte, affirme que « les re-conceptualisations dans la confrontation positive ont été et continuent d'être des temps forts de partage et d'appropriation. Nous avons appris et bien appris du réseau et par le réseau [...] tous types de savoirs, sur les questions de gouvernance et de partenariat, en plus des sujets de fond sur le genre »[18]. Un autre affirme que « la construction collective des savoirs nous a permis de nous renforcer, d'approfondir nos connaissances et savoir-faire au contact les un-es des autres. Nous ne sommes pas arrivé-es à une pensée unifiée, ce qui serait grave, mais nous avons pu trouver des plages de compréhension commune et des pratiques enrichies pour chacun-es de nous ». Une autre déclare encore : « Les publications et rencontres organisées par Genre en Action ont enrichi mes connaissances sur les questions de genre ainsi que sur l'existence d'associations et de réseaux, notamment dans le Sud ». Les savoirs se construisent également à travers les projets de terrain, des savoirs relatifs aux contenus sur le genre autant qu'à leur processus de construction. Par exemple, faisant référence à un atelier sur les observatoires du genre, un membre rapporte que « la conception des fiches techniques et leur partage a fait avancer les conceptrices, les discutant-es et les participant-es. L'apprentissage est né de la confrontation libre et totalement ouverte. À elle seule, cette dynamique méthodologique est un outil d'apprentissage qui relève de l'innovation méthodologique et cognitive ».

Cependant, pour être reconnus, les savoirs doivent être gérés, formulés et capitalisés (à travers des publications, des outils). Mais, souvent parce que les militant-es manquent de temps et ne disposent d'aucun soutien salarié, ce travail n'est pas fait systématiquement. Est-il possible de capitaliser – et piloter, évaluer, améliorer, etc. – les savoirs produits dans un vaste réseau en comptant uniquement sur des bénévoles ? À titre d'exemple, la série de publications « Focus Genre » est née en 2009 et s'est arrêtée fin 2012, faute de volontaires. « On a du mal à construire collectivement, à mutualiser [...]. Nous avons peu appris à "faire société" en tant que membres de Genre en Action. Pourquoi ? », s'interroge une militante. Doit-on en déduire que le manque de ressources humaines salariées, de moyens pour se rencontrer

---

[18] Pour préparer cet article, un questionnaire a circulé parmi les adhérent-es. Les citations figurent parmi les réponses.

physiquement et de temps pour se consacrer à l'exercice de la capitalisation des savoirs fait aussi partie du problème ?

Au final, la production *low cost* des savoirs rend accessibles les connaissances et les outils. Mais elle contribue à une triple « opportunité de coûts » pour les bénévoles : réduction de leurs activités économiques, de leur temps personnel (vie personnelle) et de leurs productions propres (articles, retour sur expérience, etc.). Le sous-financement de la capitalisation des savoirs (actes des colloques, synthèses d'échanges, publications collectives) en reporte le poids sur les militant-es qui ont du mal à « tenir le rythme » de leurs ambitions.

Ce qui nous tient. Le rôle politique des bénévoles

Dans la division sexuelle du travail, le rôle politique fait référence aux actions visant à influencer la définition et la mise en œuvre des politiques. La volonté de changer l'ordre des choses est la raison d'être du militantisme. C'est aussi le but de Genre en Action. Dans les conditions actuelles de régression constante du soutien aux associations militantes, de conditionnalité des financements, de montée et de mondialisation des extrémismes (économiques, politiques, religieux) et d'institutionnalisation de l'égalité femmes-hommes par des pouvoirs et des institutions elles-mêmes garantes du maintien de l'ordre économique dominant, on peut remettre en question le mythe du changement par l'action collective. L'assèchement du soutien des pouvoirs publics à la société civile féministe engagée dans les questions de genre et l'exhortation à lever des fonds auprès de fondations créées par des entreprises multinationales ou des institutions elles-mêmes génératrices d'inégalités nord-sud[19] – et, par capillarité, d'inégalités de genre – laissent les associations militantes face à un dilemme : peuvent-elles accepter des fonds sans compromettre leurs objectifs[20] ? À défaut, peuvent-elles arriver à leurs fins par leurs propres moyens ? À quel prix ?

Après plus de 10 ans d'existence, il est difficile de savoir si le travail des militantes de Genre en Action a permis d'influencer les institutions, dont celles qui financent ou ont financé ses actions. Mesurer l'impact d'un réseau comme Genre en Action est un énorme défi, dans la mesure où ce réseau évolue dans un vaste espace géographique (les pays francophones), navigue entre virtualité et travail de terrain, ne mène pas directement des campagnes de plaidoyer d'envergure, mais fournit des outils, des connaissances et des

---

[19] Les accords entre l'Europe et les pays ACP (Afrique, Caraïbes, Pacifique) sont par exemple dénoncés comme anti-égalité par des groupements féministes.
[20] Lire à ce sujet l'étude de l'AWID (2014) intitulée « The role of the private sector in financing for development from a feminist perspective ».

compétences visant à provoquer le changement. Réaliser une telle évaluation d'impact nécessiterait des moyens humains et financiers qui ne sont pas disponibles actuellement.

Par réalisme plus que par défaitisme, certain-es militant-es estiment que les associations sont « de plus en plus condamnées à suivre les agendas des institutions… Mais en même temps, sur le long terme, on peut considérer que nous sommes précurseures des agendas en question ». Par exemple, fin 2014, Genre en Action a organisé un colloque international intitulé « Féministes ou non[21] », un événement durant lequel la notion de féminisme islamique a été abordée notamment dans le but de traiter du thème de l'intersectionnalité et la décolonialité des savoirs dans le monde francophone. Les bailleurs du colloque n'ont pas apprécié cette initiative et l'ont fait savoir. Pour autant, les échanges ont incité certaines militantes à poursuivre cette piste de recherche et d'action. Nous pouvons aussi évoquer le thème des observatoires de l'égalité sur lequel Genre en Action travaille depuis 2006. Le travail accompli, notamment pendant quatre ans[22], commence à porter ses fruits et à intéresser les pouvoirs publics. « Nous ne savons pas si nous avons été entendues, mais nous avons été précurseures », déclare l'une des adhérentes dans sa réponse à un questionnaire.

D'autres, en revanche, estiment que « les institutions internationales nous influencent plus que nous ne pouvons le faire, mais nous ne pouvons pas vraiment savoir si nos remarques, refus de participer, refus de faire, précisions théoriques et conceptuelles les ont influencées ou agacées ». Pour un des membres, « nous avons très rarement des agendas propres, nous rimons plutôt avec les agendas tirés par les autres. L'agenda, c'est dans la majorité des cas, voire toujours, ce qu'il est convenu d'appeler la communauté internationale. Mais où est la société civile ? ».

Conclusion

Treize ans après sa création, Genre en Action poursuit ses objectifs de départ et défend son identité. Cependant, il est évident que « la logique instituante de Genre en Action se heurte à un cadre institutionnel et à un environnement politique et social complexes qui exercent des pressions, génèrent des tensions et peuvent remettre en question son projet collectif initial et son identité » (Chabal 2014). L'association se trouve face à un dilemme : accepter de prendre part à la course aux financements – avec des salarié-es –

---

[21] Extraits du colloque : http://www.genreenaction.net/Et-si-feminisme-rimait-avec-pluralisme.html.
[22] Site du projet financé par l'Agence française de développement : http://www.observatoiresdugenre.com/

au risque d'affaiblir la dynamique associative ; rester un mouvement militant porté par des bénévoles au risque d'épuiser les énergies ; ou « réduire la voilure » au détriment des synergies construites pendant plus de 10 ans. Le choix n'est pas de nature économique. Il est idéologique, politique et éthique. Il a des conséquences sur la capacité du réseau à créer et faire circuler les savoirs, les compétences et l'innovation et à plaider pour le changement social.

L'analyse des réalisations et perspectives de Genre en Action montre que, si l'activité de production et de circulation des savoirs est handicapée par le manque de financement, elle n'est pas anéantie. Les bénévoles militantes restent les piliers de l'association, qu'elles (et ils) en sont *les femmes à mille bras* dont parlent les Burkinabés, le *poto mitan* qu'évoquent les féministes martiniquaises. En s'impliquant dans le fonctionnement et la gouvernance de l'association, mais aussi dans l'élaboration des projets et la recherche de financement, les membres bénévoles contribuent non seulement à la production de savoirs féministes non académiques et à la diffusion des savoirs académiques, mais aussi à l'émergence de savoir-faire et de savoir-être collectifs dont l'importance n'est pas également reconnue par les pouvoirs publics et les institutions. À terme, le risque est que cette faille épuise les ressources humaines et réduise l'impact des actions.

Références bibliographiques

Arutyunova, A. et C. Clark. 2013. *Watering the Leaves, Starving the Roots. The Status of Financing for Women's Rights Organizations and Gender Equality*. Association for Women's Rights in Development. https://www.awid.org/sites/default/files/atoms/files/WTL_Starving_Roots.pdf

AWID (Association for Women's Rights in Development). 2014. The *Role* of the *Private Sector* in *Financing* for *Development* from a *Feminist* Perspective. 24 juillet. https://www.globalpolicy.org/global-taxes/52669-the-role-of-the-private-sector-in-financing-for-development-from-a-feminist-perspective.html

Beuret, E. et A. Cadoret. 2014. *Cartographie des instances collectives de solidarité internationale associative ou mixte (plateformes et collectifs)*. Agence française de développement. http://www.afd.fr/webdav/shared/PORTAILS/PUBLICATIONS/ONG/PDF/AFD-Rapport-SMA.pdf

Chabal, F. 2014. La dimension institutionnelle de l'association Genre en Action. Master Management des associations. IAE Paris Panthéon Sorbonne. Non publié.

Bridge. 2009. *Genre et soins aux personnes. Le Bulletin de Bridge*. N° 20.

Droy, I et S. Villeret. 2001. *La prise en compte du genre dans les actions françaises de développement*. Institut de formation et d'appui aux initiatives de développement. http://www.observaction.org/genre-et-programmes-nationaux/la-prise-en-compte-du-genre-dans-les-actions-francaises-de-developpement/

Jad, I. 2010. L'ONGisation des associations de femmes arabes. In *Genre, postcolonialisme et diversité des mouvements de femmes. Cahiers genre et développement*. N° 7. (Dir.) C. Verschuur. Paris: L'Harmattan.

Kergoat. D. 2001. Division sexuelle du travail et rapport sociaux de sexe. In *Genre et économie: un premier éclairage. Cahier genre et développement*. N° 2. (Dir.) J. Bisilliat et C. Verschuur. Paris: L'Harmattan.

Levy, C. 1996. The Web of Institutionnalisation. Londres: DPU working paper. N° 76.

"I speak fluent patriarchy, but it's not my mother tongue." Perspectives of a feminist insider within international institutions

Nadine Puechguirbal

Introduction[1]

In 2014, a Senior Gender Adviser working for a hyper-masculine department at the United Nations (UN), made a request to her supervisor to be invited to the weekly Senior Management Meeting; she wanted to present an important development in the work of gender mainstreaming. Access was granted, but her intervention was put as the last point of the agenda, under what is commonly referred to as "Any Other Business" (AOB), thus sending the not so subliminal message that gender-related work was too trivial to be an actual agenda item that warrants more time for discussion, such as security, military deployment, police work and rule of law.

I think that "AOB" adequately summarises the work we are doing on gender-related issues at the UN.

---

[1] Please note that the views and opinions expressed in this article are solely those of the author and do not represent the views of the United Nations, its agencies and programs or the offices in which the author has served.

Puechguirbal, N. 2017. "I speak fluent patriarchy, but it's not my mother tongue". Perspectives of a feminist insider within international institutions. In *Qui sait? Expertes en genre et connaissances féministes sur le développement*. (Dir.) C. Verschuur. 201-220. Paris: L'Harmattan. Collection Genre et développement. Rencontres.

What does it mean to be a feminist working on gender-related issues in a patriarchal organisation? Is it even possible? Why do the majority of gender advisers refuse to define themselves as feminists? Are we deceiving ourselves in pretending that we can challenge the system from within? What is the price to pay? What are our coping strategies and mechanisms? These are a few questions that I will try to answer in this paper.

The breadth of gender-related knowledge in international organisations is difficult to determine because the literature has still much room to grow. There, what is left for us to rely on are the first-hand experiences and insights provided by feminists working in patriarchal institutions, but they are few. There are several possible reasons for this oversight: first of all, the few feminists under cover do not want to attract attention to themselves and testify against a dysfunctional system; it could be that they believe their testimonies are not interesting or relevant to mainstream research, or they simply think that sharing their experiences will not make a difference. As a result, I have decided to make my own contribution to the process of deconstructing patriarchy from a feminist perspective by challenging a few myths that perpetuate stereotypes and keep gender advisers in denial.

I will draw on my personal experience, working as a feminist in international institutions. This paper will also reflect the numerous insightful discussions that I had with my mentor and friend, Professor Cynthia Enloe, on deconstructing patriarchy. I am indebted to her for inspiring me to continue working as a feminist insider in spite of the numerous obstacles that I have encountered on my path, and to document real life situations with the aim of better understanding the different schemes that patriarchy utilises to deceive us and remain unscathed and unchallenged. I hope that this paper will serve as a catalyst to trigger some feminist curiosity in the audience and inspire further research on the subject matter.

The tension between feminism and patriarchy

Feminism

To better analyse the tension between feminism and patriarchy, one has to understand their antagonistic perspectives. As Professor Cynthia Enloe writes: "As one learns to look at the world through gender-curious feminist eyes, one learns to ask whether anything that passes for natural, inevitable, inherent, traditional, or biological has been *made*" (Enloe 2014, 12). Approaching gender-related issues with a feminist perspective allows us to make visible the hierarchy of power relations, and understand how masculinity and femininity are constructed with the aim of serving a patriarchal concept. As a feminist, one asks radical questions, which is interpreted very often as being too extreme, unreasonable, not serious, and too confrontational. However, Cynthia Enloe argues that "Radical, of course, comes from the Greek word that means 'root' – to be radical may mean that you wear pastels, that you speak very softly, that you've never been seen carrying a banner. But you are radical insofar as you ask root questions. That's what makes one radical and that's what developing a feminist curiosity does [...]" (Enloe and Puechguirbal 2004, 8).

Representatives of patriarchy prefer to reduce every challenge to "problem solving". That allows them to avoid asking – or letting you ask – root questions. Instead, they try to avoid interrogating basic structures, basic assumptions, basic understandings. This avoidance, this reduction of every challenge to an immediate "problem" that needs "solving", ensures that the answers they might receive do not reveal deep gaps that they would have to deal with. As a result, UN insider gender specialists are tempted to slip into the dominant institutional problem-solving mode. They distance themselves daily from any comment that suggests that they are aware of deeper institutional flaws, from any attitude that might seem to their colleagues to be "flirting" with feminism.

First observation: I have witnessed time and time again in international organisational settings the dismissal of feminism as too challenging, or too trivial, and not "relevant" to the subject under immediate discussion. This is often combined, however, with the speaker making a seemingly gender-equity committed statement, e.g. the necessity of increasing women's participation in UN operations.

For instance, a high-ranking official working for the International Committee of the Red Cross (ICRC) announced at a conference on women and war in 2014 that he believed that women were as capable as men: "[...] But are women really more vulnerable than men? [...] Are they less resilient? *Without wanting to break into a feminist lecture: certainly not.* Women are not more vulnerable than men. They have over centuries, been made more vulnerable. But women are made vulnerable or weaker, first and foremost by the conditions that are imposed on them, not by their sex" (Maurer 2015, 11; emphasis mine)[2].

Listening to that official at that conference I realised what a subtle patriarchal manoeuver this official had just carried out. On the one hand, he asserted that women were equal to men, that they were not disabled from capable action by their allegedly feminised vulnerability. On the other hand, he denied making a feminist statement to reassure his audience.

Listening to this influential man's double-messaged statement made me wonder about the impact of his discourse, had he announced that he was indeed going to break into a feminist lecture. What was his fear or

---

[2] Peter Maurer is President of the International Committee of the Red Cross (ICRC).

reluctance? Was he afraid of not being taken seriously? Or was he concerned about getting into too deep of an analytical perspective that would open the door to questioning the way business is conducted in humanitarian organisations? A "feminist lecture" might indeed be seen as too radical for that official and the organisation he represents.

Patriarchy

There are several definitions of patriarchy that could be used here, but I have chosen Cynthia Enloe's description to remain consistent, since I borrowed her perspective on feminism. Her definition of patriarchy summarises in a simple and straightforward manner the issues at stake.

As she explains, patriarchy maintains itself thanks to a system with multiple layers that "[...] (1) sustain the privileging of certain forms of masculinity; (2) treat most women as if they naturally lack autonomy, and (3) weigh all things deemed to be feminine as of lesser value than those deemed masculine when the discussion turns to topics that matter" (Enloe 2013, 11).

Against the backdrop of that definition, I would add that decision-makers within a patriarchal system only pretend to take women "seriously" when they can use them for their *own* operational purposes. For example, today there is a stronger call to get more women in peacekeeping operations. This now-frequent call is, however, not motivated by a rights-based approach but rather by an operational imperative defined according to the masculine norm. Simply adding numbers of women and deploying them on mission according to existing patriarchal essentialist notions of "what women are good for" does nothing to dismantle a masculinity-privileging institutional system.

According to the official website of the UN Department of Peacekeeping Operations (DPKO): "In all fields of peacekeeping, women peacekeepers *have proven* that they can perform the *same* roles, to the *same* standards and under the *same* difficult conditions, *as their male counterparts*. It is an *operational imperative* that we recruit and retain female peacekeepers"[3]. At first glance, this DPKO assertion seems to be a statement in the belief that women and men are equal in their capacities and skills. But it is women – not male soldiers – who have had to "prove" themselves. It is thus only after women "have proven" that they can be trustworthy of male confidence, and capable of performing the same functions as men, that they can be given responsibilities.

On the same DPKO webpage, one can find a long list of reasons that the men who design and conduct military peacekeeping missions – in the Democratic Republic of Congo, Central African Republic, Mali – provide to

---

[3] http://www.un.org/en/peacekeeping/issues/women/womeninpk.shtml. Emphasis mine.

explain why "we" need at least some women in peacekeeping operations. Flowing from these policy-makers' essentialist belief that women "naturally" are more peaceful than men, they will be better at conflict resolution, mediation, reconciliation, supporting women survivors of violence. It is silently presumed, however, that all of these activities will be conducted in a larger strategic framework whose design will continue to be the purview of the DPKO's senior male officials.

While some of these attributes may indeed be accurate descriptions of some women's skills, the discursive framework in which they are set averts more complicated – albeit essential – questions about the responsibilities of men and the construction of a hyper-masculinity prevailing in peacekeeping operations. As a body of literature on women and peacekeeping has shown, for instance: "When women's participation is wanted it is often because of stereotypical assumptions of 'feminine qualities'. [...] What makes this notion of women even more problematic is that these assumptions ignore questions regarding masculinity, military culture and training, which are starkly expressed in camp life on peacekeeping missions" (Valenius 2007, 519).

Very often, gender advisers will adopt this justification to promote the participation of women in peacekeeping operations without questioning its relevance. This approach is well illustrated by Cynthia Enloe when she writes: "[...] The trap – the dangerous temptation – here is to adopt other people's patriarchal criteria for what is worthy of serious attention as our own criteria" (Enloe 2013, 15). Applied to that context, it means that women do not matter for their own worth: they can only be taken seriously once their competency and capability have been assessed by men and found acceptable. The criteria defined by men for women's acceptability are those that we find in the mainstream literature at the UN and accept as the reference criteria to which everything else will be compared and measured. Accepting the masculine norm as the only anchor point in defining roles, responsibilities and functions of individuals is a subtle way to perpetuate a patriarchal order. Decision-makers have yet to question that order.

Gender-related issues: repackaging a militaristic and highly masculinised approach in an updated patriarchal wrapping.

Keeping this tension in mind, it is then very difficult for a feminist to work on gender-related issues within a patriarchal institution without being caught in a "double-bind" situation. People working in a patriarchal organisation feel most comfortable when they can act as though what they imagine to be feminism and patriarchy are positioned at opposite extreme ends of the spectrum. In doing so, they can simultaneously imagine that their own routine and daily actions and uses of language are in the moderate, reasonable middle.

My experience is that working on gender within a patriarchal institution only reinforces the power of the men in decision-making positions (and of those women who play by patriarchal rules) by itself and thus does not necessarily translate into changing the system.

As Professor Sandra Whitworth (2004, 139) puts it: "One of the reasons gender has become a safe idea is that the manner in which it has been used within the UN understandings of peace and security issues has transformed it from a radical perspective to a problem-solving tool, which does not challenge prevailing practices in armed conflict, peace and security". Feminists working on gender-related issues in international institutions are made to believe that they can challenge and change an unequal system; but it is a big deception. By pretending to support the work on gender on the surface, decision-makers have found the perfect strategy to make their work look good; for example, integrating a gender perspective into peacekeeping operations will provide cosmetic transformation without questioning whether a militarised operation is the solution in the first place.

In everyday practice, this means that heads of mission and/or decision-makers can use this rhetoric without translating it into allocating resources for gender mainstreaming and without lending their own authoritative support to the work of gender advisers.

Since there is no accountability for the work done or, more often, not done, on gender, managers are not compelled to turn promises into action. This is the same approach in terms of always looking at the "added value" of women, rather than the inherent value of women. Gender expertise is assessed by supervisors up the ladder in terms of what it "can bring to the table" of immediate problem solving, rather than what it stands for/represents in its own right.

This situation is also reflected in what feminist social anthropologist Rosalind Eyben (2010, 55) writes: "[...] Feminists face the dilemma of engaging with the state machinery so as to change it while devoting most of their time to performing the tasks that the bureaucracy requires of them, after which the machinery fails to deliver the hoped-for transformations".

A good example to illustrate this is the function of Gender Focal Point, which is used to promote gender mainstreaming across the board in different international organisations.

Gender Focal Points are staff members with a full time job as Protection Adviser, Human Rights Observer, or Civil Affairs Officer. They are expected by their managers – and by the UN as a whole – to "take care of gender" after hours, when they are done with their daily job. Adding "Gender Focal Point" to the job description – usually to women staff members' job descriptions – of course, saves money. In practice, it is another trick to avoid allocating dedicated resources or creating full time posts of gender advisers to properly deliver their mandate. On paper it makes the UN appear "gender aware". In practice it updates sustainable patriarchy.

Anything that is merely an "add on" is not something that the organisation takes seriously.

The work of a gender adviser at the United Nations

Profile of a gender adviser: is it a real profession?

For a long time, I was convinced that part of the problem of the lack of results was the appointment of incompetent gender advisers who were not delivering; in the early years of the implementation of resolution 1325, there was no real job description for gender advisers. This was a rather "new" job, especially for peacekeeping operations, so the profile was not associated with a job family such as Security Officer, or Political Adviser, or Administrator, etc. It was not perceived as a real profession in fact. As a result, the tendency was to mainly hire women who had worked either on women's rights or gender-related issues, but were maybe not qualified for a particular post of gender adviser in the specific context of peacekeeping operations. The fact that they were women was considered a guarantee of their ability to work on gender since gender and women are often conflated and used interchangeably.

In July 2012, Joanne Sandler, a former high-ranking officer at UNIFEM, which pre-dated UN Women, wrote a paper highlighting the hurdles that feminists encountered while working at the UN. Three years later, reading her paper makes me realise that I might have unconsciously assimilated our collective position of submissiveness to the power of patriarchy. She wrote: "Staff in gender units – like others who feel powerless and turn their frustrations inward rather than strategising to overturn what is oppressing them – are much more likely to publicly criticise each other than to say anything about those in power who fail to change inequitable gender arrangements" (Sandler 2012, 17). I therefore realised that part of the problem of no one delivering results was maybe to be found in the system itself, since it was setting gender advisers up for failure by creating tension and competition among them through relentless criticism of their work, lack of support and marginalisation. The end result was that gender advisers started to turn against each other in their quest for validation and acceptance by the male decision-makers. Some gender advisers were praised by the patriarchal representatives while others were heavily criticised, thus paving the way for internal division. Patriarchy is very skilled at dividing people to better control them, using a "divide and conquer" strategy.

Legitimacy and access: internally displaced persons

Over the years, we have observed a "ghettoisation" of the work of gender advisers. Indeed, very often the Gender Unit is treated as a stand-alone unit lost at the bottom of the Humanitarian Pillar of a mission. This placement limits access to decision-makers and results in the marginalisation of the gender adviser, whose credibility is impacted. The visibility of the unit is dependent on the personality of management, so its success and failure often does not reflect improvements/challenges encountered by broader agendas.

At UN headquarters in New York, very often gender advisers do not have the level required to give them access to authority; poor location that contributes to the invisibility of the work of gender advisers, coupled with a lower level of authority, is a recipe for failure.

We can relate to the observations of Joanne Sandler (2012, 13): "[...] Keeping the unit or organisation responsible for gender equality at a lower level and hence disadvantaged level is another pathway for restricting its influence and effectiveness in a hierarchy where organisational access is determined by the level of leadership". We have to keep in mind that the UN is a patriarchal organisation relying on a hierarchy of power (from top to bottom). The representatives of patriarchy protect their power by avoiding contact with staff from lower levels who could question their authority. Relying on the hierarchy is another convenient trick to keep powerful men (and some women) inaccessible and locked high up in their ivory tower.

As a former gender adviser for the UN Mission in Nepal has witnessed: "There has been a serious concern over the ghettoization of the issue of gender within the Mission. While gender is both a cross-cutting issue and a deeply political issue, it is unfortunate that it has been regarded as a theme. This in turn has made it very difficult to advise senior management due to lack of access, or give visibility to the issue within the mission or project gender as a priority concern outside of the mission and with the various stakeholders" (Kapur 2008, 7; personal communication with the author)[4].

The positioning of the gender adviser is key in building a strong gender architecture that would allow access and grant more authority to the function. I would like to use here one concrete case study as a case in point. When I was working as the Senior Gender Adviser for DPKO in 2013, I decided to request a meeting with the head of the department to highlight the difficulties in integrating gender in peacekeeping operations, at a time when discussions were taking place about merging gender units with human rights components. I wanted to offer a new model of gender mainstreaming that would allow the gender adviser to get out of the ghetto... With the support of the Head of DPKO, we offered to conduct a pilot project in Haiti where we would reorganise the Gender Unit. The idea was to place the Senior Gender Adviser in the SRSG's[5] office (Head of mission), and strategically send three

---

[4] Ratna Kapur was Senior Gender Advisor/Chief of Section, United Nations Mission in Nepal.
[5] Special Representative of the Secretary General.

gender affairs officers from the Gender Unit to different components, depending on the priority of the mission, i.e. in this case Office of Rule of Law, Civil Affairs and Elections. As I wrote to document the good practice:

> [...] The Senior Gender Adviser (SGA) should be located at the level of the SRSG's office for the following two reasons: a) since the ultimate responsibility of gender mainstreaming lies with the SRSG, the SGA would be in a better position to advise and support the SRSG in the implementation of her/his mandate; and b) being positioned within the SRSG's office, the SGA would have a better overview of all the mission's components and be strategically placed with enough authority to reach out to the heads of sections. (Puechguirbal 2015, 265)

One year later, an assessment of the pilot project was conducted, and I have it on good authority that the new restructuring of the Gender Unit has had a positive impact on the work of the overall mission; for example, placing the Senior Gender Adviser in the SRSG office reinforces the mission's leadership (better access to the Head of mission, more accountability, etc.) and embedding staff from the Gender Unit in substantial components offers better results (immersion in the team allows for daily interaction on gender).

Nevertheless, remaining gaps were identified, such as a persistent lack of capacity on gender to cover priority areas (*three gender affairs officers can provide advisory support to three main components of the mission, but what about the other offices?*); a need for the mission leadership to inform all staff about the new gender architecture and its mechanism for mainstreaming (*persistent lack of understanding about the work on gender*) and a need to document good practices for this pilot in order to replicate it in other missions (*the main concern is that it will remain a one-time pilot project that is non-threatening to existing conservatism in other missions*).

I would like to add that, although scattering gender officers throughout the mission is a step forward, the ideal situation would be to get specific job descriptions for different professions that would require gender expertise, for Political Affairs Officers, Civil Affairs, Protection of Civilians, etc. It would enhance the ownership of each component and avoid the perception of gender as being imposed from the outside or as an additional workload. Finally, it would relieve the gender adviser's burden of being the only person accountable for gender issues within the mission.

"I am not a feminist but...": living in fear

It strikes me over and over again that most of my colleagues who work as gender advisers are reluctant to be defined as feminists; as if a feminist-informed action is seen as a threat to acceptability by the system. As Elisabeth Prügl, Rahel Kunz and Hayley Thompson found out in their research on gender expertise: "Many gender experts do not self-identify as feminists or do so only in private. Indeed, our survey found that over 40 per cent rejected the label 'feminist' to describe themselves. Some of these argue that fostering change requires pragmatism; and adopting feminist politics stands in the way of such a pragmatism" (Prügl, Kunz and Thompson 2015, 10). Although in their research they also show that some gender advisers embrace feminism, I think that the majority of gender experts consciously or unconsciously reject the notion of feminism.

This is very interesting research because it shows how gender advisers live in denial, convinced that because they adopt a pragmatic approach, they will be able to foster changes. However, as I have indicated earlier about the deployment of female peacekeepers, pragmatism essentially means playing by the rules established by the patriarchal system and adopting criteria defined according to the masculine norm that we accept as the reality. Of course, as a feminist I am aware that we can pretend to accept the rules and use them to achieve our objectives, thus avoiding a confrontation with patriarchy that will never end to our advantage. However, I still think that pragmatism is a decoy used to trap us into validating the patriarchal perspective.

I believe that most of us do live in fear cultivated by patriarchy: fear of not being accepted by the system, fear of losing support, and being rejected. This fear is very well illustrated by the example of a few high-ranking women who succeeded in climbing to the top of the UN ladder. One of them was explaining to me that she managed to reach the top thanks to her merits (and here I am asking myself "but who is defining merit in this organisation?"). She was convinced that other women could do the same if they worked hard enough. This is a clear state of denial that also shows how co-optation into the "boys club" works. It is as if women reaching the top are victims of amnesia and forget about their years of struggle, trying to carve out a space for themselves in a highly masculine environment. These women could do so much for the promotion of women within such a hierarchical system, but they choose to adopt a very conservative attitude. They have internalised the fear of rejection and, since most of them are suffering from low self-esteem that they have disguised under the myth of hard work that rewards only those who die on the job, they will isolate themselves once they reach the top of the organisation. They do not want to be seen as favouring women over men, and will champion a tough approach on gender-related issues to prove to the boys club that they can be trusted. The idea of "aggression" and "arrogance" is often associated with power, and anything less than this is weak. So often women will try to counteract how they are perceived by putting up a defensive, aggressive front to demonstrate they deserve attention of the established patriarchal system.

As we have seen previously, "they have proven that they can perform the same roles [as men]". The wheel has spun full circle.

Being taken seriously: knowing your place

In line with what I discussed earlier, patriarchy is subtly using psychological pressure to ensure that men and women know their place within the organisation. For example, I have been in situations where I was clearly not respecting the implicit rules of behaviour; I remember being in a meeting with interlocutors from outside who were asking a lot of questions about gender and peacekeepers that I was happy to answer. One high-ranking woman sitting next to me was becoming restless because her male protégé, who was deemed knowledgeable on peacekeeping simply by virtue of being male, was not able to speak up. So she quietly turned to me and whispered in my ear: "Let X speak", which immediately sent the signal to my psyche that my intervention was not perceived as important, nor taken seriously, and that I was expected to retreat to my place, i.e. remain silent, while the male prodigy would inject a remarkable/"worthy" opinion on the topic under discussion.

This experience made me realise that, if I want to continue to be invited to those meetings, I have to walk a fine line between being able to express myself and not overshadowing the men who have to speak up, regardless of the topic under discussion, because silence is a sign of weakness and incompetence in patriarchy. Interestingly enough, when men occupy space and time in meetings with endless and irrelevant contributions, nobody turns to them to ask them to let the women speak up.

How patriarchy sustains itself

Language

It is key to understand how language influences thoughts and policies that, in turn, perpetuate a gendered imbalance of power as well as gender inequalities. Very few individuals at the UN actually question the use of a militaristic and hyper-masculine language in their daily interactions. For example, I continue to be amazed by my male colleagues who talk about "*penetrating* the field to increase efficiency in tackling issues of conflict-related sexual violence" or "making sure we *detonate* this issue in all the right and strategic forums...", or even "engaging in sustained efforts to *break the back* of the problem"[6].

For an outside audience without a particular feminist perspective, these sentences can make a vivid impression as they carry a strong message. However, the language used in those terms only reinforces a strong hierarchy

---

[6] Emphasis mine.

of power based on the allegory of war and aggression, embedded into masculine, militarised discourse from which women are excluded.

The "women-and-children" syndrome

The victimisation of women and girls has been institutionalised at the UN and other international organisations; women are repeatedly depicted as powerless victims in need of (male) protection and part of the so-called vulnerable group, together with children. This approach removes the agency of women and prevents them from being defined as active agents of change within their communities, seen as actors with a voice: the best example of this approach is their recurrent absence from peace processes as so-called victims are never invited to represent their views. As a result, I think that one of the tasks of a gender adviser working with a feminist perspective would be to challenge the language each time an opportunity arises. It is of the utmost importance to change the narrative to become more all-inclusive of the different experiences of women in times of war. If not, I am afraid that we will become accomplices to patriarchy in perpetuating stereotypes about women and girls, thus limiting their access to power as influential actors.

As Professor Jacqui True writes: "When women are primarily seen as victims, 'collateral damage' or 'unintended costs', rather than agents, the focus is deflected from biased and exclusionary institutions and structures" (True 2003, 384). This can have long-lasting consequences in the post-conflict phase of reconstruction: indeed, women defined as war victims might be excluded from access to skills training, jobs, and rehabilitation programs specifically designed for (young) men. Instead, women will be targeted as passive beneficiaries of humanitarian programs and will not be entrusted with responsibilities.

The art of procrastination

One interesting strategy that patriarchy uses time and time again is the promise made to take care of gender-related issues "later". According to my experience in international organisations such as the UN, "later" means that it is not relevant/important enough and can be put on the back burner until it falls through the cracks. If the problem does not exist, decision-makers will not have to deal with it. As Cynthia Enloe so astutely noted: "Later is a patriarchal time zone" (Enloe 2004, 215). It is a very subtle move, but it ensures that decision-makers can gain time. Any time-bound promises by representatives of patriarchy have to be considered as empty shells and not trusted.

Scholars like Angela Raven-Roberts (2005, 57), who has years of experience with non-governmental organisations (NGOs) and the UN, has observed that: "[i]n emergency contexts, there is 'no time' to do gender work, as what is needed is rapid action, life-saving food, and material distribution. Performing nuanced analyses and targeting change is too cumbersome, complex, and time consuming, indeed downright harmful to the 'real work' of saving lives". This observation is true in any context, from humanitarian to development or peacekeeping operations. Gender advisers know that time is of the essence when trying to integrate a gender perspective into the work of missions: the sooner the better, before budgets have been allocated, activities defined and responsibilities shared. It will be more difficult to influence the process at a later stage, when UN staff have already started to work on a plan of action in all areas of interest: humanitarian, rule of law, elections, civil affairs, human rights, etc. Fixing a lack of gender perspective "later" will require a lot of effort and might come at a cost. For example, if we produce posters during an electoral campaign to encourage the population to go to vote but represent only men on those posters, it will cost money to get new posters printed that display both women and men.

This seems to be a very trivial detail, but patriarchy cannot survive details because scrutiny will reveal a wide range of problems. For instance, when sex- and age-disaggregated data are provided in any operation, it gives an accurate picture of the reality on the ground and the gaps between women and men in all aspects of the social spectrum, including education, income, access to and control over resources, urban and rural divide, and safety issues. Once the problem has been identified, it is more difficult to blatantly ignore it. We can link this to the fact that decision-makers do not ask radical questions, with the same objective of preventing problems from coming to the surface.

Procrastination is the autograph of patriarchy.

Oppression, protection and omission

First of all, the different forms of oppression by patriarchy can be very subtle as oppression comes in disguise. For example, since patriarchy is a microcosm of what society is, it makes me think of the dynamics happening in a family. In the way a family is structured, there is a favourite child who can get away with anything and is always protected by the mother/father. Then there is a less favourite child who is sometimes pretty rebellious against family rules and, whatever that child does is never enough to get the love/appreciation of the mother/father. Translated into the language of patriarchy at stake in big organisations like the UN, this means that if you abide by the rules established by the regime, you will be accepted/tolerated; but if you question the regime and refuse to be obedient, then you will be labelled as "too independent" and systematically harassed/oppressed until you are tamed and you behave. The only solution to surviving without bending too much to the rules is to develop coping mechanisms that will allow survival in disguise (see next section).

Having said that, many individuals working in a patriarchal system do internalise the oppressive regime. When their space is shrinking and they want to protect themselves against the oppression, this is the only alternative. In her book about deconstructing gender mainstreaming in development, Rebecca Tiessen (2007, 46) writes: "[...] People internalize their oppression after years of being systematically denied power and influence. Over time, people begin to believe the messages they receive. The 'internalized oppression' becomes deeply entrenched in one's identity and the inequality becomes reality; so normalized it goes unquestioned." By its subtle manipulation of power relations, patriarchy is slowly wearing people down.

Patriarchy is best known for being an oppressive system, but we talk less about how it protects and rewards those who follow its rules. Colleagues at the UN want to be acknowledged for the work they are doing because acknowledgement supposedly means "being recognised by my peers", thus creating a sense of belonging and safety. As I demonstrated earlier, patriarchy cultivates a certain level of fear among the staff to hold them in check. For women especially, being acknowledged by the representatives of patriarchy as "serious" interlocutors sitting around the table can be seen as a great personal achievement. As Cynthia Enloe (2013, 14) explains: "Patriarchy is stubbornly perpetuated because it is not simply oppressive; it is rewarding, it is alluring. It is reassuring to be protected. It is satisfying to be called respectable". Indeed, respectability is especially important for women who have been educated in so-called values of "being respectable" and "well-behaved"; so when a decision-maker praises a woman for her contribution in a meeting, she unconsciously understands that he might respect her and she can maybe hope to belong, finally.

Lastly, patriarchy is also operating through omission by hiring people who will never rock the boat and who will promote a very conservative approach on gender-related issues; e.g. extremely ambitious individuals focused on their career, ego-centric men and women who lack empathy, incompetent staff only attracted to the job for its benefits and glory, faithful representatives of patriarchy dedicated to the system, etc.

The Drama Triangle: rescuer/victim/persecutor

I will be using here a psychological model to explain the different roles that patriarchy can play within the same organisation. I started to think about this triangle in relation to the behaviour of UN peacekeepers in host communities. The men who are deployed as peacekeepers are trained to believe that they will "save" people who have been impoverished by a war and that their action will bring security and hope in building a post-conflict society; for that, these "local" people will be eternally grateful.

As a result, peacekeepers first arrive in their country of assignment as rescuers/saviours. Slowly, however, the expectations they have raised among the host community turn into disappointment and sometimes anger at the UN passivity/inaction. Therefore, from rescuers they become victims of ungrateful "local" men and women who are not that pleased with the occupation of their country by peacekeepers. With their new "victim" status, there is a thin line to cross before they become perpetrators out of retaliation against the very same people that the peacekeepers were supposed to "save" in the first place; in addition, a sense of entitlement, reinforced by a differential power between the peacekeepers and the host community, can quickly escalate and lead peacekeepers to become perpetrators and commit crimes, including sexual exploitation and abuse.

The same dynamic is at play in different situations that can develop within a patriarchal institution, which further illustrates the discussion earlier in the paper about oppression, protection and omission. Representatives of patriarchy will allow a gender adviser to conduct her[7] activities within boundaries that have been set by the system; the person will feel rewarded and accepted, provided that she never crosses a line that would be perceived as challenging the authority. In case she persists in crossing the line in spite of receiving several warnings, she will encounter the wrath of patriarchy's representatives. However, before persecuting her, she will be made to feel guilty, inadequate, rejected and ungrateful to the people who supported her in the first place. Patriarchy excels at the art of breaking down self-esteem, especially in women. Then you are one small step away from being persecuted for not respecting the rules.

Getting out of this triangle is not that easy.

Survival strategies for feminists working in patriarchal institutions

"I speak fluent patriarchy, but it's not my mother tongue"

Learning the language of the organisation is a key skill for surviving. Indeed, language has to be taken seriously because it helps us adjust to an environment or a situation while, at the same time, enabling us to understand the

---

[7] The majority of gender advisers are women; a few men are currently working as gender advisers. It would be interesting to find out whether a) they are more accepted because there are men; or b) they are not taken seriously, not because of their sex, but because of the position they occupy.

subtleties at stake. Just as we learn a new language in order to better understand another culture, work in a different environment, or fit in a foreign country, speaking fluent patriarchy can help to avoid common misunderstanding.

One has to remain vigilant to steer clear of the co-optation trap set by the system, though, because once we speak a language fluently, we often feel a sense of belonging and start behaving like the "natives". As a result, we must always find a good balance between the games we play with patriarchy and the ethical principles we keep. Observing oneself while speaking the language is a powerful tool to deconstruct all assumptions on which patriarchy is built. It means that we tailor our intervention to the audience, trying to sound convincing, without using a confrontational tone, and avoiding aggression and criticism that would close all doors. This closely ties into my next point.

Being a feminist observer

As much as we are the observers of our own emotions and thoughts in meditation, we can also become savvy observers of patriarchy with a feminist perspective. Instead of taking everything personally and becoming confrontational – which can only lead to increased frustration due to differential power – I find observation a very practical tool, borrowed from the practical toolbox, to resist patriarchy. Indeed, we learn so much from observing men and women around a table, such as their body language, which words they use, how their fears are expressed, as well as their satisfaction and pride at being acknowledged by the men (or women) in power or the reverse (how their frustrations manifest at not being acknowledged). Putting oneself in the position of an observer allows more distance from the reality, more detachment and the power to examine a situation by recognising all gender-related stereotypes at play. The findings of observing patriarchy can feed into more research on the subject matter and uncover its subtle or more obvious tactics and manoeuvering. This observation tool should be utilised regularly to allow for identification of patterns.

Relying on a supportive network of like-minded people

Working in isolation leads us to complete exclusion from decision-making centres, especially in such a difficult environment. Creating alliances with NGOs, Member States to the UN and other supportive individuals or groups, politically or ideologically, can bear fruit and help to strengthen our position. As Joanne Sandler (2012, 14) reminisces: "I will never forget when a very irritated high-level UN official warned us, after yet another failed effort to dissolve UNIFEM, 'The only reason we can't absorb you is because you have a constituency. That's what is saving you'."

Indeed, for representatives of patriarchy who are relentlessly trying to dismiss gender-related issues as irrelevant, an act of massive support can have an impact on decision-makers, especially when it comes from a highly masculine political body of the UN. I remember that in 2013, when I was still working as the Senior Gender Adviser for DPKO, we organised an Arria Formula[8] co-chaired by Guatemala and Australia, two countries that had a seat at the Security Council that year. We had invited gender advisers and Women Protection Advisers from field missions to come to New York to share their experiences with members of the Security Council, talk about good practices and highlight obstacles and challenges in their daily work. The event was very well attended and sparked a very dynamic exchange between the participants and members of the Security Council. The Head of DPKO even accepted to sit on the panel, together with the Ambassadors of Australia and Guatemala.

At the end of the event, as I was congratulating the participants, one incredulous high-ranking (male) UN official who had been sitting next to me, turned to me and said: "I didn't know that Member States were that interested in those issues... *It's good to know*"[9]. What this individual meant was that if members of the Security Council who address serious peace and security issues throughout the world take the time to attend such an event and take it seriously, it is probably something to not completely ignore. This example serves to illustrate the strength of a network and the political capital that we can gain through lobbying with countries at the UN that are allies in the women, peace and security agenda.

The Stockholm syndrome

In her analysis of the UN system, Joanne Sandler dared to compare the impact of a patriarchal system on the staff with the "battered women's syndrome". She defined four stages of the process, including denial (*as a coping mechanism for not being able to challenge the system openly*), guilt (*blaming ourselves for failing to mainstream gender*), recognition/awareness (*realising that the system is the problem, not us*), and empowerment (*being confident enough to use the system in order to achieve our goals*). She stated that many people do not go beyond the first two stages.

In the same vein, I was made aware by a friend of mine who is a women's human rights activist that I might be suffering from the so-called "Stockholm

---

[8] An Arria Formula is an informal consultation between members of the UN Security Council and representatives of civil society or any invited group on issues pertaining to peace and security. The practice was initiated by Ambassador Diego Arria, representative of Venezuela on the Council in 1992-1993.

[9] Personal observation of the author. Emphasis mine.

Syndrome". I first found this comparison a little bit out of scope, but after giving it much thought, it appears to bear some weight. Indeed, when I think about all the games I have to play to survive, the language I have had to learn, the low profile I have to keep and the camouflage I have to wear to avoid being identified as a feminist too frequently, it definitely appears that I have adjusted to the requirements of patriarchy. I might even have been accepted as "a member of the big family", as one colleague would say.

Conclusion

In conclusion, I would like to pose a simple question (Puechguirbal 2014, 33): "[…] If the men in power have so few incentives to change, why do we continue to work within the same system that doesn't allow any results or any accountability?"

International organisations create positions of gender advisers that are used as a cover to make the organisations look good, in compliance with different resolutions or international instruments promoting gender equality and women's human rights. However, the patriarchal environment where the gender advisers work remains unchallenged, unshaken. We end up making cosmetic changes within a system that deceives everybody by pretending to integrate a gender perspective into its work, but without providing gender advisers with the necessary resources and authority.

As I have tried to demonstrate in this paper, patriarchy can rely on a set of tricks to continue to dominate, influence policies according to masculine norms, and deceive people by using different tactics in the framework of a well-experienced machine.

As Jacqui True (2003, 384) has shown: "Gender mainstreaming efforts [….] will not change institutional practices and norms unless they are supported by social movement activism on gender equity and subjected to the ongoing critical scrutiny of a gender perspective by feminist scholars and activists". But for feminist scholars and activists to make a difference and have their voices heard in the current discourse controlled by patriarchy, there is a need to break down the system we are working in.

Finally, as we are often approaching patriarchy from a sociology or anthropology perspective, I would like to see more research done from a psychological point of view. I have a feeling that we only touch the surface of what could be a deep explanation of the ego-centric power stronghold of patriarchy; the way women have been educated and have internalised their status of second class citizens, thus somehow accepting a regime that oppresses them but at the same time rewards their loyal behaviour. I want to understand the need of individuals at the UN and in big organisations for absolute control of others, the way they behave out of fear, their lack of self-esteem (especially women) or confidence that prevents them from letting go and becoming supportive managers; the need of individuals in decision-making positions to maintain a gendered hierarchy of power, relying on patriarchal assumptions that being tough is a sign of competency, thus avoiding dialogue or any signs that could be interpreted as weakness and/or incompetence.

The lack of empathy among individuals in these international institutions is a sign that the system is dysfunctional, spiritually empty, and that a deep analytical perspective is needed to change it. We, as feminists, have not been able to challenge the system because we continue to think according to the masculine norm, which has also served to isolate us from each other. As feminists, it is our collective responsibility to reinvent the codes and norms that have been defined by the men in power and imposed on us as universal references; create our own space and seize the fossilised language used on the international stage to transform it. Only then will we be able to make a difference.

References

Enloe, C. 2004. *The Curious Feminist. Searching for women in a new age of empire*. Berkeley: University of California Press.

Enloe, C. 2013. *Seriously! Investigating Crashes and Crises as if Women Mattered*. Berkeley: University of California Press.

Enloe, C. 2014. *Bananas, Beaches and Bases. Making Feminist Sense of International Politics*. Berkeley: University of California Press. Second edition.

Enloe, C. and N. Puechguirbal. 2004. Failing to Secure the Peace: Practical Gendered Lessons from Haiti & Iraq. Lecture at The Boston Consortium on Gender, Security and Human Rights, Fletcher School of Law and Diplomacy, Tufts University, October 26.

Eyben, R. 2010. Subversively Accommodating: Feminist Bureaucrats and Gender Mainstreaming. *Institute of Development Studies Bulletin*. 41(2): 54-61.

Kapur, R. 2008. End-of-Assignment Report. United Nations Mission in Nepal.

Maurer, P. 2015. Keynote Addresses. In Women & War. Women & Armed Conflicts and the Issue of Sexual Violence. Report of the Colloquium International Committee of the Red Cross (ICRC)-European Union Institute for Security Studies (EUISS), 30 September 2014. https://www.icrc.org/en/download/file/8598/icrc_report_women_and_war.pdf

Puechguirbal, N. 2014. The Problem that has no name: Addressing the Causes and Consequences of Sexual Violence in Armed Conflicts. In Women & War. Women & Armed Conflicts and the Issue of Sexual

Violence. Report of the Colloquium International Committee of the Red Cross (ICRC)-European Union Institute for Security Studies (EUISS), 30 September 2014.

Puechguirbal, N. 2015. Peacekeeping. In *Gender Matters in Global Politics. A Feminist Introduction to International Relations*. (Ed.) L. Shepherd. London and NY: Routledge. Second edition.

Prügl, E., R. Kunz and H. Thompson. 2015. Gender Experts and Gender Expertise: Mapping an Emerging Transnational Field. Workshop on "The Production and Uses of Expertise by International Bureaucracies". Graduate Institute, Geneva, 21-23 May.

Raven-Roberts, A. 2005. Gender Mainstreaming in United Nations Peacekeeping Operations: Talking the Talk, Tripping over the Walk. In *Gender, Conflict and Peacekeeping*. (Eds.) D. Mazurana, A. Raven-Roberts and J. Parpart. Lanham, MD: Rowman & Littlefield.

Sandler, J. 2012. Inside the UN bureaucratic machine: what prospects for UN Women? In *Strategies of Feminist Bureaucrats: United Nations Experiences*. J. Sandler and A. Rao. IDS Working Paper. No. 397.

Tiessen, R. 2007. *Everywhere/Nowhere: Gender Mainstreaming in Development Agencies*. Bloomfield: Kumarian Press.

True, J. 2003. Mainstreaming Gender in Global Public Policy. *International Feminist Journal of Politics*. 5(3): 368-396.

Valenius, J. 2007. A Few Kind Women: Gender Essentialism and Nordic Peacekeeping Operations. *International Peacekeeping*. 14(4): 510-523.

Whitworth, S. 2004. *Men, Militarism and UN peacekeeping: A Gendered Analysis*. Boulder, CO: Lynne Rienner.

From feminist knowledge to public action: the role of power and ideology

Shahra Razavi

Let us begin with three vignettes taken from different arenas of policy that feminist ideas and feminist knowledge seem to have permeated, promising to create the momentum for policy change.

In June 2014 a global summit on Ending Sexual Violence in Conflict was convened by the UK Foreign Secretary, William Hague. The event was the culmination of a two-year process masterminded by the Foreign Secretary and his team to take advantage of the UK's Presidency of the G8 and place the issue on the agenda of the world's super powers. At long last, the campaign to address sexual violence in conflict became a high profile issue on the global political and diplomatic agenda, grabbing headlines in the world's media (which was also helped by Angelina Jolie's accompanying William Hague during the four-day summit).

On 26 June 2015, the US Supreme Court recognised the rights of same-sex couples to marry. The decision came on the heels of the Supreme Court's 2013 decision, which struck down the clause in the Federal Defense of Marriage Act (DOMA) that defined "marriage" and "spouse" as excluding same-sex partners.

In September 2015 the McKinsey Global Institute launched its new report, *The Power of Parity*. The launch statement read:

> Gender inequality is not only a pressing moral and social issue but also a critical economic challenge. If women – who account for half the world's working-age population – do not achieve their full economic potential, the global economy will suffer. While all types of inequality have economic consequences, in our new McKinsey Global Institute (MGI) report, *The power of parity: How advancing women's equality can add $12 trillion to global growth*, we focus on the economic implications of lack of parity between men and women. (McKinsey Global Institute 2015, 25)

The report identifies impact zones – including blocked economic potential, *time spent in unpaid care work* (my emphasis), fewer legal rights, political underrepresentation and violence against women – where action could move more than 75% of women affected by gender inequality globally closer to parity.

These three vignettes or snapshots point to some important changes that are taking place before our eyes, thanks to the persistence and hard work of feminist researchers and women's rights advocates – two categories with a blurred boundary between them – who have produced the ideas and evidence and brought them into the public arena of policy debate and action. Feminist vocabulary – "empowerment", "sexual violence", "unpaid care work" – is on the lips of those whom one would not normally associate with the movement (foreign ministers, corporations and their allies, supreme courts, etc.). What is going on here? Are these just "buzzwords" (Cornwall and Brock 2005) or is something more meaningful happening here with the potential to impact policy and the lives of real people, women and men, on the ground?

Beyond these three particular snapshots (about which I will have more to say) there has been progress on a number of important fronts. In a comprehensive 20-year review that UN Women carried out on the Beijing Platform for Action, it was clear that some positive changes are happening from a gender equality perspective. There has been considerable progress, for example, in removing discriminatory provisions from existing laws and in passing new laws that promote women's rights, particularly when it comes to violence against women. We have also seen considerable normative advances in the global agenda on "women, peace and security" into which the first vignette fits. Another area of progress across all regions has been the significant gains in girls' enrolment in primary and secondary education, problems with the quality of education notwithstanding.

We often hear that there is "unevenness" in the progress we have seen in gender equality. I think the term "uneven" is misleading, because it suggests a degree of randomness in how progress is being made. I think a better term is selectivity. The selectivity in progress has two sources: first, structural inequalities that are stubbornly in place in all societies (inequalities of class, race, ethnicity and so forth), which intersect with gender and mean that some women are better able to enjoy their rights than others. AND second, more relevant to our discussion here, those with power have responded selectively to women's progressive demands, taking up some issues from the women's rights agenda (as we see in the three snapshots) but leaving other interrelated concerns aside. Let me go back to our three vignettes.

In the women, peace and security agenda policy, attention is focused on sexual violence. This is a shockingly egregious violation of rights (of women's rights, but also the rights of others who are subjected to sexual violence), and an issue that has been repeatedly highlighted by women's rights activists from around the world over many decades. It was only after the Beijing conference that the normative foundations for the "women, peace and security" agenda, as it is now called, were set, starting with Security Council Resolution 1325 in 2000 (and 6 other Security Council (SC) resolutions subsequently) and international transitional justice processes that started responding to the crimes to which women are subjected in wartime (in 1998, the International Criminal Tribunal for Rwanda issued the first verdict on sexual violence in war, calling it an act of genocide when it is committed with the intent of destroying a particular group).

But as feminists have argued, there are other equally important elements of women's peace activism agenda that have not been picked up with the same degree of enthusiasm and zeal: for example, women's active participation in preventing conflict, peace-building and in post-conflict processes (underlined in SC Resolution 2122) has received lukewarm reception. As Anne Marie Goetz and Rob Jenkins (2015, 74) argue, through the passing of a whole set of resolutions, the Security Council has "carved the protection-from-sexual violence element of the 1325 agenda away from those measures aimed primarily at women's empowerment, including their equal representation within rule-forming and decision-making bodies". This, they argue, reinforces gender stereotypes of women as sexually subordinated and "offers mainly male security officials the kind of role with which they are comfortable: as protectors of women's virtue" (Goetz and Jenkins 2015, 75). Women's collective participation in conflict resolution and recovery falls by the way side. One would hope that foreign ministers like William Hague, and even more aptly Margaret Wallstrom of Sweden who speaks of "feminist foreign policy", will open the doors to the organised voices of women in conflict-ridden countries and bring them to the negotiating table.

Even more disconcerting, there is little space, if any, for contesting disarmament and demilitarisation, which have been central planks in the long history of women's peace activism and are among the root causes of violent conflict. Whatever happened to feminist analyses of militarism and masculinity? As Amina Mama explains (2013):

> Militarism and heteronormative gender identities are co-constitutive. It is not that "masculinity" generates war, as the question has been put, but rather that the process of militarization

both draws on and exaggerates the bipolarization of gender identities in extremis. Mustering troops is all about the mobilization of men into aggressive expressions of hypermasculinity – they are "pumped up" and as it were to facilitate their most murderous and pornographic capabilities. This is not just a masculinizing process… but an intersectional dynamic that also "works" ethnicity, religion and other social distinctions, and very often appeals to racial supremacist constructions of "the enemy".

And as Jacqui True (2015) reminds us, even with a "feminine" social democratic government in power, it is extremely hard to address the unregulated global arms trade – one of the root causes of conflict – when it is so lucrative (talking here of the military-industrial complex). The "spontaneous solidarity of a diverse group of captains of industry and of state power, nearly all men, who support the accumulation of profits over people's lives and basic freedoms" reveals that "this is *patriarchy* at work – and a feminist foreign policy worth its salt needs to confront regimes of masculine hegemonies and the unequal entitlements that hold such hierarchical political economic orders together at every level".

Another example of selectivity comes from the global policy developments around sexual and reproductive health and rights – taking us to the second vignette. As we know all too well, the expansive Cairo agenda that was the product of immense hard work and collaboration by women's health rights activists was reduced to maternal health rather than a comprehensive approach to women's health across the life cycle in the now nearly forgotten Millenium Development Goals agenda. Are things looking better under the new Sustainable Development Goals agenda? One of the most contentious targets of the new agenda has been the one on "sexual and reproductive health and reproductive rights"– which reflects the lowest common denominator of "agreed language" rather than the more progressive demand of feminist and human rights organisations for "sexual and reproductive health and rights" which would include sexual rights in its definition. Nor is it clear from the way this target is formulated if "reproductive health and rights" are inclusive of women's right to access safe abortion services, a right that is being clawed back in a number of countries – including in some of the countries that are moving ahead with progressive legislation on same-sex marriage.

So again we see selectivity and the fragmentation of women's sexual and reproductive rights agenda: some sexual rights are moving forward – same-sex issues and trans rights are seen as "modern" (driven by organised groups of gay men and many others) – but abortion rights have stalled and there is very little attention to women's sexual rights within marriage. It is well-known that when laws severely restrict women's access to abortion services, the cost is disproportionately borne by poorer and more marginalised women who cannot afford access to higher quality services provided by private clinics and practitioners, which may also be located at a distance, and also by adolescent girls. This means that they often resort to unregulated services that are unsafe, at the peril of their own health.

And our trilogy would not be complete without some mention of women's economic empowerment. "Economic empowerment" is the flavour of the day and everyone (from governments to corporations) seems to want to promote it. The fact that Citibank and McKinsey, not to mention Christine Lagarde of the IMF, all speak the same discourse is a significant achievement of the women's movement, which has been able to catapult a concept that was developed in feminist research and advocacy networks into the mainstream of policy debate. However, as in the case of other concepts that have gained widespread traction, up-take by powerful actors and institutions often means that the concepts are reinterpreted and used in ways that fit the interests of those who use them. In the process, they may lose their original clarity and edge, and become fuzzy and ambiguous.

This is quite clear in the way "empowerment" is being used these days. Some see in women a largely untapped market of consumers (good for boosting profits), while others talk about unleashing women's economic power and potential as a means to solve the lingering problems caused by the global financial crisis and stalled growth (good for growth). No one would deny the importance of nurturing synergies between women's economic empowerment and wider economic prosperity and growth. Women's participation in the workforce, for example, contributes to economic dynamism by bringing more income into the household, boosting aggregate demand and expanding the tax base. A fundamental question, however, that we need to ask is whether these presumed "win-win" scenarios stand up to scrutiny, and what is in it for women. Does it expand their practical enjoyment of their rights? Or does it simply harness their time, knowledge and resourcefulness to serve development ends with little or no benefit to women themselves?

This is where a strong anchoring within the human rights and women's rights framework becomes essential. Going beyond the headline figures on women's labour force participation or the number of jobs created, we need to ask if women's participation in the workforce is translating into concrete outcomes in terms of their right to a safe and healthy working environment, fair and adequate earnings and access to a pension for their elderly years, and whether they are able to reduce and redistribute their unpaid care work as they take on more paid work.

In the hands of some actors, the agenda is very narrowly defined and has come to mean having more women inserted in global value chains as "entrepreneurs" (a "glamorous" way of talking about women in informal self-employment) to contribute to capital accumulation, and not about removing structural barriers so women can claim their rights to work AND their rights at work, which would need to include some element of collective action and of government regulation of private, for-profit entities. But these elements do not sit comfortably with the new "common sense" understanding of women's economic empowerment.

So what is happening here? Are these vignettes, especially the last one, examples of what Nancy Fraser (2009) calls the "elective affinity" between neoliberalism and feminism? Does feminism just provide a "human face" (or more aptly, a human mask) to legitimise deeply exploitative forms of capital accumulation (sweetening the bitter pill of austerity)? Are feminist ideas, knowledge, and vocabulary being simply brought into the service of a masculinist capitalist juggernaut? Are there no spaces of power and no politics? Is it all about cooptation and capture?

I am very persuaded by a different reading that does not erase the possibility of spaces of agency and politics even as we recognise the incredible power and dominance of finance in the 21st century – a dominance that wreaks havoc with the lives and livelihoods of millions of people, of military-industrial complexes that fuel and drive wars, and of a one percent that pushes democracies towards what Stiglitz (2012) calls "a one dollar, one vote" plutocracy (he is talking about the US, but the argument could be extended further). It is clearly not a "level playing field" out there where feminist organisations and social movements enjoy the same visibility and power as Microsoft, Unilever and the IMF (certainly not within the UN, and I would be surprised if it were any better outside the UN).

As Janet Newman (2013) has helpfully argued, rather than seeing neoliberalism as a given, or a globalising phenomenon that rolls all before it, we need to open up questions about how different elements of what we may call neoliberalism are not only contested but also far from a fixed and coherent whole. Neoliberalism itself is de-articulated and re-articulated in new ways as it comes into contact with local politics and cultures. In encountering feminism, neoliberalism itself has had to change – recognising the need for state benefits, the importance of social services and of even childcare provision (many problems in how it sees unpaid care work, basically as something that has to be removed and reduced to unleash women's economic potential). So it has been a two-way street, though the traffic is far from equal. In other words, even as we recognise the selective incorporation of feminist agendas as a triumph of neoliberal forms of appropriation, we must not lose sight of how feminist concerns are also being responded to, even if timidly and partially. Employers and States now have to bear some of the cost of childcare provision if they want to "retain talent", transitional justice systems have to respond to sexual violations and crimes, and societies and legal systems have to think of sexuality and marriage beyond their heteronormative comfort zones.

And, the fact that they are using feminist language, as Gita Sen persuasively argues, "is not a sign of failure, but of success in the first level of the struggle for change. If knowledge is power, then changing the terrain of discourse is the first but very important step. It makes it possible to fight the opposition on the ground of one's choosing" (2006, 139).

The challenge for feminists now then is to push back: working towards a "woman, peace and security" agenda that has peace as its centrepiece, a sexual and reproductive rights agenda that brings together the full range of *women's* sexual and reproductive rights, and an economic empowerment agenda that is grounded in women's (and men's) rights to decent work and universal social protection. These are the spaces on which many feminist organisations and scholars are already engaging in contestation, "speaking to power" and using knowledge and activism to "lever open cracks and spaces within the dominant" (Newman 2013, 214).

References

Cornwall, A. and K. Brock. 2005. What Do Buzzwords Do for Development Policy? A critical look at "participation", "empowerment" and "poverty reduction". *Third World Quarterly*. 26(7): 1043-1060.

Fraser, N. 2009. Feminism, Capitalism and the Cunning of History. *New Left Review*. 56: 97-117.

Goetz, A. M. and R. Jenkins. 2015. Taking Stock: Protection without Empowerment? Evolution of the Women, Peace, and Security Agenda since the Beijing Platform for Action. In *Women and Girls Rising. Progress and resistance around the world*. (Eds.) E. Chesler and T. McGovern. 69-81. London and New York: Routledge.

Mama, A. 2013. Challenging Militarized Masculinities. Published online on https://www.opendemocracy.net/5050/amina-mama/challenging-militarized-masculinities

McKinsey Global Institute. 2015. *The Power of Parity: How Advancing Women's Equality Can Add 12 trillion to Global Growth*. McKinsey & Company.

Newman, J. 2013. Spaces of Power: Feminism, Neoliberalism and Gendered Labor. *Social Politics*. 20(2): 200-221.

Sen, G. 2006. The Quest for Gender Equality. In *Reclaiming Development Agendas: Knowledge, Power and International Policy Making*. (Ed.) P. Ütting. Basingstoke: Palgrave.

Stiglitz, J. 2012. *The Price of Inequality. How Today's Divided Society Endangers our Future*. New York, London: W. W. Norton] Company.

True, J. 2015. Why We Need a Feminist Foreign Policy to Stop War. Published online on https://www.opendemocracy.net/5050/jacqui-true/why-we-need-feminist-foreign-policy-to-stop-war

Les connaissances féministes peuvent-elles être codifiées ?
Pouvoir interprétatif et conflits de sens

Feminist co-optation and body politics in development

Wendy Harcourt

Introduction[1]

A growing literature on feminists' engagement in body politics in the development process charts narratives that call for reproductive rights, sexuality and embodiment to be acknowledged in the development agenda in debates around women's agency, gender equality, health, population and environment (Petchesky 2002; Cornwall and Jolly 2008; Harcourt 2009; Lind 2010; Truong and Harcourt 2014; Jolly, Cornwall and Hawkins 2013). These studies show how body politics has brought issues of domestic violence; rape as a weapon of war; denial of sexual and reproductive rights; sexual oppression of women, children, homosexuals and transgender people; racism; and ageism into development policy and projects (Hartmann 1994; Lind 2010; Wieringa and Sivori 2012; Baksh and Harcourt 2015). They chart feminists' engagements in the UN and feminist advocacy through campaigns for rights, legitimacy, legality and freedom over their bodies. These texts analyse feminist engagements in development by making visible the embedded power relations within development processes, making what is private public (personal is political) – in other words, charting "development with a body" (Jolly and Cornwall 2008).

---

[1] A longer version of this paper is published as a chapter in Harcourt (2017).

Harcourt, W. 2017. Feminist co-optation and body politics in development. In *Qui sait ? Expertes en genre et connaissances féministes sur le développement*. (Dir.) C. Verschuur. 231-252. Paris : L'Harmattan. Collection Genre et développement. Rencontres.

This essay reflects on that analysis, exploring whether there has been co-optation of feminism by the development processes (development industry, Aid-land) via a process of dilution and misinterpretation of feminist demands around body politics, following Patrick Coy's concern that co-optation "may have a diluting, demobilising, depoliticising and disempowering effect on the movement, its organisations, and on its leadership and key activities" (Coy 2013, 280). I explore co-optation in three overlapping areas. The first is the co-optation of feminist discourses, concepts and frames by development policy frames. The second is the co-optation of feminists into development institutions and organisational structures. And thirdly I look at my own concerns about co-optation as a feminist working in development.

The growing literature on co-optation shows that these concerns have been on the minds of feminist researchers (Fraser and Naples 2004; Naples 2013; Ferguson 2014; Roberts 2015). My contribution to it reflects on a recent meeting in South Asia where I interrogated the co-optation of feminist understandings of body politics in development practices and programmes. By sharing this narrative, I aim to contribute to ideas on how to work with and against co-optation as part of feminist discursive and material practices that can embrace what Nancy Fraser calls the "strange shadowy version of itself" with an "uncanny double that it can neither simply embrace nor wholly disavow" (Fraser 2013a).

Self-reflection as a methodology of analysis

In writing about my engagement as a feminist working in gender and development policy and advocacy, I am contributing to an emerging literature of self-reflection among feminists working in gender and development (Harcourt 2005; 2009; De Jong 2009; Eyben 2012; Eyben and Turquet 2013; Sandler 2015). I am openly, passionately involved in the story I am telling. Such "insider-outsider" literature aims to critically analyse developmentalism by addressing our own personal experiences and the institutions where we work in dialogue with others. The literature situates the "we" who engages in gender and development. It analyses knowledge practices as political questions that engage with the epistemic and ontological assumptions behind feminism in development practices. Such analysis calls attention to the compromises and ambiguities of feminists working inside development and their struggles with what Ferguson (2015) calls internal and external understandings of gender in development policy and practice, and with the frustrating and depoliticising ways in which hegemonic male privilege continues to shape gender in their work (De Jong 2009; Fraser 2013b; Ferguson 2015).

What is body politics?

In my analysis of feminism in gender and development practices, I have written about body politics, focusing on the multiple processes where transnational feminist struggles around gender equality, human rights and public health have been mainstreamed into global and national development agendas via gender, population and women's health programmes (Harcourt 2005; 2009). As referred to above, the narrative that feminists have brought into development discourse sets out how women's experiences of bodily oppression, violation, exploitation and commodification have long catalysed their political engagement. Via a number of discursive practices, the narratives have aimed to re-centre embodied experiences in development processes and policymaking, without essentialising women (and also, though more muted, raising the issue of men and other genders). This sort of work brings up feminist questions about tradition, modernity, and the struggle for women's autonomy and rights, and acknowledges the legacies of gender bias, racism, homophobia, fundamentalism and militarism (Baksh and Harcourt 2015).

My specific focus in body politics has been on sexual health and reproductive rights, with the goal of making visible diverse gendered embodied experiences, working within and outside of mainstream development processes. In bringing body politics into development, this narrative has tried to displace the definition of women as being tied to their biological abilities to give birth and to their socialised roles as mothers, wives, daughters, sisters and grandmothers. It also focuses on how social and economic inequities have manifested in reproductive rights and health programmes. These discourses challenge maternity as the only female experience of embodiment, and increase the visibility of multiple forms of sexual and gender-based violence, including domestic violence, rape, femicide and honour killings, as well as the targeting and policing of women's (and other) bodies. Body politics, in recent years, has also put on the agenda the right to pleasure, calling attention to hetero-normativity (Hartmann 1995; Miller 2004; Cornwall and Jolly 2008; True 2012) and the diverse sexual needs of people of different cultures, classes, races, ethnicities, ages and genders – all under the term "erotic justice". Issues of masculine experiences of body politics and the inclusion of men and boys in gender discourse have been more contested, though acknowledged, and similarly, transgender has been threaded through the narrative (Connell 2012).

Previous work on population and reproduction, sexual and gender-based violence, sexuality, and development has contrasted "the lived bodily experiences of the violated women and the comfortable lives of women leading gender and development debates" (Harcourt 2009, 12). It has complemented that by looking at how "knowledge on bodies is irreducibly interwoven with other discourses, social, colonial, ethical and economic" (Shildrick and Price 1998, 3). With others in this literature, I have assumed that if we analyse how gendered bodies are constructed in different discourses, we can then challenge norms and oppressive practices and understand how to exercise different forms of power that can transform and change oppressive conditions (Cornwall and Jolly 2009; Harcourt 2009).

Other authors have explored global body politics around the series of UN conferences held in the 1990s that opened up public health policy to include sexual and reproductive rights and the issue of violence against women. Rosalind Petchesky (2002) gives an insider's analysis of women's participation in UN conferences, transnational networking and advocacy to promote sexual and reproductive rights and health. Her accounts of major UN conferences on population, women, social development and rights are linked to her critique of World Bank, World Health Organization and national-level health reforms in the period and describe economic, political and ideological forces confronting women's health movements. She reviews the problem of NGO-isation and donor dependency for gender and development advocates. Peggy Antrobus (2004) presents another inside account of how southern-based transnational women's movements entered into national and UN discourse in order to advocate for more awareness in development policy about feminist issues of gender and sexuality, social justice and human rights, political economy and power. Antrobus documents the challenges and successes about the difficulties of building up from grassroots women's everyday lives to the global policy arenas where transnational feminists operate. The writings of Andrea Cornwall (Cornwall 2007; Cornwall and Jolly 2009; Pereira 2014) critique the co-optation of feminist issues around the body, sexuality, health and rights in development. They argue that feminist agendas on the body and sexuality have been "pushed out of the frame" of international development programs on gender (Cornwall, Corrêa and Jolly 2008, 4). Their work interrogates the relationship between knowledge production and power relations in feminist engagements with gender and development around sexuality, rights and health within "empowerment" discourses. Cornwall candidly raises the issue of co-optation, stating that gender in development has been

> blunted not only by the lack of specificity in its use, but also by the process of its domestication by development agencies... Transplanted from domains of feminist discourse and practice onto other, altogether different and in many ways inherently hostile institutional terrains, it would seem that "gender" has retained little of the radical promise that was once vested in its promotion... In the hands of the development mainstream, women's empowerment becomes a double-edged sword. Not only does it shift the spotlight away from structural issues of social and economic justice and onto the self-improving individual. It dislocates the "gender agenda" from precisely the concern with the relational dimensions of power that animated it in the first place. (Cornwall 2007, 69)[2]

In this exploration of whether doing gender as a feminist project in development has been co-opted, I am also discussing the issues raised by Lucy Ferguson in her article on the "messy business" of working as a gender expert in international institutions. She questions the feminist academic concerns that feminist agendas "evaporated" as gender has been "mainstreamed" into institutional and political circumstances in a process that simply served as a legitimation of neoliberal capitalism. Reflecting on her own struggles as a gender expert in development institutions, she asks if in some contexts "feminist strategies have turned from a model of resistance to an instrument of power" (Ferguson 2015, 381).

It is the tensions between feminists' awareness of co-optation and "the domestication" and taming of their political passions as they try to engage meaningfully in development processes that I explore in this essay.

Situated knowledge

I situate myself in development processes as a feminist engaged in various layers of political processes and as an academic encountering "the objects of inquiry" in workshops, UN spaces and teaching arenas. In line with feminist methodologies (Harding 1991), I state my own position while being open to the uncertainty of what I know about myself and others. In looking candidly at co-optation, I question my complicity in the contradictions at the heart of body politics, namely my position of privilege and unknowingness of the "other" (Rose 1997). In acknowledging and trying to come to terms with this inability to know the other in relation to differences in class, gender, age and race, I see the process of reflexivity as an ethical and political practice that enables me to engage critically with development practices as a problem space for feminist strategies.[3]

In order to explore in more detail body politics in development and to discuss my concern with co-optation, I now turn to a recent encounter in South Asia. I have chosen not to make explicit the country or exact place of encounter due to ethical concerns of privacy of the individuals involved. In addition, I see these as multiple encounters taking place over the years. I am interested in feminist development imaginaries that are being pursued in the encounters of feminist professionals "doing gender", in this case in relation to body politics. I aim to look at how these imaginaries are connected to

---

[2] These concerns raised by academics such as Cornwall are echoed in the thousands of web pages, blogs and social media of transnational feminist movements concerned with women's sexual and reproductive health and rights (*Development* 2009, 124).

[3] The Swiss International Relations Collective, L.H.M. Ling, Marysia Zalewski, and Wendy Harcourt discuss these issues methodologically in dialogue (Harcourt *et al.* 2015).

other visits, stories and texts, which can serve to obscure the tensions and fail to engage with other lives (and bodies) that they are seeking to reach. The training involved three Europe-based trainers and one locally based trainer, and 15 selected participants. The time, travel and accommodations for the training were funded in full by a European government. The narrative is told from my point of view as one of the Europe-based trainers, and recounts conversations with the other trainers and participants.

Another hotel room, another city, another training workshop

A lasting memory from the training held in late 2014 is of me sitting at the top of the hotel each morning, high above the busy road, eating toast and eggs, and looking across at the water, the rubbish and the slums. Around me were young, well-dressed consultants of different nationalities and genders who were eating as they scanned their iPads, mobile phones or laptops, or held early meetings to discuss evaluations or plan projects. Such a setting clearly illustrated that I was participating in one small piece of a flourishing feminist streak in the development industry. Shortly before 9 am, a car picked us up to go the training centre. Though it was within easy walking distance along side streets, the pollution at that time of year made breathing difficult. My bodily awareness and physical discomfort at the pollution set out my otherness in a landscape where many thousands had to walk, whatever the pollution level. Once in the training centre, we did not leave until the end of the day. We had our tea breaks and lunches in the canteen along with the other training groups, and queued behind the counter reserved for our group. We used the same meeting room throughout the two weeks. The name of our workshop was printed on a slip of paper that fitted into a nifty slat next to the wooden door, and could be easily removed for the workshop to follow. Inside the room, there was all that was required: white boards, PowerPoints and moveable wooden desks. I recall, as in almost all such trainings I have attended, that the "air con" was a source of contention – it was too cold, but too hot if turned off – and if the windows were open, there was too much noise as the windows opened onto busy suburban streets. As one of the local trainers commented, she could not survive without "air con" in her car, in her house, or at the training workshops. So we stayed cocooned in our cooled meeting space throughout the two weeks. Our days back and forth from the hotel to the training centre's room were only interrupted by a field trip to view a successful project, another evening to listen to NGOs discuss their work, a visit to a university, and tea with an embassy staff member, as well as an afternoon off for shopping and sightseeing. As we were ferried back and forth in traffic that went slower than the many people walking along the unpaved streets, we spoke about the day's work and planned how to run the next. Or we exchanged views on where to buy gifts for family back home. We chatted about other projects, gossiped about people with whom we had worked. All of the trainers had been to the country before, and we commented on the changes since we had last been – particularly one person who had been there nearly 20 years before. We reminisced about the greener, more authentic past. We expressed surprise and then resignation about the endless shopping streets with the bright lights, the fast fusion food, the terrible traffic, the pollution and the anonymity of it all. We all spoke English, and all of us, most of the time, lived in Europe. We were in a bubble of "Aid-land" (Mosse 2011), though as progressive feminists, we tried to make sense of what we could interpret, conscious of our otherness, while recognising the familiarity of the modern landscape (the traffic, food, etc.). The sense of loss of some imagined authentic past was also part of our otherness as we reflected, uncomfortably, on the damage to the culture by modernising development processes, of which we were a part. There was a sense that western cultures from where we came could be diverse and contradictory whereas "other" cultures should carry something unique and "pure" and recognizable. Our conversations about such tensions connected us back to other visits in other places, creating our sense of being part of the wider international community of development experts who were "doing" gender in difficult landscapes of "otherness" that we could, with support, manoeuvre, while at the same time lamenting change.

There are other aspects of this narrative that can be described as "development tourism" – the curiosity to visit the other, taste the local food, see the sites, and visit the homes and witness the lifestyles of people met elsewhere, as well as earn money. All of these desires are part of a deeply problematic interweaving of power and privilege that are rarely looked at critically by the professionals who are part of these routines (Stirrat 2008).

Such anonymous details of development training programmes are familiar to those engaged in today's streamlined development industry that "efficiently" produces such activities in modern anonymous cities – it is part of the landscape development has delivered. Our concerns, actions, and even emotions about our role, regrettable though necessary, fit well into the literature on the ethnography of development that describes how aid policy is carried out, looking at the social life of the projects and organisations and the interactions of the different actors (Mosse 2004). We could have been development professionals anywhere in modern South Asia, staying in a comfortable hotel room delivering a training programme in a well-appointed professional centre. We, like other "experts", move from place to place as the bids for projects are made, the funds agreed upon, the training planned, the evaluation sheets completed, the costs monitored, the knowledge given, and the twinge of discomfort felt about our role in the development machinery.

There seems nothing noteworthy in my description of the norms of modern development practice, but in considering co-optation of feminist practice, it becomes relevant to ask: What difference did it make that we were delivering feminist knowledge on gender, generation and sexuality in a development setting? Did our personal engagement as feminists who had fought for abortion rights, campaigned to end gender-based violence, and lobbied for adolescent sex education, male engagement in reproductive health, and transgender rights, enable us to deliver this knowledge differently in the development practice? What were the histories that led to us "delivering" such knowledge in a package that brought us together with people from five different countries to do body mapping, debate body politics and discuss how to teach sex education in South Asian schools?

To look at those questions we need to continue to fill in the story further.

Patterned dances, connections and histories

The possibility for the training to happen was constructed out of multi-layered histories of connections created by feminist networks and solidarity movements. The invitation to set up the training programme emerged from several desires and needs. On a personal level, there was the Europeans' desire to come back to the area – to revisit past places, friends and sights. Two of the trainers had lived for some years in rural areas in the country – one spoke the local language fluently, had maintained close connections with one village and visited when consultancies (such as this one) allowed. Their professional and personal-political histories were intertwined with the country as solidarity workers and progressive feminists in the north and south, working in the 1980s campaigns to end "population control" and address violations and exclusions of women, and working together with fledging women's organisations and newly established NGOs taking up gender and poverty issues. I had also visited in the late 1990s and 2000s to talk about sexual health and reproductive rights as part of public health campaigns. This landscape was part of the training team's formative knowledge about "the other" in body politics and our solidarity work as feminists. As one of those "others", the local trainer had met us in extended visits to Europe, and an implicit part of the invitation was for us, as friends, to visit the local institution as peers in a training exercise. This would, it was suggested in emails before the funding application was made, enable us to engage in the current debates and discussion on body politics in South Asia and to explore further research possibilities.

This crisscrossing of connections across Europe and South Asia, and across time, enabled by social media, is typical of the stretched, progressive, professional feminist friendships that make up body politics in development. People meet first in political campaigns, universities or movement venues, and then adapt the engagement, desire and connection into professional encounters. This type of networking is described by Alison Woodward (2012) as the "velvet triangle" of informal governance among gender activists in the EU context as their "demands are taken on board thanks to a patterned dance of needy bureaucrats, dedicated activists and eager academics who are active at national and international levels and frequently linked to each other through informal as well as formal processes" (Woodward 2012, 145).

Such "patterned dances" are required in order to have access to resources made available by the development industry. Indeed, in this training, there were many patterned dances around the resources, set by European rules and regulations. Rules could be bent to meet South Asian participant expectations (in terms of transport, food, comfort, and living expenses). The whole training was set up with a "shadow" intent that was not explicitly set out in the proposal – the official project aim was to deliver and exchange up-to-date knowledge on sexuality and gender and to build a network of feminists already engaged in development practices who wanted to work professionally in this area. Not stated was that it wanted to continue a sense of connection and belonging of different generations, bringing together the teachers and former students of a development institution to simply meet again, consolidate friendships and support each other in their different jobs (in non-governmental organisations, community-based organisations, governments, and research institutions). In this sense, it blended feminist desires for connection and networking into a sense of belonging to a community of feminists working in transnational development process. It reconfirmed past friendships and ties to the European institution, creating possibilities for future connections, and, as a certificate course, a further professional line to add to the CV for both the trainers and the participants. The enjoyment of the event, the renewal of friendships and connections, and the feminist intent to network and support peoples' work in improving gender and sex education jarred with the concerns of co-optation of the development industry and with the differences of privilege not only in terms of race and geography but also in terms of access to certain forms of "sellable" knowledge and social and economic resources among the trainers and the participants.

Performativity in development encounters

Reflecting on my own responses to this story, there are many discomforts and contradictions with ideals, desires and needs to be "acting in solidarity" and yet not really "knowing" culturally and politically how "to be". There is the performance of "being the gender expert" in a public context where I find my white, educated, historical privilege and otherness creating a "strange shadowy version" of feminism and a sense of co-optation. These experiences and feelings stemmed from many other meetings I attended in South Asia in the 2000s. In this particular meeting, I was unexpectedly invited to speak on body politics at a university. Having packed for a training workshop, I felt I did not have any appropriate clothing. I rushed to a fair trade shop to pick out a beautifully embroidered dress in bright greens and pinks. I was aware that it would be difficult to wear such a dress in a European university setting – its otherness (the elaborate embroidery) would not have been suitable to what is considered the "white western professorial role". But, I wanted to wear it at the lecture as part of the performance in order to use it as a way to discuss embodied otherness. I also felt my otherness in my drab European clothes and felt it would have been disrespectful to wear jeans. I was aware of the cultural awkwardness and therefore checked with the local organiser about the appropriateness. The issue of what clothes to wear, how to behave, what to look like as feminists or foreigners, and how to use clothes to position ourselves in places other than our own, particularly when there are many knowledgeable people in the room, is difficult. That the personal is political is also place-based knowledge, so we rely on being given clues by those who invite us – whether we are others from Europe in South Asia or others from South Asia in Europe. Wearing certain clothes to signal modernity, awareness of local culture, respect, education, age and gender is a highly conscious feminist act. I see this feminist knowledge of how to strategically adapt one's appearance and behaviour as part of body politics – and this is discussed by many cross-cultural feminist connections as we strategically bring friends to public events. In contrast to my dress choice, at another public occasion during the training programme, a well-known businesswoman was impeccably dressed in western attire, with eye-catching jewellery and a chic handbag and shoes. Her appearance and story of why she was a feminist, linked to family and professional fortunes, was clearly encouraged by the local organiser to assure the audience that feminism is part of the discourse of the political and business elite. Something similar could be said about why I was asked to speak by the organiser in my role as part of the academic elite, and why I chose to dress in another style in order to query that assumption and open up the issue of what clothes represent in different places and contexts.

In analysing the issues of body and appearance, the question of co-optation of feminism extends to how we perform in such public events. What does a dress say about feminism in those performances of development? The different attire signalled various messages of "what it is to be feminist" to an elite audience that understood that doing gender was about such events – to influence students to think differently about body politics (sexuality and gender) or to demonstrate that business elites can also be feminists and challenge male economic and social practices. We were both part of the elite NGO and business world that makes up the "Aid-land" community, with the economic resources to buy the clothes and to speak about liberal notions of feminist choice and desire as part of our own personal "empowerment". As discussed below, such a notion of empowerment does little to unsettle the economic privilege which allows such choices to be made.

The issue of funding was not on the agenda of the training workshop either, but it was still very much part of the event, along with the orchestration of decisions on whom to invite to events, how to appear, and what to do in order to show that everything was a success. Engaging with donors was key to the success of the training in order to promote the local host institution, reassure them that donor money was well-spent, and create possibilities for further events. These "polite" visits to embassies and government departments are not minor side thoughts; in order to survive in the development industry, the host-country institution needs to build its political positioning in a scene where gaining funds and prestige is highly competitive. Everyone in the training programme was aware of that, so they discussed how to make those slightly awkward meetings work.

The question here is how much this behaviour differs from any other business dealings – the use of personal connections and inside knowledge and people working out how far to stretch the rules according to whom (and what) you know "in the scene". Such political savvy is part of movement knowledge as well, even if the rules are normally less bureaucratic. The velvet triangle literature (Woodward 2012) looks at this informal governance network as a strategic and highly successful way to access resources. I will return later to this question of co-optation as part of a particular neoliberal moment where feminism and neoliberalism have merged, as discussed by Kothari (2005), Fraser (2013a) and Ferguson (2015), among others.

Limitations and disconnects

There has been close scrutiny of transnational friendships, developmental tourism and claims of solidarity in post-colonial feminist literature – bringing out the continuity with colonial-style maternalism, the capture of knowledge and unacknowledged power relationships (Mohanty 1988; Grewal and

Kaplan 2000; Spivak 2000; De Jong 2016). In particular, the need for a sense of belonging among progressive feminists within development practices is something I have noted, and felt, in other development encounters. Mixed with this sense of belonging to a community, there is a deep sense of unease with the layers of privilege, class, caste, age, marriageability, sexual identity, and emotional pain that can be discussed in the training exercise, but not outside the room or back home. The difficulty of describing and narrating experiences in English and building on texts, exercises and visuals often from somewhere else, that are not translated or maybe untranslatable, underlines certain power differentials. It also, quite simply, creates frustration about what can be taken away from development training.

Feminist practice in body politics is about challenging the givens and making visible that which is invisible, but it is also about collective practice. The difficulty of translating what is personally learnt and observed in development trainings into other political realities is a common observation. How can trainings where participants learn and speak away from "reality" be reproduced outside? Capturing the multiple levels of analysis that make up body politics, transporting it to trainings and then taking it out again is a fraught process. It is difficult for the technical expertise of a training workshop to allow for the messiness of body politics, which requires understanding the context as well as the disconnects in the development industry with life "outside the training room".

In this particular training, one disconnect is revealing. In a Saturday morning session, four young Lesbian, Gay, Bisexual and Transgender (LGBT) activists presented their newly founded magazine on LGBT rights, the first in the country. The glossy magazine contrasted with the sheets of paper around the room with crudely drawn female and male figures as part of a body mapping exercise. The magazine and presentation were a highly visual and sophisticated queering of the fashion and the meanings of modernity and "South Asian" femininity and masculinity. The presentation positioned the magazine in a global media world where issues of sexuality were discussed and human images were deliberately styled as androgynous. The session moved the training out of its comfort zone as the divide between masculine and feminine was blurred and the logos of NGOs, universities and embassies were replaced with the branding of the art and fashion industries. The strategic networking possibilities at the meeting with the LGBT activists were evident, but it was difficult to connect their presentation with the discussions of the training.

What that session exposed was how the training discussions were constrained within the development model of how to deliver knowledge. The tools and methods used in the training were in sharp contrast to the LGBT group's use of social media and their openness to issues of sexuality, pleasure, and non heteronormativity. The edginess of speaking about sexuality and pleasure in gender and development was revealed. Even if discussions on marriage normativity could be held within the classroom, sexual expression and pleasure outside those norms were difficult to encompass within the framing of body politics in development. The participants found it difficult to talk about non-heteronormative behaviour at the training in the first place, and could not imagine taking the discussions back home to deliberate with the communities and people they worked with.

The LGBT activists' presentation, and the gloss of the magazine, were outside the prescribed role of a training workshop on body politics, which was bound by an approach to reproductive health and sexuality that was seen as presentable or understandable to the imagined norms of people in "developing", "poor" communities and villages. We, the European trainers, were caught in the discourse, using the tools of capacity building and imagining the norms of women and men in oppressed patriarchal rural lives, where just speaking about sexuality and gender difference was daring. The discussion with the LGBT activists also raised other issues about funding, bodies and sexuality on another level, linked to the global fashion. On the one hand, it was about breaking down heteronormativity and opening up discussions on issues of sexual pleasure and issues around erotic justice. On the other hand, as with the development industry and Aid-land, there were other questions to ask about the art magazine: Who funded it? Who read it? And how did the strong business interests impact LGBT movement politics – what were the class, race, age and gender dimensions? Literature on LGBT movements has pointed to how policies and practices of neoliberalism have made room for LGBT movements but at the same time shifted the focus onto individual rights and pleasure and away from more radical agendas around the need to change power relations based in wealth and property, race and sexuality (Mananzala and Spade 2008, 55; see also Sycamore 2004; and Lind 2010). Was this an example of neoliberal co-optation of the more radical roots of the LGBT movement, mirroring the concerns Ferguson and others raise about the neoliberal co-optation of feminist movement by the international development industry?

Neoliberal constructions of feminist praxis

One could cynically interpret the whole exercise as "how to make a living out of being a transnational (jet-set?) feminist" or "how to dilute radical ideas of feminism so they are palatable enough for development trainings and policy practices". Sara De Jong (2016) outlines the considerable literature that discusses how gender and development practices are undermining feminist practices in the mainstreaming of gender into development via development projects that require gender "experts" to simply "tick the boxes", reducing gender complexities into simple, static, one-dimensional studies that ignore decades of feminist academic research, such as the *World Development Report 2012: Gender Equality and Development* (World Bank 2012), all couched in simple messages that are apolitical and ahistorical representations of gender (Ferguson 2015, 386). The institutional co-optation of the feminist agenda into an increasingly neoliberal corporate model of development is reflected in the training where boxes were ticked, methods applied from one place to the next by gender experts funded to deliver knowledge to participants who were then expected to take those skills to other places and success measured by the completion of the training (and numbers trained) rather than a transformational change for the eventual "recipients".

In their study of transnational feminist movements, Linda Carty and Chandra Talpade Mohanty describe neoliberalism as "an ideology, and a political and economic practice" (Carty and Mohanty 2015, 84). They argue that the neoliberal state is "pernicious for women's organizing because it is so adept at appropriating the discursive elements of those struggles and undermining the actual attempts to forge a politics of change" and argue for greater "awareness of the multiple negative roles of neoliberalism" as part of a counter vigilance by feminists (Carty and Mohanty 2015, 85). Nancy Naples depicts the neoliberalism of the 1990s and 2000s as a systematic effort to dismantle progressive social and economic policies in a process of subjugation, co-optation and delegitimation (Naples 2013, 133).

Taking up this viewpoint, we could understand the training as a type of co-optation. Different feminist knowledge around bodies, reproductive rights, and health and sexuality is moulded into a portable package paid for by donors, that delivers agreed upon gender, sexual, and reproductive rights, and health goals that are, in the moment of delivery, redesigned to fit the expectations of the participants.

As De Jong (2016) comments on an article by Mukhopadhyay (2004) such an apolitical process becomes a "de-contextualized and technical project that leaves the prevailing and unequal power relations intact" (2004, 95). The training – building on toolkits, mapping exercises and checklists – is part of a technical expertise that can be adapted and brought easily into development as it both professionalises and depoliticises the original feminist intent. Feminists are kept busy in projects and advocacy work to prove their professionalism as they are engaged in bureaucratic practices, delivering "how to do gender equality", in processes that wash out more nuanced and politically difficult issues around sexuality and difference. This South Asian training programme can be read as such an apolitical professionalised project that pulls feminist concerns into the neoliberal project of delivering a skill set that can efficiently achieve measurable goals of x number of professionals now trained to educate other recipients about gender and sex education.

But, as De Jong also points out, we have to push harder against this reading of how feminists operate in development processes as part of a "counter vigilance" that recognises the possibilities of discursive strategies to effect cultural and political change. In my first writing about body politics, ten years ago, I analysed how the global women's movement post Cairo became a part of the apparatus that:

> created the truth, theory and values around women, environment, population and development in the social institutions and practices, managing and defining women as an object of development discourse... Women were tied into an array of procedures, analyses, reflections, calculations and tactics that continued the oppression of women through micro strategies that captured the female body as an individual and social subject of development discourse or – what Foucault labelled bio-power. (Harcourt 2005, 38)

De Jong also sees feminist engagement in the development process as a form of biopolitics that creates new selves and subjectivities, or "new managers capable of taming the negative productivity of difference through the application of techniques" (Prügl 2011, 84). In this Foucaultian understanding of power, feminism is not outside of development processes but part and parcel of it – the political is part of the technical aspect of doing development as feminists. As Prügl states: "[F]rom a Foucaultian perspective, the question of whether an engagement with the mainstream co-opts feminist struggles loses its meaning. There is no pure feminist knowledge outside governmentality untouched by the workings of power" (Prügl 2011, 85).

In opening up these processes to scrutiny, it is important to recognise how power is operating at different levels. Feminists need to be vigilant not by denying the feminist process of engagement in development but by recognising in what way feminist strategies of body politics are able to be reached when engaging in development. And to ask themselves how to work the change from within, fully aware of the power dynamics and their own roles and responsibilities.

Given the considerable literature referred to above about how development is part of "neoliberal ideology, political and economic practice", what is interesting to consider is how feminists working in development bring about discursive change as they engage in "patterned dances." The feminist engagement is fraught with tension, power and messiness. By being open and honest about the messiness, we can see both where neoliberal framings are undermining feminist goals and needs and where feminists are engaging in ways that run counter to neoliberal ideology and politics. As Prügl points out, there are no pure spaces for feminism. Feminist choices to engage in development processes are political choices, including the developing of different technical elements, calling on personal connections, and working out how to perform and where, with whom and in what setting to strategize. By looking at what happens at the discursive, organisational and individual levels, you can see the negotiations and possibilities. We see that what Fraser (2013a) in the quote above calls a "strange shadowy version" of feminism cannot be fully embraced or disavowed, but it does move alongside the official development speak. What the narrative shows is that the training was a feminist space that could allow feminists of different generations and regions to support and work with one another with a sense of collective well-being within institutions and organisational structures, despite the disconnects and discomforts. The deliberate aim to set up feminist encounters through the training, which enabled the use of resources to pay for feminists from different regions and generations to meet and strategise, meant that they were not simply "passive victims of neoliberal seductions" (Fraser 2013b).

On the other hand, the training did belong to a particular discourse on sexual health and reproductive rights in development, one that was challenged by the LGBT social media activists. The particular narration that came out of a post-Cairo debate could not easily take up cultural queering of the sexual subject in art and fashion as the subject of gender equality debates. Such a disconnect, particularly in a training on sexuality and generations, was interesting, as questions about the LGBT neoliberal subject of fashion and desire did not fit the idea of the subject of a heteronormative framing for how to empower women so that they can gain state support to end gender oppression and provide resources for their sexual and reproductive choices and health.

In a move to what Spivak calls a "productive acknowledgement of complicity" (Spivak 2000), it is not enough to say that all modern feminist practices take part within the neoliberal project. There is also the responsibility of feminists working in development processes to look critically at the impact of our neoliberal positioning to see how it muddies feminist intent and outcome.

The privilege of the middle in feminist praxis of development

To conclude, I would like to reflect on what Carty and Mohanty call the "privilege of the middle", which resonates with my current role as a feminist working in an academic institution (from which the participants in the training had graduated).

Since all institutions are complicit with the neoliberal project in many ways, those who straddle academic lives and employ feminist praxis within communities outside of the hallowed halls, often are positioned to act as intermediaries betwixt and between, breaking the age binaries of formal and informal education/knowledge production, and have a great burden in re-positioning and reconciling these multiple spaces (Ahmed quoted in Carty and Mohanty 2015).

Carty and Mohanty (building on Harding and others) speak of "situational feminism" and ask that those in the middle – feminist activists, teachers and practitioners – be aware of our privileged "middle" position. As we undertake different work, build diverse alliances and undertake struggles, we need to be cognizant of our own positions and uncertainties while we teach/train/advocate/write/connect with others in collective transnational feminist engagements in the development industry. As the description of the training suggests: "all struggles are long, with imperfect and incomplete victories which are conditional and that this is what living means" (Carty and Mohanty 2015, 96). Nevertheless, such admissions are not reasons for not changing or challenging the privileges; it is important to do more than reflect.

What my analysis of this particular story illustrates is that feminist praxis is embedded within geographies of power relations, in neoliberal practices that we cannot step outside of, but we can reflect and refocus when we see disconnects. And in my case as a feminist teacher and activist, it challenges me to think carefully about the "privilege of the middle." Body politics, as mentioned at the beginning of this essay, has been a key narrative that feminists have brought into development discourses; it has highlighted how the experiences of bodily oppression, violation, exploitation and commodification are integral to power relations in development. Academics, advocates and activists have engaged in this discourse (the patterned dance of Woodward). As a result, even if it feels somewhat accidental, many (including me) have made careers out of it. Does this "domestication", as Cornwall in the quote above suggests, mean a betrayal of some "other" way of "doing feminism"? Can there be a non-complicit way of doing feminism? Aren't feminist struggles about changing hierarchical power structures, a strategy that implies some form of engagement with that power?

Body politics has led to legal, political and social change around once-taboo issues as violence against women, and in the process, feminists have become teachers and high-level bureaucrats and politicians (and perhaps we should add also film stars and singers) who have supported and made those changes possible. There is, unsurprisingly, clear evidence now of an "old girls" network, both formal and informal, around body politics that is running parallel – and no doubt interlinking with – the more evident "old boys" network. The difficult question is whether such co-optation simply makes us complicit in neoliberalism, as Fraser says, "supplying the justification for new forms of inequality and exploitation… in a dangerous liaison with neoliberal efforts to build a free-market society" (2013b).

Or does it mean that those with the privilege of the middle need to look more carefully at what collective actions are needed to help understand a situation inflected by neoliberalism, but fluid and changeable? There is no "outside" of neoliberalism to which we can retreat. Given the disorganised, globalising, messy form of neoliberalism today, there are many spaces for feminists to speak up and rethink about how to conceptualise our relation to co-optation and strategies. We need to resist it while not being coy about the personalised benefits co-optation offers. What this detailed description suggests is that if we are attentive to the disconnects, we can find ways to disrupt the co-optation. The engagement of the LGBT group was one such rupture that potentially opens space to see how to link feminist practice related to sexual health and reproductive rights (the subject of the workshop) to queer politics and culture within different localities. It may not have worked entirely in that particular moment, but it did open up the possibility of redesigning future encounters that would focus not only on the reproductive body and heteronormative sexual practice, but also on how globalised cultural values are embedded in neoliberal practices. Such future encounters would bring the economic together with the social in an analysis of body politics that is inclusive of many types of bodies.

The awkwardness of the training in its air con bubble, though, still remains. It is not an event that directly challenges neoliberal ideology or political and economic practices – although it does negotiate along the edge. I would prefer to see it as a reflection of the realities of feminists in the development world who "tread the line between pessimism and hope between failures and corruptions of the development industry and the promise that it can really reach the people it aims to" (McKinnon 2011, 2). There are alternative feminist ways to act in solidarity that challenge neoliberal ideology and political and economic practices, even from within, that are part of movements and campaigns that have no need for training by gender or other experts. Body politics around abortion rights, the fight against violence against women, and rights for transgender and queer politics are challenging and changing neoliberalism. From the privilege of the middle, I consider it is important to make the connections in my writing, teaching and engagement in activism, between what is happening in neoliberal development processes and the alternatives in order to question and unmake the hegemonic world view of neoliberal capitalism, via "new narratives, new ways of thinking and doing" (Escobar 2012, 2). As we create these new narratives in classrooms, in the streets, and in social media, we can move beyond seeing co-optation as a transplanting of feminist discourse into "other terrains." Feminists are in those terrains, shaping and making policy, teaching and researching, and engaging in development practice (in many places, face to face, on and off line). We need to be sure that we are clear in our positioning and strategies by revealing our personal doubts and fears, as well as recognising our potential collective successes.

References

Antrobus, P. 2004. *The Global Women's Movement: Origins, Issues and Strategies.* London: Zed Books.
Baksh, R. and W. Harcourt (Eds). 2015. Introduction. In *The Oxford Handbook of Transnational Feminist Movements.* 1-50. Oxford, New York: Oxford University Press.
Carty, L. E. and C. T. Mohanty. 2015. Mapping Transnational Feminist Engagements: Neoliberalism and the Politics of Solidarity. In *The Oxford Handbook of Transnational Feminist Movements.* (Eds.) R. Baksh and W. Harcourt. Oxford, New York: Oxford University Press.
Connell, R. 2012. Transsexual Women and Feminist Thought: Toward New Understanding and New Politics. *Signs: Journal of Women in Culture and Society.* 37 (4): 857-881.
Cornwall, A. 2007. Revisiting the Gender Agenda. *IDS Bulletin.* 38(2): 69-78.
Cornwall, A., S. Corrêa and S. Jolly (Eds.). 2008. *Development with a Body: Sexuality, Human Rights and Development.* London: Zed Books.
Cornwall, A. and Jolly, S. 2009. Sexuality and the Development Industry. *Development,* 52(1) 5-12.
Coy, P. G. 2013. Co-optation. In *The Wiley Blackwell Encyclopedia of Social and Political Movements.* (Eds.) D. A. Snow, D. della Porta, B. Klandermans, D. McAdam. 280-281. London: Wiley-Blackwell.
De Jong, S. 2016. Mainstream(ing) Has Never Run Clean, Perhaps Never Can: Gender in the Main/Stream of Development. In *The Palgrave Handbook on Gender and Development. Critical Engagements in Feminist Theory and Practice.* (Ed.) W. Harcourt. 92-105. London: Palgrave Macmillan.
De Jong, S. 2009. Intersections of Aid: Women NGO Workers' Reflections on their Work Practices. CSSGJ Working Paper Series, University of Nottingham, Centre for the Study of Social and Global Justice. http://www.nottingham.ac.uk/cssgj/WorkingPapers/CSSGJ_workingpapers.php.
Development. 2009. Sexuality and Development. 52(1): 124-125.
Escobar, A. 2012. *Encountering Development. The Making and UnMaking of the Third World.* Princeton: Princeton University Press.
Eyben, R. 2012. Fellow Travellers in Development. *Third World Quarterly.* 33(8): 1405: 1421.
Eyben, R. and L. Turquet. 2013. *Feminists in Development Organizations: Change from the Margins.* Rugby: Practical Action Publishing.
Ferguson, L. 2015. "This is Our Gender Person". The Messy Business of Working as a Gender Expert in International Development. *International Feminist Journal of Politics.* 17(3): 380-397.

Fraser, N. 2013a. *Fortunes of Feminism: From State-Managed Capitalism to Neoliberal Crisis*. Brooklyn, New York: Verso Books.

——. 2013b. How Feminism Became Capitalism's Handmaiden – And How to Reclaim It. *The Guardian*, Monday 14 October. http://www.theguardian.com/commentisfree/2013/oct/14/feminism-capitalist-handmaiden-neoliberal

Fraser, N. and N. A. Naples 2004. To Understand the World and to Change It: An Interview with Nancy Fraser. *Signs: Journal of Women in Culture and Society* 29: 1103-1124.

Grewal, I. and C. Kaplan. 2000. Postcolonial Studies and Transnational Feminist Practices. Berkley: San Francisco State University and University of California. http://english.chass.ncsu.edu/jouvert/v5i1/grewal.htm

Harcourt, W. 2005. The Body Politic in Global Development Discourse: A Women and Politics of Place Perspective. In *Women and the Politics of Place*. (Eds.) W. Harcourt and A. Escobar. 32-47. Bloomfield CT: Kumarian Press.

——. 2009. *Body Politics in Development: Critical Debates in Gender and Development*. London: Zed Books.

——. 2017. *Bodies in Resistance. Gender and Sexual Politics in the Age of Neoliberalism*. London: Palgrave Macmillan.

Harcourt, W., L. H. M. Ling, M. Zalewski and Swiss International Relations Collective (E. Prügl, R. Kunz, J. Hagmann, X. Guillaume and J.-C. Graz). 2015. Assessing, Engaging and Enacting Worlds: Tensions in Feminist Method/ologies, *International Feminist Journal of Politics*. 17(1):158-172.

Harding, S. 1991. *Whose Science? Whose Knowledge? Thinking from Women's Lives*. Ithaca: Cornell University Press.

Hartmann, B. 1995. *Reproductive Rights and Wrongs: The Global Politics of Population Control* (revised). Massachussets: South End Press.

Jolly, S., A. Cornwall and K. Hawkins (Eds.). 2013. *Women, Sexuality and the Political Power of Pleasure*. London: Zed Books.

Kothari, U. 2005. Authority and Expertise: The Professionalisation of International Development and the Ordering of Dissent. *Antipode*. 37 (3): 425-426.

Lind, A. (Ed.). 2010. *Development, Sexual Rights and Global Governance*. London: Routledge.

Mananzala, R. and D. Spade. 2008. The Non profit Industrial Complex and Trans Resistance. *Sexuality Research and Social Policy*. 5(1): 53-71.

MacKinnon. K. 2011. *Development Professionals in Northern Thailand*. Singapore: National University of Singapore Press.

Miller, A. M. 2004. Sexuality, Violence Against Women, and Human Rights: Women Make Demands and Ladies Get Protection. *Health and Human Rights: An International Journal*. 7(2): 16-47.

Mohanty, C.T. 1988. Under Western Eyes: Feminist Scholarship and Colonial Discourse. *Feminist Review.* 30 65-88.

Mosse, D. 2004. Is Good Policy Unimplementable? Reflections on the Ethnography of Aid Policy and Practice. *Development and Change.* 35(4): 639-671.

—— (Ed.). 2011. *Adventures in Aidland: The Anthropology of Professionals in International Development.* New York: Berghahn.

Mukhopadhyay, M. 2004. Mainstreaming Gender or Streaming Gender Away: Feminists Marooned in the Development Business. *IDS Bulletin.* 35(4): 95-103.

Naples, N. A. 2013 "It's Not Fair!" Discursive Politics, Social Justice and Feminist Praxis SWS Feminist Lecture. *Gender and Society.* 27(2): 133-157.

Pereira, C. 2014. *Changing Narratives of Sexuality: Contestations, Compliance and Women's Empowerment.* London: Zed Books.

Petchesky, R. 2002. *Global Prescriptions. Gender, Health and Human Rights.* London: Zed Books in association with UNRISD.

Prügl, E. 2011. Diversity Management and Gender Mainstreaming as Technologies of Government. *Politics and Gender.* 7: 71-89.

Roberts, A. 2015. The Political Economy of "Transnational Business Feminism". *International Feminist Journal of Politics.* 17(2): 209-231.

Rose, G. 1997. Situating Knowledges: Positionality, Reflexivities and Other Tactics. *Progress in Human Geography.* 21(3): 305-320.

Sandler, J. 2015. The "Warriors Within": How Feminists Change Bureaucracies and Bureaucracies Change Feminists. In *The Oxford Handbook of Transnational Feminist Movements.* (Eds.) R. Baksh and W. Harcourt. Oxford, New York: Oxford University Press.

Shildrick, M. and J. Price. 1998. *Vital Signs: Feminist Reconfigurations of the Bio/logical*. Edinburgh: Edinburgh University Press.

Spivak, G. C. 2000. Claiming Transformation: Travel Notes with Pictures. In *Transformations: Thinking Through Feminism.* (Eds.) S. Ahmed, J. Kilby, C. Lury, M. McNeil, B. Skeggs. London: Routledge.

Stirrat, R. L. 2008. Mercenaries, Missionaries and Misfits: Representations of development personnel. *Critique of Anthropology.* 28(4): 406-425.

Sycamore, M. (Ed.). 2004. *That's Revolting! Queer strategies for resisting assimilation.* Brooklyn, NY: Soft Skull Press.

True, J. 2012. *The Political Economy of Violence Against Women.* Oxford: Oxford University Press.

Truong, T. and W. Harcourt 2014, Negotiating Global Body Politics. *Gender, Technology and Development.* 18(1): 1-8.

Wieringa, S. and H. Sivori (Eds.). 2012. *The Sexual History of the Global South: Sexual Politics in Africa, Asia and Latin America.* London: Zed Books.

Woodward, A. E. 2012. Building Velvet Triangles: Gender and Informal Governance. In *Vesalius College: 25 years of academic excellence in teaching and research*. W. L. Chew and B. Mosslemans. 145-170. Brussels: VUB-press.

World Bank. 2012. *World Development Report 2012: Gender Equality and Development*. Washington, DC: World Bank.

Quels savoirs pour quelles luttes ? Constructions et légitimation des savoirs féministes dans les espaces transnationaux d'engagement

Blandine Destremau

La rencontre de Genève s'est distinguée par une caractéristique extrêmement fructueuse : elle a mis en présence une grande diversité d'acteurs, et surtout d'actrices, de la production, de la circulation et de la mobilisation des savoirs féministes dans des espaces locaux, nationaux et/ou transnationaux d'engagement. La pluralité des positionnalités, expériences et trajectoires de ces acteur-trices a stimulé des débats que, par-delà les contributions écrites, cette brève conclusion tentera de récapituler en relevant plusieurs idées clés.

Les savoirs féministes sont des savoirs d'action

D'emblée politiques, ils s'inscrivent dans une posture critique et dans une perspective de changement des réalités qu'ils analysent et sur lesquelles ils portent. Leur contenu est donc indissociable de leur proposition méthodologique. C'est ici qu'interviennent de la façon la plus nette des écarts, divergences voire conflits sur la nature des savoirs pertinents, sur le type de

Destremau, B. 2017. Quels savoirs pour quelles luttes ? Constructions et légitimation des savoirs féministes dans les espaces transnationaux d'engagement. In *Qui sait ? Expertes en genre et connaissances féministes sur le développement*. (Dir.) C. Verschuur. 253-262. Paris : L'Harmattan. Collection Genre et développement. Rencontres.

transformation qu'ils supposent et visent ainsi que sur les méthodes d'intervention sur lesquelles ils semblent déboucher.

Qui sait ? Et quel est le savoir qui occupe une place légitime (communication de Whitehead) ? Doit-on se fier à une connaissance construite à partir d'indicateurs quantitatifs, de données chiffrées, de *best practices* et de mesures de résultats jugés valides comme unique fondement objectif de l'*evidence* ? Quelle validité accorde-t-on aux expériences concrètes, à l'expression des subjectivités et aux témoignages : ne constituent-ils que des « anecdotes », du *story telling*, ou relèvent-ils d'une épistémologie féministe qui affirme qu'aucun savoir n'est neutre ou objectif (communication de Prügl) ? La connaissance utile se réduit-elle à un objectif pragmatique de résolution des problèmes, ou les analyses critiques des systèmes sociaux et de leurs structures de pouvoir doivent-elles être mobilisées pour transformer les subjectivités ?

L'opposition postulée entre savoirs d'expertise et savoirs féministes surgit ainsi comme une polarité idéal-typique entre savoirs techniques d'un côté et savoirs politiques de l'autre. L'expertise peut être définie comme un savoir réclamé par les producteurs de politiques publiques visant à trouver des solutions : elle est orientée vers le *problem solving*. Mais quels problèmes souhaite-t-on résoudre ? Les problèmes de qui ? Des problèmes énoncés et identifiés par qui ? Ce sont là autant de questions fondamentalement politiques (communication de Prügl). La perspective pragmatique attribuée aux savoirs d'expertise, lissée par une série de compromis nécessaires au fonctionnement des institutions et incorporée dans un langage homogène, se présente ainsi comme consensuelle, verticale. Elle postule un « nous, les femmes » qui suppose que nous ayons les mêmes problèmes appelant les mêmes solutions (communication de Jad) et que notre parole soit portée par des professionnel-les qualifié-es et doté-es de diplômes et de compétences reconnues au plan institutionnel. Cette perspective s'attache avant tout à combler des manques, des insuffisances – dans les domaines de l'intégration des femmes dans le marché du travail, des inégalités de rémunération, de droits et d'accès à la sphère publique, etc. Cette version-là des savoirs féministes, cadrée par des présupposés néolibéraux, a été incorporée de façon très imbriquée dans le développement (Harcourt dans cet ouvrage). Elle procède par projets et programmes, ou encore par transversalisation, et repose sur des approches professionnalisées de transformations conçues pour mettre en œuvre un développement doté de normes universelles et porté par des expert-es issu-es de classes moyennes internationalisées et éloignées des conflits locaux (communication de Jad ; Viveros dans cet ouvrage). La vision plus politique, que l'on pourrait qualifier de féministe, conçoit les problèmes avant tout comme des conflits d'intérêts, et leur solution comme une lutte.

D'autres points de vue affirment que, avant d'être professionnel, l'engagement féministe est politique. Son enracinement dans des combats concrets lui confère une connaissance des pluralités des strates de conflit et de lutte : ce « nous, les femmes » n'existe pas dans le champ politique, il est traversé de divergences situées. Les problèmes vécus par les femmes ne peuvent pas être connus « d'en haut » : leur formulation requiert la participation des femmes (Dasgupta dans cet ouvrage). C'est au plan de la pratique quotidienne que se *constituent* les rapports de genre, qu'ils se *performent*. Et c'est aussi à ce niveau, de façon *située*, qu'ils peuvent se transformer par le changement des normes sur lesquelles ils reposent (communication de Whitehead). Sans incorporation des normes dans les rapports sociaux, celles-ci demeurent des entités très abstraites (Razavi dans cet ouvrage).

Dans cette perspective, tant la production des savoirs que leur mobilisation dans l'action apparaissent nécessairement comme *multiscalaires*. L'intégration des rapports sociaux et des difficultés vécues – crèches, cuisines collectives, services sociaux, etc. – dans des luttes et actions concrètes, localisées et inscrites dans le quotidien de l'existence semble devoir s'articuler avec une action située au plan des institutions, et notamment avec une transformation des structures du droit, des normes et des valeurs (communication de Mukhopadhyay). Pour devenir effective, la production des conditions nécessaires à une égalité formelle et à la reconnaissance de droits doit tenir compte des capacités différentes dont disposent les femmes et les hommes concernés, des capacités des institutions à mettre en œuvre ces droits et enfin des rapports de pouvoir dont ils sont aussi porteurs (communication de Jad ; Dasgupta dans cet ouvrage). La vision libérale des droits humains est fondée sur l'idée que les individus doivent revendiquer leurs droits propres (Dasgupta dans cet ouvrage). Maintenir le lien entre les différentes formes de savoirs – locaux, globaux, d'expérience, théoriques, etc. – et leur ancrage social, entre leur source et leur échelle, protège les savoirs féministes contre une réification et contre le risque de perdre leur légitimité politique (Verschuur dans cet ouvrage), voire contre leur simple inefficacité. Il en est ainsi du droit à la santé qui, appliqué aux femmes, peut reproduire la violence et la domination incorporées dans les pratiques gynécologiques et obstétriques (Dasgupta dans cet ouvrage).

Stimulante pour la réflexion, l'opposition entre savoirs d'expertise et savoirs féministes, entre savoirs théoriques et savoirs pratiques ou tournés vers l'action, ne résiste pas à l'examen de la *nature* des savoirs ou des *trajectoires* des personnes qui s'en réclament, les construisent, les mobilisent et les investissent. En effet, ces trajectoires sont pour la plupart plurielles et transitent successivement ou de façon concomitante par des institutions universitaires et de recherche, des institutions publiques, locales, nationales ou internationales, des organisations féministes et non gouvernementales, etc. Et la plupart des acteurs et actrices parties prenantes sont impliqué-es dans de multiples expériences et rôles : producteur-trices, utilisateur-trices, circulateur-trices, transformateur-trices de savoirs (Keller dans cet ouvrage). La figure de l'expert est *transitoire*. L'expertise apparaît à la fois comme un outil épistémologique de construction d'une connaissance visant à opposer une résistance politique et comme un outil méthodologique tourné vers la production de politiques publiques (Angeloff dans cet ouvrage). Et le savoir pratique n'est pas qu'un problème technique à résoudre, il est aussi le fondement d'un savoir d'expérience (Harcourt dans cet ouvrage).

Les savoirs ainsi construits circulent, sont transformés et réappropriés; ils sont hybrides, impurs et complexes. Ils enchevêtrent savoirs théoriques et savoirs d'expérience, savoirs de soi et savoirs des autres, savoirs d'intervention et savoirs d'analyse. En suivant des trajectoires complémentaires, ils peuvent s'articuler et se nourrir des différents lieux, acteurs et actrices, institutions et fondements du savoir, qui permettent que des savoirs d'expérience, ou militants, puissent prendre valeur d'expertise, s'institutionnaliser dans des programmes d'action et nourrir des analyses critiques. La question est ainsi posée: qui définit les savoirs d'expertise et ceux qualifiés de féministes? S'agit-il d'une question épistémologique ou avant tout méthodologique? Procèdent-ils d'une hétérodéfinition, d'une classification imposée de l'extérieur, d'une catégorie pratique reposant sur des répertoires d'action politique (Angeloff dans cet ouvrage), ou chacun et chacune est-il habilité à qualifier son ou ses savoirs ainsi que sa performance de ces savoirs (communication de Grange Omokaro)? Comment interpréter le fait qu'une proportion considérable d'expert-es ne se définissent pas comme féministes, et que de nombreux-euses féministes rechignent à se qualifier d'expert-es (communication de Maurer)?

Les logiques institutionnelles sont inscrites dans des rapports de pouvoir

Nous produisons, utilisons, faisons circuler et transformons des savoirs *situés*. Notre propre localité et notre propre espace comptent: le processus de construction de savoirs d'*autorité* n'est pas dissociable des institutions dans lesquelles il se réalise. Les luttes de pouvoir entre institutions conduisent à ce que certaines organisations soient écartées ou rendues inaudibles parce qu'elles se trouvent dominées dans les champs de concurrence internationaux (Dasgupta dans cet ouvrage).

Ces luttes entre institutions ont leur pendant dans les trajectoires professionnelles des expert-es, spécialistes et militant-es féministes. Choisir, ou ne pas choisir, de rester aux côtés de militant-es peu éduqué-es de quartiers ou de régions défavorisées produit des trajectoires militantes et professionnelles bien différentes d'un emploi dans une organisation internationale ou une université. La reconnaissance du savoir, son audibilité, procèdent de rapports de pouvoir et les expriment; travailler pour une organisation internationale reflète un parcours de reconnaissance et d'accès à une sphère de pouvoir, et produit et reproduit également les conditions pour que le savoir qui en est issu acquière une position dominante. Plusieurs communications présentées pendant le colloque se sont prêtées à des exercices de réflexivité et d'ouverture *(disclosure)* qui reflètent la conscience (féministe?) de cette positionnalité (Kunz dans cet ouvrage; Harcourt dans cet ouvrage; Keller dans cet ouvrage; Dasgupta dans cet ouvrage).

Que font les institutions à et de ces savoirs? Il s'agit d'une question fondamentale. La dynamique du pouvoir ne se résume en effet pas à la position occupée par l'institution dans le champ des relations politiques (nationales ou internationales), mais agit à l'intérieur même de ces institutions. Mues par leurs intérêts propres, quoique eux aussi pluriels et éventuellement conflictuels, les institutions mettent en œuvre différents mécanismes de sélection des objectifs légitimes en laissant de côté ceux qui menacent l'ordre établi (Razavi dans cet ouvrage) ou encore des mécanismes d'évaporation, de traduction, d'amincissement du savoir féministe (Keller dans cet ouvrage), et de détournements de termes et de concepts issus du champ militant (comme *mainstreaming* ou *empowerment*). Ces institutions construisent ainsi des positions politiques et opérationnelles conformes à leurs objectifs généraux, les stratégies qui se déploient en leur sein et leurs modes de fonctionnement. Il en est ainsi des questions du *care* et du travail reproductif non payé (Keller dans cet ouvrage; communication de Brody), du bénévolat et du travail communautaire (Vouhé dans cet ouvrage), des droits au travail et des inégalités de salaire, qui tendent à disparaître sous une approche libérale et consensuelle de l'*empowerment* économique (Razavi dans cet ouvrage) ou encore des consensus établis autour de la santé reproductive, qui s'accordent sur la mortalité maternelle mais passent outre le droit à l'avortement (Razavi dans cet ouvrage). Intégré dans une organisation internationale et dans le monde du développement, le féminisme tend ainsi à se trouver dépolitisé et neutralisé (communication de Esquivel), discipliné (Verschuur dans cet ouvrage). Les espaces ouverts au militantisme féministe sont de plus en plus nombreux, mais en y accédant, ce dernier se trouve transformé, institutionnalisé (Viveros dans cet ouvrage), technocratisé (communication de Prügl), désarticulé (Razavi dans cet ouvrage). La politique de la production de savoir, et ses priorités, néglige d'autres questions et entre souvent en contradiction avec ce que diraient des «femmes locales» (communication de Tsikata). Par ailleurs, les causes nationales sont fréquemment considérées comme plus importantes et plus urgentes que les combats féministes (communication de N'Doye; communication de Jad).

La place octroyée aux positions féministes à l'intérieur des organisations se heurte en particulier aux logiques structurelles internes et externes de nature patriarcale et à leur langage (Puechguirbal dans cet ouvrage; Keller dans cet ouvrage). Elle procède aussi de conflits avec les masculinités hégémoniques et leur conception de la guerre, de la militarisation et de la violence (Razavi dans cet ouvrage ; Puechguirbal dans cet ouvrage). C'est la prégnance du patriarcat qui engendre le *women-and-children syndrom* par lequel femmes, enfants, personnes âgées et handicapées sont amalgamés dans la catégorie des victimes et des bénéficiaires, maintenus dans une position d'impuissance et écartés des arènes de prise de décision (Puechguirbal dans cet ouvrage). C'est aussi en raison du patriarcat que les expériences vécues par les femmes sont ignorées dans certains domaines (tel le conflit, les situations post-conflit, la paix et la sécurité). Le champ de l'expertise en genre ainsi que sa pertinence sont ainsi fortement contestés. Le genre est-il une « vraie question » (Keller dans cet ouvrage)? Est-il un objet d'expertise? Quelles sont ses méthodes et où réside son objectivité (communication de Prügl)? Quel est le type primordial d'efficacité, celui de l'économie *smart* et de la croissance inclusive ou celui de la transformation des rapports sociaux (communication de Grown) et de la justice sociale (Razavi dans cet ouvrage)?

Au sein de certaines organisations de développement, les voix féministes sont neutralisées par le biais d'un mécanisme de sélection des intervenant-es et des salarié-es en fonction de leur profil de compétences et de leur discours. Les universitaires anglophones, rompu-es aux interactions internationales et à leurs codes de conduite (Harcourt dans cet ouvrage), modèlent une forme acceptable, apaisée et *soft* de présence féministe qui est contestée par les militant-es (Dasgupta dans cet ouvrage). L'accumulation de capitaux professionnels se fait en « jouant le jeu », au moyen d'une mise en compatibilité avec les savoirs *mainstream* reconnus par les institutions qui, à leur tour, instrumentalisent ces savoirs pour asseoir leur propre légitimité (communication de Prügl ; communication de Grown). C'est le prix à payer pour intégrer l'industrie du développement (communication de Jad).

D'autres techniques sont utilisées, notamment celle qui consiste à assigner aux ou à la féministe « de service » une position marginale et minoritaire dans l'organisation (Puechguirbal dans cet ouvrage), ou encore celle qui consiste à faire durer les procédures d'agrément jusqu'à dévitaliser les propositions initiales, à réduire les budgets octroyés... Au sein des institutions qui exercent un pouvoir et sont structurées autour des rapports de pouvoir qui les traversent, les positions féministes ou celles portées par des « expert-es en genre » peuvent ainsi se trouver vidées de leur contenu, réduites à de simples faire-valoir ou à des motions relativement marginales concédées pour contourner une question plus épineuse ou élaborer une formulation plus politique (Keller dans cet ouvrage). Dans quelle mesure les expert-es en genre peuvent-ils-elles éviter d'être instrumentalisé-es, de perdre leur âme ou leur assise féministe (communication de Maurer)?

Un certain nombre d'entre nous ont témoigné du fait que, dans l'exercice de leur profession et engagement, en particulier comme « expert-es » dans une organisation internationale (mais aussi dans la carrière académique, dans le militantisme ou l'emploi institutionnel), il leur était nécessaire de « mettre un masque », d'adopter les normes consensuelles de conduite, de langage et d'analyse à un moment de l'histoire, édulcorant de ce fait nos prises de positions, combats, révélations et alliances (communication de Whitehead). Cette position a été régulièrement qualifiée de « pragmatique » ou « stratégique », dans la mesure où elle permet, et doit permettre, de se faire accepter dans une organisation ou institution qui a pour objectif de transformer la réalité sociale et de lutter contre les injustices et qui possède des moyens d'intervention pour y œuvrer : fonds, visibilité, audibilité, pouvoir... Il s'agit ainsi de « jouer avec le système » en s'y faisant accepter, de ruser et de mettre en œuvre des stratégies, plutôt que de se plier aux rapports sociaux dominants. Il s'agit aussi de résister (aux attaques, dénis, formes symboliques et matérielles de domination) au sein d'organisations qui, elles-mêmes, rusent, contournent et tentent de reléguer à la marge certaines valeurs et normes féministes.

Une question a néanmoins surgi de façon répétée : en mettant ces masques, en rusant, en jouant selon les règles dominantes, en nous accommodant malgré tout des fonctionnements, cultures, normes et valeurs de ces organisations et institutions, en parlant leur langage et en adoptant leurs catégories, que contribuons-nous à reproduire, de quoi sommes-nous complices ? Dans quelle mesure contribuons-nous à rendre les structures existantes plus pérennes ou durables, plus solides et légitimes, en les nourrissant des justifications éthiques que notre présence constitue (le souci « des femmesetdesenfants ») ? De la même façon que des entreprises au bilan écologique fort peu honorable opèrent à peu de frais un *greenwashing* en affichant quelques préoccupations environnementales, jusqu'à quel point la présence d'un-e *gender expert* ou d'un « poste genre » au sein d'une organisation fondamentalement patriarcale lui permet-elle un *genderwashing* ? Certain-es, pessimistes, ont parlé de *technological trap* : en obligeant les expertes encore féministes à utiliser un langage particulier, à produire des données répondant à des exigences quantitatives qualifiées de « résultats » ou *« evidence »*, ces organisations et institutions nous contraignent à taire d'autres formes de savoirs, à jouer le rôle de complice et de caution morale. D'autres, qui n'étaient pas parmi nous mais qui étaient présentes grâce à leurs communications, refusent totalement de rejoindre les organisations et institutions. Elles demeurent « autonomes », extérieures aux lieux institutionnels qu'elles considèrent comme hégémoniques.

D'autres encore, plus optimistes, ont décrit les « petits pas » qu'elles parviennent à accomplir et ont évoqué l'idée d'une « subversion de l'intérieur ». Il n'est pas anodin de constater que les savoirs féministes, et les combats qu'ils sous-tendent, sont toujours là, et qu'ils ont modifié, au plan international, les termes des négociations (Razavi dans cet ouvrage) : c'est une victoire, certes insuffisante, mais qui doit être reconnue et valorisée.

Dépasser la concurrence et la conflictualité pour amplifier le pouvoir de transformation des savoirs féministes

Tant le savoir que l'expertise sont le domaine d'intenses luttes et de manœuvres politiques (communication de Prügl) ; le féminisme n'est pas à mettre au singulier, il est un champ de bataille pour le pouvoir d'interprétation (communication de Whitehead). Par la connaissance située qu'elle a produite et sur laquelle est s'est fondée, cette rencontre a permis de développer une certaine réflexivité sur nos propres pratiques, et de parler *aussi de nous* : nous, chercheur-es, expert-es et militant-es engagé-es dans des causes féministes ou liées à l'égalité de genre, luttons et œuvrons aussi pour nos carrières et pour les causes que nous estimons justes. Nous vivons des problèmes intergénérationnels, des tensions liées à la classe, à l'ethnicité ainsi qu'aux langues et langages. Nos trajectoires sont construites sur différents types d'inégalités et de dénis de reconnaissance, sur l'accumulation de différents types de capitaux. Nous sommes donc producteur-trices et reproducteur-trices de lignes de tension, de domination, de subalternisation des différents types de savoirs (Qui décide ? Qui dit que tel savoir est valide, utile ? Qui accorde de la reconnaissance, déclare qu'un savoir compte ou non, qu'il concourt à la circulation des savoirs peu audibles, etc. ?). Échantillon du milieu que nous étudions, nous en représentons aussi certaines des conflictualités ; de fait, la plupart des expériences relatées par des chercheur-es, militant-es et professionnel-les pendant ces journées mettent en lumière une conflictualité dans la production et l'usage des savoirs.

Le premier niveau de conflictualité procède, comme mentionné précédemment, de la résilience des dominations patriarcales au sein des systèmes de pouvoir et des organisations qui en sont issues. C'est le niveau le plus facile, celui qui nous rassemble et qui légitime le fait que nous puissions représenter un « nous » : nous, femmes engagées contre la domination patriarcale.

Mais d'autres niveaux de conflictualité ont été mis en lumière, en particulier entre militant-es et expert-es féministes ou entre des conceptions du genre provenant de divers pays, aires linguistiques, classes sociales, parcours de formation, niveau de ressources et capacités de valorisation du savoir et du positionnement institutionnel et/ou choix de modes d'action. La prégnance de logiques de valorisation/dévalorisation reflétant la mise en œuvre de rapports de pouvoir empreints de colonialité – parfois trop vite qualifiée de Nord/Sud – et d'imbrications intersectionnelles, a été mise au jour de façon répétée : dévalorisation ou subalternisation des savoirs « autochtones », « locaux », non anglophones, se revendiquant d'une expérience et d'une réflexivité… et élévation au rang d'« expertise » des savoirs validés par les normes du pouvoir, produits dans les segments sociaux dominants, souvent à distance de la réalité sociale dont ils parlent, et formulés en anglais dans un langage accepté, consensuel et souvent édulcoré (Angeloff dans cet ouvrage ; Valongueiro dans cet ouvrage ; Viveros dans cet ouvrage). Le féminisme du Nord parle-t-il aux femmes d'Afrique ? Comment les femmes d'Afrique parviennent-elles à entrer dans le débat en tant qu'expertes, et non en tant que victimes ou bénéficiaires, à construire un discours sur elles-mêmes et à ne pas être soumise aux discours construits *sur* elles ? Si les conférences internationales leur ont permis cet accès, elles ont dû lutter contre la marginalisation et la bureaucratisation (communication de Tsikata ; communication de N'Doye).

Au sein de sociétés multiculturelles, la blanchité est associée à la modernité et au développement, alors que les « autres » se voient assigner le statut de récipiendaires, de bénéficiaires. La conscience de ces mécanismes de domination nourrit des conflits au sein même des mouvements qui se réclament du féminisme (Viveros dans cet ouvrage). Ainsi, pour certains groupes de militant-es engagé-es dans des luttes de terrain, l'élaboration du savoir d'expertise, surtout lorsqu'il est reconnu au plan international, nie la conflictualité (sociale et de production du savoir) en mobilisant des catégories plastiques, relativement abstraites ou polysémiques, qui présentent l'analyse des problèmes, et leur solution, comme des éléments avant tout techniques. La dépolitisation de ces savoirs, inscrite dans leur construction même –et donc l'invisibilisation des rapports conflictuels et de domination dont procède leur validation comme « expertise » –, peuvent conduire à un rejet de leur reconnaissance par certaines acteur-trices féministes (« je ne suis pas une experte »).

Ces éclairages sur nos conflictualités, appréhendées comme indices heuristiques et témoignages de rapports sociaux qui nous dépassent mais dont nous sommes porteurs et porteuses, témoignent de divergences politiques et théoriques fondamentales. Nous ne sommes pas d'accord sur le nom et la figure de notre « ennemi principal » (Delphy 1997) : certain-es l'ont nommé « patriarcat », mais d'autres « capitalisme » ou « néocolonialisme », voire une combinaison ou intersection des trois. On aurait aussi pu ajouter « pauvreté », et ainsi déplacer encore le débat. Pour de nombreuses féministes, c'est avant tout le modèle économique dominant qu'il faut transformer. Pour d'autres, cependant, il n'y a pas d'ennemi, mais avant tout des lourdeurs, des inerties, des mécanismes et « dépendances au sentier », voire des contradictions qui réclament des ajustements et des corrections. Comme l'a remarqué Nancy Fraser (2012), il existe des affinités électives entre le féminisme libéral et le néolibéralisme.

À nouveau, la définition de cette « cause prioritaire » influe sur les processus de reconnaissance, de valorisation/dévalorisation et de subalternisation des savoirs et de leurs producteur-trices. Pour certain-es, l'État doit rendre compte de la distribution des droits et des progrès de la justice sociale, et il doit donc être transformé à ces fins (Dasgupta dans cet ouvrage ; communication de Jad ; Razavi dans cet ouvrage). Pour d'autres, c'est dans l'espace libéral des individus et des groupes, dans l'*empowerment* individuel, que doit se situer la transformation. Ces processus ont une histoire, non seulement une histoire concrète, des pratiques et des expériences, mais aussi une histoire cognitive qui fait le lit des *buzzwords*, des causes consensuelles, des grandes conférences onusiennes et des priorités de financement.

Finalement, le débat en est arrivé aux questions relatives à la transformation et au changement: que voulons-nous et parvenons-nous à transformer, et comment? Quel est le modèle sous-jacent de processus de changement que nous adoptons: progressif, institutionnel ou plus radical? Doit-il se situer au plan des structures ou œuvrer dans la quotidienneté des pratiques et des normes qui les sous-tendent?

Aucun consensus ne sera jamais atteint sur ces questions, mais, dans une perspective de transformation, la solidarité et le partage ont été évoqués comme une éthique nécessaire à l'acceptation de la pluralité des positions et intérêts des femmes et des savoirs qui les expriment; à la restauration du collectif là où prévalent la fragmentation, la concurrence et l'individualisme; au dépassement des conflits de position, de classe, de génération, d'ethnicité; au renforcement de l'efficacité des engagements féministes et de genre ainsi que de ce grand mouvement historique d'émancipation des femmes par ailleurs menacé par bien des courants obscurantistes.

Références bibliographiques

Delphy, C. 1997. *L'ennemi principal. Tome 1: économie politique du patriarcat*. Paris: Syllepse.

Fraser, N. 2012. *Le féminisme en mouvements. Des années 1960 à l'ère néolibérale*. Paris: La Découverte.

QUESTIONS DE GENRE
AUX ÉDITIONS L'HARMATTAN

Dernières parutions

LE SCANDALE DES VIOLENCES CONJUGALES
Guesnier Caroline
En 2010, la France se mobilisait contre les violences conjugales. Une loi novatrice, qui devait apporter des solutions concrètes, était votée. La précision de son texte et ses amendements intégraient les diverses formes de violences au sein du couple. Sept ans plus tard, le taux de classement sans suite des plaintes reste une énigme (tout autant que la statistique des décédées au sein du couple). Des femmes et des enfants vivent ces violences au quotidien : la France protège-t-elle ses bourreaux ?
(20.00 euros, 196 p.)
ISBN : 978-2-343-11780-5, ISBN EBOOK : 978-2-14-003566-1

ACCÈS RÉSERVÉ
Le pouvoir au sein des quotidiens régionaux : une histoire de mâles
Lipani Marie-Christine
Le genre paraît une donnée déterminante sur la probabilité d'être nommé à un poste stratégique, c'est ce que montre cette étude sur la presse quotidienne régionale française. Cet ouvrage dresse un état des lieux de la visibilité des femmes et des hommes et la répartition sexuée des postes de pouvoir au sein de cette famille de presse. Le constat est clair : la presse régionale souffre encore d'un déficit de femmes occupant les positions éditoriales les plus hautes. Comment l'expliquer ? La situation peut-elle évoluer ?
(Coll. Repenser les médias, 19.00 euros, 180 p.)
ISBN : 978-2-343-11606-8, ISBN EBOOK : 978-2-14-003423-7

INÉGALITÉS FEMMES-HOMMES ET UTOPIE(S)
Sous la direction de Guyonne Leduc / Avant-propos de Franck Lessay
L'utopie est peut-être bien le lieu idéal d'une représentation des relations hommes-femmes telles qu'elles pourraient être. Par là, l'utopie remplit quelques-unes de ses fonctions essentielles : critique, compensatoire ou incitative. Elle dévoile son rapport problématique à l'histoire et au réel. Les utopistes peuvent parfois préconiser un bouleversement des rôles sociaux de l'homme et de la femme, et esquisser une complète égalité de statut entre l'un et l'autre. Mais un féminisme authentique doit-il renoncer au double postulat qui le fonde, à savoir la dualité des sexes et l'égalité des genres ?
(Coll. Des idées et des femmes, 27.50 euros, 266 p.)
ISBN : 978-2-343-11339-5, ISBN EBOOK : 978-2-14-003090-1

GENRE ET JOUISSANCE
Sous la direction de Catherine Flepp et Nadia Mékouar-Hertzberg
Cet ouvrage propose au lecteur une réflexion approfondie et interdisciplinaire sur la jouissance et les différentes représentations culturelles que nous en font parvenir les arts et toutes les formes de

création. La jouissance renvoie à la sexualité, à la pulsion, au désir, à toute l'économie corporelle, mais aussi à l'affectif, au fantasmatique, au sensoriel et au cérébral. Le thème de la jouissance ouvre sur des problématiques centrales d'ordre politique et esthétique : il reste un excellent vecteur pour aborder autrement la question du masculin et du féminin.
(Coll. Créations au féminin, 29.00 euros, 334 p.)
ISBN : 978-2-343-11628-0, ISBN EBOOK : 978-2-14-003312-4

DE LA SEXUALITÉ AUX SEXUALITÉS
Ouvrage coordonné par Gilbert Elbaz
Cet ouvrage décrit le difficile parcours des minorités sexuelles pour l'affirmation de leurs identités dans des contextes sociaux différents. Comme l'écrivait Michel Foucault, la sexualité ne peut être comprise que dans un système de pouvoir particulier : le biopouvoir. Ainsi, la colonisation imposera-t-elle ses critères prohibitifs sur des cultures pourtant caractérisées par une riche diversité sexuelle. Faisant écho à ces analyses, les diverses contributions de cet ouvrage convergent vers la conclusion selon laquelle le discours dominant sur la sexualité produit tout un ensemble de violences.
(Coll. Questions contemporaines, 22.50 euros, 224 p.)
ISBN : 978-2-343-11262-6, ISBN EBOOK : 978-2-14-003144-1

MÈRES-CÉLIBATAIRES
De la malédiction au libre-choix ?
Regards croisés France/Grande-Bretagne
Sous la direction de Florence Binard et Guyonne Leduc
Préface de Marie-Claire Pasquier
« À qui s'adresse cet ouvrage ? À toute personne souhaitant en finir avec les approximations vagues et paresseuses, en un mot, souhaitant en avoir le cœur net sur les répercussions, pour les femmes, de l'évolution, récente ou moins récente, des mœurs et des législations, en Grande-Bretagne et en France, sur la base d'une documentation solide et argumentée, multipliant les éclairages. En particulier, les législations concernant le contrôle des naissances, les naissances hors mariage, l'IVG, le divorce, le concubinage. » Marie-Claire Pasquier
(Coll. Des idées et des femmes, 21.50 euros, 218 p.)
ISBN : 978-2-343-09612-4, ISBN EBOOK : 978-2-14-001346-1

FEMMES EN ISLAM
Essai
Oukazi Fouzia
Si le Coran fait de la femme un «allié» de l'homme, il est honnête de redire que les pays musulmans n'offrent pas une place à part entière à la femme dans leurs sociétés et leurs législations. Cet ouvrage se veut un rappel des données qui ont mené à la visibilité du fait religieux musulman, notamment dans la société française, et propose une interprétation très personnelle des pratiques musulmanes en cours. Sur le long terme, la sécularisation est bien en place.
(12.00 euros, 94 p.)
ISBN : 978-2-343-09465-6, ISBN EBOOK : 978-2-14-001413-0

M(M)ÈRE
Auto-Essai
Richard Annie
La symbolique du genre est abordée d'une manière inhabituelle car elle relie en profondeur autobiographie et recherche intellectuelle. La «Mère» en majuscule y est traitée en tant que figure distincte de celle de la mère réelle, traditionnellement occultée ou amoindrie dans la tradition philosophique, religieuse et psychanalytique. La mère est indissociable de l'interrogation sur le devenir femme : être femme relève d'un rapport avec la Mère à inventer, remodeler et moduler en mots et images exemplaires.
(Coll. Sexualité et genre : fiction et réalité, 23.00 euros, 196 p.)
ISBN : 978-2-343-05285-4, ISBN EBOOK : 978-2-336-37044-6

ENTRE FEMMES
300 œuvres lesbiennes résumées et commentées
Dumont Paula
La plupart des gens ignorent que de nombreux ouvrages mettent en scène des lesbiennes. Afin de pallier cette carence, *Entre femmes* recense des romans, des œuvres dramatiques, des recueils de poèmes, des bandes dessinées, des témoignages et des biographies qui mettent au premier plan l'amour d'une femme pour une autre. On trouvera ici les notices de plus de trois cents ouvrages résumés et commentés, publiés de 1900 à 2014. Voici un choix d'héroïnes auxquelles d'identifier.
(29.00 euros, 280 p.)
ISBN : 978-2-343-05470-4, ISBN EBOOK : 978-2-336-37010-1

LE SEXISME ORDINAIRE DU LANGAGE
Qu'est l'homme en général ?
Khaznadar Edwige
«L'Homme» et le masculin régissent notre langage. Comment les comprenons-nous, pourquoi les employons-nous, quelles en sont les justifications alors que la langue française est riche de ses milliers de féminins? Le langage modèle la pensée, l'emploi des féminins dans les grands textes officiels influera sur les mentalités passéistes déplorées chaque 8 Mars, Journée de la Femme, dans une République qui se dit égalitaire et qui peut ainsi donner clairement l'image de l'égalité hommes-femmes en un monde où les Droits Humains sont trop souvent bafoués.
(Coll. Questions contemporaines, 22.00 euros, 224 p.)
ISBN : 978-2-343-05588-6, ISBN EBOOK : 978-2-336-37067-5

TRANSIDENTITÉS : ORDRE & PANIQUE DE GENRE
Le réel et ses interprétations
Espineira Karine - Préface de Marie-Joseph Bertini
Engagée dans une recherche sur le terrain transidentitaire, la chercheuse s'attache à croiser état des lieux du terrain associatif et militant trans avec l'histoire des définitions de la médecine légale, mettant à jour la politisation des groupes, les apports des nouveaux médias et les effets de la médiatisation sur les personnes transgenres. Cet ouvrage est complémentaire du titre *Médiacultures : la transidentité en télévision*, édité simultanément.
(Coll. Logiques sociales, série Sociologie du genre, 27.00 euros, 266 p.)
ISBN : 978-2-343-05477-3, ISBN EBOOK : 978-2-336-36876-4

MÉDIACULTURES : LA TRANSIDENTITÉ EN TÉLÉVISION
Une recherche menée sur un corpus de l'INA (1946-2010)
Espineira Karine
Préface de Maud-Yeuse Thomas
L'étude de la construction médiatique des transidentités (transgenres, transsexes, etc.) sur 40 années de télévision grâce aux archives de l'INA s'intéresse aux modélisations sociales et médiatiques dont les personnes sont l'objet. L'auteure décrit un travail sur corpus et dessine les contours des archétypes, en articulant les notions d'imaginaires social et médiatique. Les modélisations semblent produire des effets identitaires sur l'ensemble de la société. Ce travail est complémentaire du titre *Transidentités : ordre & panique de genre*, édité simultanément.
(Coll. Logiques sociales, série Sociologie du genre, 24.00 euros, 230 p.)
ISBN : 978-2-343-05478-0, ISBN EBOOK : 978-2-336-36875-7

DE LA POPULATION AU GENRE
Philanthropie, ONG et bipolitiques dans la globalisation
Caulier Mathieu
De la population au genre étudie comment un paradigme fort de la globalisation des biopolitiques étasuniennes durant la Guerre froide fut lentement subverti de l'intérieur par des femmes inspirées par la critique féministe et comment le genre devint norme de politiques internationales.
(Coll. Anthropologie Critique, 19.00 euros, 196 p.)
ISBN : 978-2-336-30259-1, ISBN EBOOK : 978-2-336-35337-1

PRODUIRE UNE IDENTITÉ
Le personnage homosexuel dans le roman français de la seconde moitié du XIXe siècle (1859-1899)
Przemyslaw Szczur
S'inscrivant dans le sillon inauguré par les travaux de Michel Foucault et des représentant/e/s du courant constructiviste des études gaies et lesbiennes anglo-saxonnes, ce livre se propose de retracer le volet romanesque de la production discursive d'une «identité homosexuelle» spécifique dans la seconde moitié du XIXe siècle. Le corpus analysé se compose d'une quinzaine de romans publiés en France entre 1859 et 1899.
(Coll. Espaces Littéraires, 23.00 euros, 240 p.)
ISBN : 978-2-343-04112-4, ISBN EBOOK : 978-2-336-35472-9

LE GENRE
Du déterminisme biologique au déterminisme socioculturel ?
Cyrino Rafaela
Pourquoi ce concept provoque-t-il autant de troubles ? Pourquoi la discussion autour du genre retombe-t-elle facilement sur des oppositions classiques (inné/acquis, nature/culture) ? Est-il possible que le genre ait remplacé un déterminisme biologique par une sorte de déterminisme social ? Rafaela Cyrino revient sur les premières formulations discursives de ce concept pour chercher dans son histoire des pistes pour identifier les pièges et s'en dégager.
(Coll. Questions contemporaines, série Questions de communication, 26.00 euros, 248 p.)
ISBN : 978-2-343-03114-9, ISBN EBOOK : 978-2-336-35583-2

FEMMES POLITIQUES : «LE TROISIÈME SEXE» ?
Benchikh Merabha
Au sein d'un champ politique fortement concurrentiel et encore largement dominé par les hommes, l'auteure tente d'appréhender la manière dont se construisent les carrières politiques des femmes. À travers l'incarnation viriliste d'un pouvoir exercé et partagé entre pairs, ce contexte permet d'aboutir à un autre genre qui tente de se construire et de s'élever au-delà de tout clivage politique, faisant entendre une voix nouvelle : celle d'un *troisième sexe*.
(Coll. Logiques sociales, 28.00 euros, 276 p.)
ISBN : 978-2-336-00714-4, ISBN EBOOK : 978-2-296-53357-8

TRANSIDENTITÉS
Histoire d'une dépathologisation
Sous la direction de Maud-Yeuse Thomas, Karine Espineira, Arnaud Alessandrin
L'Observatoire des transidentités (O.D.T.) est une interface de visibilité des questions trans, militantes comme universitaires. Voici des débats, des textes autour des thèmes liés aux questions transidentitaires. Ils proposent des éléments de représentations dépathologisants autour des transidentités et une réflexion transdisciplinaire sur les multiples formes que prennent aujourd'hui les identités de genre.
(série Cahier de la transidentité, 15.00 euros, 134 p.)
ISBN : 978-2-336-29293-9, ISBN EBOOK : 978-2-296-53361-5

TALONS ET POINTES
Spikes and heels
Brooks Philip, Ataman Kutlug
Tourné à New York en juin 1994, *Talons et pointes* est un documentaire sur les IVe Gay Games et le 25e anniversaire des émeutes de Stonewall, l'événement fondateur du mouvement des droits civiques pour les homosexuels aux États-Unis. Tout en suivant les diverses manifestations qui se sont déroulées durant cette folle semaine de Gay Pride à New York, il nous propose de faire le point sur la longue course entreprise par le mouvement gay et lesbien il y a de cela 25 ans...
(20.00 euros)
ISBN : 978-2-336-00760-1

L'HARMATTAN ITALIA
Via Degli Artisti 15; 10124 Torino
harmattan.italia@gmail.com

L'HARMATTAN HONGRIE
Könyvesbolt ; Kossuth L. u. 14-16
1053 Budapest

L'HARMATTAN KINSHASA
185, avenue Nyangwe
Commune de Lingwala
Kinshasa, R.D. Congo
(00243) 998697603 ou (00243) 999229662

L'HARMATTAN CONGO
67, av. E. P. Lumumba
Bât. – Congo Pharmacie (Bib. Nat.)
BP2874 Brazzaville
harmattan.congo@yahoo.fr

L'HARMATTAN GUINÉE
Almamya Rue KA 028, en face
du restaurant Le Cèdre
OKB agency BP 3470 Conakry
(00224) 657 20 85 08 / 664 28 91 96
harmattanguinee@yahoo.fr

L'HARMATTAN MALI
Rue 73, Porte 536, Niamakoro,
Cité Unicef, Bamako
Tél. 00 (223) 20205724 / +(223) 76378082
poudiougopaul@yahoo.fr
pp.harmattan@gmail.com

L'HARMATTAN CAMEROUN
TSINGA/FECAFOOT
BP 11486 Yaoundé
699198028/675441949
harmattancam@yahoo.com

L'HARMATTAN CÔTE D'IVOIRE
Résidence Karl / cité des arts
Abidjan-Cocody 03 BP 1588 Abidjan 03
(00225) 05 77 87 31
etien_nda@yahoo.fr

L'HARMATTAN BURKINA
Penou Achille Some
Ouagadougou
(+226) 70 26 88 27

L'HARMATTAN SÉNÉGAL
10 VDN en face Mermoz, après le pont de Fann
BP 45034 Dakar Fann
33 825 98 58 / 33 860 9858
senharmattan@gmail.com / senlibraire@gmail.com
www.harmattansenegal.com